Student Activities Manual

Vorsprung

Student Activities Manual

Vorsprung

SECOND EDITION

Thomas A. Lovik
Michigan State University

J. Douglas Guy
Beverly High School
Northern Essex Community College

Monika Chavez
University of Wisconsin, Madison

Houghton Mifflin Company   Boston   New York

Publisher: Rolando Hernández
Senior Sponsoring Editor: Glenn A. Wilson
Associate Editor: Caitlin McIntyre
Project Editor: Harriet C. Dishman
New Title Project Manager: Susan Brooks-Peltier
Executive Marketing Director: Eileen Bernadette Moran
Marketing Assistant: Lorreen Ruth Pelletier

Illustrations by Tim Jones; page 92 by Anna Veltfort.

Printed in the U.S.A.

ISBN-10: 0-618-66909-4
ISBN-13: 978-0-618-66909-7

1 2 3 4 5 6 7 8 9-VHO-11 10 09 08 07

CONTENTS

To the Student vii

Workbook

Kapitel 1 3
Kapitel 2 15
Kapitel 3 27
Kapitel 4 45
Kapitel 5 59
Kapitel 6 73
Kapitel 7 89
Kapitel 8 103
Kapitel 9 121
Kapitel 10 139
Kapitel 11 157
Kapitel 12 171

Lab Manual

The Sounds of German 185
Kapitel 1 189
Kapitel 2 195
Kapitel 3 201
Kapitel 4 207
Kapitel 5 213
Kapitel 6 221
Kapitel 7 227
Kapitel 8 235
Kapitel 9 243
Kapitel 10 249
Kapitel 11 257
Kapitel 12 265

Permissions and Credits 273

TO THE STUDENT

The **Student Activities Manual** (**Arbeitsbuch**) accompanying the second edition of *Vorsprung* is a combined Workbook and Laboratory Manual coordinated with the student textbook. The pages have been perforated so they can be handed in to the instructor for correction.

The Workbook has been completely rethought and rewritten to reflect the content and vocabulary changes in the second edition of *Vorsprung,* as well as to provide more extensive practice with the vocabulary, structures, and cultural topics of the three sections of each chapter of the textbook: the **Anlauftext,** the **Absprungtext,** and the **Zieltext** sections. The activities in the Workbook have been designed to expand upon what you have learned in the textbook and to give you additional opportunities to apply your knowledge in meaningful ways. One new feature is the addition of topic-appropriate readings for many of the chapters. They help you apply your reading and comprehension skills to read a newspaper article, a blog, a Website, or a short story for specific information. Other activities encourage you to use your German to write postcards or short notes to someone, to express your personal opinions or your memories of past events, or to solve other communicative problems. We hope these activities are challenging, entertaining, and rewarding for you. All of them are designed for you to do on your own.

The Laboratory Manual is designed to be used in conjunction with the SAM audio CDs for the second edition of *Vorsprung.* The activities here focus on developing your comprehension of spoken German, and the recordings reflect the themes, structures, vocabulary, and cultural topics in the student textbook. Each chapter of the audio program corresponds to one of the twelve chapters of the *Vorsprung* textbook and includes excerpts from interviews, a radio show (**Radio Vorsprung**), a fashion-show commentary, a weather report, a mystery story, a developing novel, and other original audio texts; all of the texts are read by native speakers of German from different corners of the German-speaking world. The audio program can be listened to at home, in the car, or at school.

Both parts of the **Student Activities Manual** are important complements to the *Vorsprung* textbook and will help you with the challenge of learning to communicate with those who read, write, listen, speak, and think in German. We hope you find it a useful tool in your quest to be a competent communicator in your new language.

The authors of the second edition of *Vorsprung* and this **Student Activities Manual** owe a debt of gratitude to the authors of the first edition of the Workbook, Elizabeth Glew, and Lab Manual, Barbara Lasoff. It was their highly successful, creative work that provided the base for expansion and adaptation of new materials for the second edition **Student Activities Manual.** We also wish to thank Harriet C. Dishman of Elm Street Publications and Jan Ewing of Ewing Systems for their skillful project management, creative design, and conscientious composition of this book.

Thomas A. Lovik
J. Douglas Guy
Monika Chavez

Workbook

Fangen Sie bitte an.

ANLAUFTEXT I
Annas Albtraum

A. Untertitel. (Captions.) Select an appropriate caption for each scene from **Annas Albtraum**.

Anna, Anna, wach auf!
Entschuldigung. Bin ich hier richtig?
Setzen Sie sich! Aber schnell!

Anna findet Hörsaal 20.
Die Tür knallt zu. Alle drehen sich um.

1. _____

2. _____

3. _____

4. _____

5. _____

B. Ergänzen Sie. Complete these sentences with words from the **Anlauftext**.

1. Da ist die _____ in Deutschland: groß, grau und

   _____ .

2. Anna fragt eine _____ : „Bin ich hier richtig?"

3. Die Studentin _____ nichts.

4. Anna macht die _____ auf und geht hinein.

5. Aber die Tür schlägt zu. Alle _____ sich um.

6. Der Professor sagt: „_____ Sie sich! Aber schnell!"

7. Der Professor fragt: „Wie _____ Sie? Wie ist Ihr

   _____ ?"

8. Dann sagt der Professor: „Dann _____ Sie an die Tafel und schreiben

   Sie!"

9. Annas _____ sagt: „Anna! Anna! Wach _____ !"

10. Anna wacht auf und sagt: „Gott sei _____ ! Nur ein Traum!"

C. Fragen und Antworten. (*Questions and answers.*) Write the correct answers to these
questions in German. Use short phrases or single words.

1. Wie ist die Universität in Annas Albtraum? _____

2. Wo ist die Universität in Annas Albtraum? _____

3. Was sucht Anna? _____

4. Was sagt die Studentin? _____

5. Was findet Anna? _____

6. Was machen die Studenten im Hörsaal? _____

7. Was sagt der Professor? _____

8. Was fragt der Professor? _____

> ### ANLAUFTEXT II
> ### Annas Traum

D. Untertitel. (*Captions.*) Select an appropriate caption for each scene from **Annas Traum**.

Anna versteht nicht.
Da ist die Universität in Tübingen.
Anna macht die Tür auf und geht hinein.

Anna sucht den Hörsaal.
Der Professor begrüßt Anna.

1. _____

2. _____

3. _____

4. _____

   _____

5. _____

E. Ergänzen Sie. Complete these sentences with words from the **Anlauftext**.

1. Da ist die Universität in Tübingen: _____ , romantisch,

   _____ .

2. Anna _____ Hörsaal 20 und fragt eine _____ : „Bin ich

   hier richtig?"

3. Die Professorin ist sehr _____ und sagt: „Ja, Sie sind hier richtig.

   Hörsaal 20 ist gleich da _____ ."

4. Anna _____ die Tür auf und geht hinein. Der Professor sagt: „Guten

   _____ . Kommen Sie 'rein und _____ Sie Platz, hier

   vorne."

5. Der Professor fragt Anna: „Wie heißen Sie?", aber Anna _____ das

   nicht. Sie fragt: „Wie _____ ?"

6. Der Professor fragt: „_____ ist Ihr Name?"

7. Dann fragt der Professor: „_____ kommen Sie, Frau Adler?"

8. Anna antwortet: „_____ Fort Wayne."

9. Der Professor sagt: „Fort Wayne, Fort Wayne … Wo _____ denn Fort

   Wayne?"

10. Dann sagt der Professor: „Ach so, Sie kommen _____ den USA. Sie sind

    _____ !"

11. Der Professor macht Anna ein Kompliment und sagt: „Sie _____ sehr

    gut Deutsch."

12. Alle Studenten sagen: „_____ in Tübingen!"

F. Das Gegenteil. (*The opposite.*) Underline the opposite of the word given.

◼ **sprechen:**   <u>nichts sagen</u>   fragen   gehen

1. **Stehen Sie auf!:**   Sprechen Sie!   Gehen Sie!   Setzen Sie sich!

2. **Laufen Sie!:**   Lachen Sie!   Stehen Sie still!   Lesen Sie!

3. **richtig:**   korrekt   schön   falsch

4. **antworten:**   fragen   sprechen   sitzen

5. **wohin:**   wann   wo   woher

6. **groß:**   kurz   klein   hübsch

7. **Auf Wiedersehen:**   Hallo   Tschüss   Adé

8. **nett:**   klein   unfreundlich   lang

G. Grüezi! (*Hi!*) Select an appropriate greeting for each situation.

Grüezi!   Tschüss!   Grüß Gott!
Guten Tag!   Servus!   Gute Nacht!

1. German school teacher to school principal as they arrive at work.

   _____

2. Two acquaintances from Zurich when they happen to meet at a bus stop.

   _____

3. Two Austrian teenagers arriving at a party. _____

4. One German neighbor to another as they return from taking their dogs out for one last

   chance before bed. _____

5. A Bavarian woman meeting a member of her gardening club at the butcher shop.

   _____

H. *Sie, ihr* oder *du*? Which form of you would you use with the following people? Check the appropriate form of address.

	du	ihr	Sie
1. your younger sisters	_____	_____	_____
2. your roommate	_____	_____	_____
3. a police officer	_____	_____	_____
4. your dog	_____	_____	_____
5. the Chancellor of Germany	_____	_____	_____
6. two good friends	_____	_____	_____
7. your German host parents	_____	_____	_____
8. your German instructor	_____	_____	_____
9. an adult you meet in Vienna	_____	_____	_____
10. two kids waiting at the bus stop	_____	_____	_____

I. Die Überweisung. (*The money transfer.*) It's time to transfer money to pay bills. Write in the amounts in German above **Betrag in Buchstaben**.

Germany, Austria, and most other European countries use the **Euro (der, €)**, which is broken into 100 **Cent**, while Switzerland has retained the **Franken (der, SFr)**, broken into 100 **Rappen**.

Note that German speakers use a comma to indicate decimal points and a period or a space to set off thousands: 1.000,50 € = one thousand euros and fifty cents.

■ 10,15 €   *zehn Euro fünfzehn Cent* _____
          Betrag in Buchstaben

1. 12,25 €   _____
          Betrag in Buchstaben

2. 311,79 SFr _____
          Betrag in Buchstaben

3. 579,61 €   _____
          Betrag in Buchstaben

4. 1.094,75 SFr _____
          Betrag in Buchstaben

5. 138,98 €   _____
          Betrag in Buchstaben

6. 412,89 SFr _____
          Betrag in Buchstaben

J. Beschreibungen. (Descriptions.) Describe the following people in two or three German sentences. Use pronouns and some of the adjectives listed below.

■ your mother *Sie ist 48 Jahre alt. Sie hat braune Augen und kurzes, graues Haar. Sie heißt Julie.*

alt ▪ attraktiv ▪ groß ▪ jung ▪ klein ▪
hübsch ▪ mollig ▪ schlank ▪ unattraktiv

1. your mother _____

   _____

2. Santa Claus _____

   _____

3. your boyfriend/girlfriend _____

   _____

4. Barbie and Ken _____

   _____

5. Oprah Winfrey _____

   _____

6. the President of the USA _____

   _____

7. the seven dwarfs _____

   _____

K. Fragen und Antworten. (Questions and answers.) Match each question with an appropriate answer and mark the subjects in both the question and the answer.

_____ 1. Wie heißen Sie?   a. Sie ist sehr groß.

_____ 2. Was ist historisch und schön?   b. Ich wohne in Tübingen.

_____ 3. Woher kommen Sie?   c. Ich heiße Anna.

_____ 4. Wo wohnen Sie?   d. Ich gehe zur Uni in Tübingen.

_____ 5. Wer geht zur Uni in Tübingen?   e. Die Uni in Tübingen.

_____ 6. Wie ist die Uni in Tübingen?   f. Ich komme aus Fort Wayne.

L. Interview. You recently interviewed a German student about his/her university for your German Club newspaper. It was a great interview, but now you are having trouble with your word processor and all the questions have been partially lost! Reconstruct the questions so your article can be printed.

■ *Wo studieren Sie?*
Ich studiere in Berlin.

1. _____?
   Ich heiße Jörg Schröder.

2. _____ ?
Ich bin 24 Jahre alt.

3. _____ ?
Ich komme aus Dortmund.

4. _____ ?
Ich studiere Mathematik.

5. _____ ?
Sie heißt die Humboldt-Universität zu Berlin.

6. _____ ?
Sie ist historisch und schön.

7. _____ ?
Nein, sie ist groß.

8. _____ ?
Ja, die Studenten in Berlin sind sehr freundlich.

M. Der Deutschkurs. (*German class.*) You are having trouble with your word processor. This time it has omitted all the definite articles from your description of a class. Complete each sentence with the missing definite article.

(1) _____ Zimmer ist nicht groß. Fünfundzwanzig Stühle sind in dem Zimmer.

(2) _____ Stühle sind braun. (3) _____ Stuhl von dem Professor ist grau.

(4) _____ Tür ist auch braun. (5) _____ Tafel ist schwarz und in weiß kann man lesen „Deutsch I, Professor Heinemann". (6) _____ Tisch ist alt und unattraktiv.

(7) _____ Fenster ist offen. (8) _____ Wände sind gelb und braun – nicht sehr schön. (9) _____ Leinwand ist aber weiß und schön. (10) _____ Fernseher ist neu. (11) _____ Overheadprojektor ist alt. Wie ist (12)_____ Professor? Er ist freundlich. (13) _____ Studenten im Deutschkurs sind auch freundlich.

(14) _____ Deutschkurs ist gut!

N. Der Genus-Korb. (*The gender basket.*) Place each of the following nouns in the correct gender basket.

Papierkorb ▪ Uhr ▪ Lampe ▪ Buch ▪ Fernseher ▪ Landkarte ▪ Wand ▪
Arbeitsbuch ▪ Brille ▪ Zimmer ▪ Frau ▪ Steckdose ▪ Tisch

der	das	die
Papierkorb		

O. Obstsalat. (*Fruit salad.*) Answer the questions and correct the mix-ups with the colors of the fruits.

■ Ist das eine Orange? – Ist die Banane blau?

Nein, das ist keine Orange. Das ist eine Banane. – Nein, sie ist gelb.

1. Sind das Blaubeeren? – Ist der Apfel lila?

_____

2. Sind das Erdbeeren°? – Ist die Kiwi schwarz?   *strawberries*

_____

3. Ist das eine Wassermelone? – Ist die Orange braun?

_____

4. Ist das eine Banane? – Sind die Blaubeeren beige?

_____

P. Aus aller Welt. (*From all over the world.*) Your friend Klaus-Peter is really confused about the people he met at a reception for international students. Use German to help him out.

■ Marie-Claire kommt aus Lyon. Ist sie Engländerin?

Nein, sie ist keine Engländerin. Sie ist Französin.

1. Bernd kommt aus Zürich. Ist er Kanadier?

_____

2. Akiko und Midori kommen aus Tokio. Sind sie Schweizerinnen?

_____

3. Christl kommt aus Salzburg. Ist sie Amerikanerin?

_____

4. Carmen kommt aus Tijuana. Ist sie Japanerin?

_____

5. Peter und James kommen aus London. Sind sie Mexikaner?

_____

6. Hans-Jürgen kommt aus Frankfurt. Ist er Österreicher?

_____

7. Jennifer kommt aus Toronto. Ist sie Japanerin?

_____

8. Mark kommt aus Frankenmuth, Michigan. Ist er Deutscher?

_____

Q. Subjekte. (*Subjects*.) Complete the conversations by supplying the missing German subjects.

ANNA:	Entschuldigung, bin (1) _____ hier richtig?
PROFESSOR FREUND:	Ja, (2) _____ sind hier richtig, Frau Adler.

FREMDENFÜHRER°:   Hier ist die Universität. (3) _____ ist romantisch   *tour guide*

und historisch. Da ist ein Hörsaal. (4) _____ ist groß

und unpersönlich. Die Tür ist zu. (5) _____ ist immer

zu. Hier ist die Tafel. (6) _____ ist schwarz und alt. Und

hier ist ein Overheadprojektor. (7) _____ ist nicht alt.

Hier ist der DVD-Spieler. (8) _____ ist ganz neu. Das

ist die Professorin. (9) _____ heißt Dr. Gardt.

TOURIST:	Ist das ein Student? (10) _____ ist sehr groß und freundlich!
TOURISTIN:	Die Studentin ist jung, und (11) _____ ist schön.

STUDENT:	Ist das ein Computer?	
STUDENTIN:	Ja, (12) _____ ist ein bisschen° alt.	*a little*
STUDENT:	Der Laptop ist schön.	
STUDENTIN:	Ja, (13) _____ ist ganz neu!	
STUDENT:	Sind das Marko und Susi?	
STUDENTIN:	Ja. (14) _____ sind auch im Deutschkurs.	

R. Er ist kein Student. (*He's not a student*.) Answer the following questions according to the model, using **kein/keine** in your answer.

▪ Herr Meyer: Ist er Student?
        Er ist kein Student.

1. Mario: Ist er Franzose? _____

2. *Fundamentals of Physics:* Ist das ein Deutschbuch? _____

3. Professor Löffler: Ist er Amerikaner? _____

4. Room 312: Ist das ein Hörsaal in Tübingen? _____

5. Dirk Nowitzki: Ist er Tennisspieler? _____

S. Kreuzworträtsel. (*Crossword puzzle.*)

Waagerecht →

2. Die amerikanische Fahne ist rot, weiß und ____.
3. Anna ____ Hörsaal 020.
5. Dirk Nowitzki ____ Deutscher.
7. Gustav kommt aus Basel. Er ist ____.
8. Elf plus sechs macht ____.
9. Wein ist weiß oder ____.
11. Nicht jung.
12. Elf minus sechs macht ____.
14. Anna Adler hat ____ Haare.
15. Nicht mollig.

Senkrecht ↓

1. Tina kommt aus Frankfurt. Sie ist ____.
4. Der Mann hat kurzes, welliges ____.
6. Er ist Schweizer und Profi-Tennisspieler.
7. Die deutsche Fahne ist ____, rot und gold.
10. Die ____ ist schwarz.
13. Angela ____ ist die erste Bundeskanzlerin von Deutschland.

T. Das Klassenzimmer. (*Classroom.*) Draw a sketch of your German classroom and label as many items and their colors as you can. Remember to include **der, das,** or **die** to indicate the gender of nouns.

U. Schlagzeilen. (*Newspaper headlines.*) Look at the real newspaper headlines taken from German-language newspapers and match each to the most likely description on the right.

_____ 1. **BANGKOK FÜR INSIDER**

_____ 2. *BECKER BESUCHT EHEMALIGE SCHULE*

_____ 3. *Blutige Proteste in Frankreich*

_____ 4. **EIN FRANZOSE IN AMERIKA**

_____ 5. **FRAUEN UND KINDER ZUERST**

_____ 6. *IRAK: USA STARTEN LUFTOFFENSIVE*

_____ 7. *Länder – Image – Studie: Die Deutschen lieben Italien.*

_____ 8. **SONNIGER START**

_____ 9. *TOYOTA BAUT PRODUKTE IN AMERIKA WEITER AUS*

a. The United States and the war in Iraq

b. A weather report

c. The Japanese automaker Toyota is expanding production in the United States.

d. A travel article on Thailand

e. A travel article on Italy

f. An essay on women in their child-bearing years

g. Violent protests rock France

h. Boris Becker visits his old school near Heidelberg

i. A Frenchman's impressions of the United States

V. Schreiben Sie. (*Write*.) The professors in Anna's nightmare and daydream were very different. Describe the professors in Anna's dreams, and then write about your own instructor.

1. First, list as many German words and phrases as you can to describe each professor.

Professor in Annas Albtraum	**Professor Freund in Annas Traum**
_____	_____
_____	_____
_____	_____
_____	_____
_____	_____

2. Use some of the words and phrases above to write a brief description of your German instructor. Include some other information about your instructor, e.g., name, nationality, appearance. Write in German.

_____

_____

_____

_____

_____

_____

KAPITEL 2

Familie und Freunde

ANLAUFTEXT
Anna Adler stellt sich vor

A. Untertitel. Select an appropriate caption for each of the scenes from the **Anlauftext**.

Ich höre gern Musik.   Ich gehe auch gern wandern.
Ich bin Studentin.   Ich möchte so viel sehen und so viel lernen.

1. _____
   _____

2. _____
   _____

3. _____
   _____

4. _____
   _____

B. Die Familie. Read about the Nibbe family. Complete the statements about the family members.

Annemarie und Hans-Jürgen Nibbe sind verheiratet. Sie wohnen in Wuppertal. Sie haben eine Tochter, Jennifer, und einen Sohn, Dirk. Jennifer und Dirk haben auch Großeltern. Annemaries Mutter heißt Katharina Schultz. Annemaries Vater lebt nicht mehr. Hans-Jürgens Eltern heißen Mechthild und Dietrich Nibbe.

    Jennifer und Dirk haben auch einen Onkel. Er ist Annemaries Bruder. Onkel Thomas ist ledig und hat keine Kinder. Jennifer und Dirk haben auch eine Tante. Sie ist Hans-Jürgens Schwester, Martina. Martina ist verheiratet. Martinas Mann heißt Hanno. Martina und Hanno haben zwei Kinder. Greta ist sechs Jahre alt. Sie ist Jennifers und Dirks Kusine. Gretas Bruder heißt Daniel. Er ist nur drei Jahre alt. (*Hint: It may be helpful to draw a family tree on a piece of paper before filling in the blanks.*)

■ Daniel ist Gretas _____*Bruder*_____.

1. Annemaries _____ heißt Thomas.

2. Dirks _____ heißt Jennifer.

3. Annemarie und Hans-Jürgen sind Jennifers und Dirks _____.

4. Jennifers _____ heißt Annemarie.

5. Dirks _____ heißt Hans-Jürgen.

6. Martina ist Jennifers und Dirks _____.

7. Daniel ist Jennifers und Dirks _____.

8. Annemaries Bruder ist Dirks, Jennifers, Gretas und Daniels _____.

9. Greta ist Mechthilds und Dietrichs _____.

10. Dirk ist Martinas _____.

11. Onkel Thomas ist ledig Er ist nicht _____.

12. Jennifer ist Gretas _____.

13. Katharina ist Annemaries _____ und Jennifers und Dirks _____.

14. Jennifer und Dirk haben nur einen _____. Er heißt Dietrich.

15. Jennifer und Dirk und Greta und Daniel sagen _____ zu Dietrich Nibbe und _____ zu Mechthild Nibbe.

16. Jennifer, Dirk, Greta und Daniel sind Dietrichs und Mechthilds _____.

C. Werner Günther hat viele Verwandte. Uncle Werner is explaining his family situation to his friend Karin. Complete their conversation by providing the correct form of **haben**.

1. KARIN: _____ du einen Bruder?

2. WERNER: Nein, aber ich _____ zwei Schwestern, Hannelore und Uschi.

3. KARIN: _____ Hannelore und Uschi Kinder?

4. WERNER: Ja, ich _____ zwei Neffen und zwei Nichten.

5. KARIN: _____ Uschi Enkelkinder?

6. _____ Oder _____ Hannelore Enkelkinder?

WERNER: Gott – nein. Meine Neffen und Nichten sind noch viel zu jung für Kinder! Und Uschi und Hannelore sind zu jung für Enkelkinder.

7. KARIN: Und warum bist du nicht verheiratet? _____ du eine Freundin?

WERNER: Was für Fragen, Karin!

D. *Du, ihr oder Sie?* Ask each of the following people whether they have a lot of relatives. Use the correct form of **haben**.

◼ your new roommate　　　　　　　*Hast du viele Verwandte?* _____

1. your neighbor's three kids　　　_____

2. the elderly woman across the street　_____

3. a student in your German class　_____

4. your dentist　_____

5. your blind date　_____

6. your own mother　_____

E. Studienfächer. Consult the table and write about which subjects these people like and dislike. Then tell about your own preferences.

◼ *Georg Günther hat Biologie sehr gern. Er hat Englisch auch gern. Er hat Chemie nicht sehr gern und er hat Mathematik überhaupt nicht gern.*

	GEORG GÜNTHER	KATJA GÜNTHER	JEFF ADLER	ICH
SEHR GERN	Biologie	Physik	Französisch	
GERN	Englisch	Deutsch	Geschichte	
NICHT SEHR GERN	Chemie	Musik	Informatik	
ÜBERHAUPT NICHT GERN	Mathematik	Soziologie	Kunst	

_____

_____

_____

_____

_____

_____

_____

F. Katja Günthers Familie und Verwandte. Katja is describing her family in an e-mail to a pen pal. Complete her correspondence by filling in the proper form of **sein**.

Ich wohne in Weinheim. Ich (1) _____ Deutsche. Mein Bruder

(2) _____ auch Deutscher. Meine Eltern (3) _____ auch

Deutsche. Wir (4) _____ alle Deutsche. Meine Kusine Anna

(5) _____ keine Deutsche. Sie kommt aus Indiana. Sie

(6) _____ Amerikanerin. Mein Cousin Jeff (7) _____ auch

Amerikaner. Meine Tante Hannelore und mein Onkel Bob (8) _____ natürlich

auch Amerikaner. Sie wohnen in Fort Wayne. Und du? Was (9) _____ du?

(10) _____ du auch Amerikaner(in)?

G. Meine Familie und Verwandten. Write a short description of your own family and relatives, following Katja's model.

_____

_____

_____

_____

_____

_____

_____

_____

_____

H. Student in Jena. Fill in the correct form of a verb from the list to create statements about Silke and Hanno in Jena. (*Note: You will not use all the verbs in the list.*)

spielen ▪ gehen ▪ kommen ▪ meinen ▪ studieren ▪
verstehen ▪ heißen ▪ sprechen ▪ beginnen ▪ wohnen

1. Hanno _____ aus Weimar.

2. Er _____ in einem alten Haus in Jena.

3. Hannos Freundin _____ Silke.

4. Hanno und Silke _____ oft über ihre Kurse an der Universität.

5. Hanno _____ Amerikanistik.

6. Silke und Hanno _____ Englisch.

7. Hanno _____, Amerikanistik ist sehr interessant.

I. **Zimmerkollegen.** You are a resident hall director in Tübingen and are working on double room assignments. You have the following information about residents. Match the students in pairs based on their likes, assign them a room, and explain in full sentences what makes the two students compatible. Please note that men and women cannot room together.

▪ Johannes / Baseball spielen; Harald / Softball spielen
Zimmer 1: *Johannes spielt gern Baseball und Harald spielt gern Softball.*

Die Studenten:

Johannes/Baseball spielen ▪ Klara/klassische Musik hören ▪ Maria/Rockgitarre spielen ▪
Hartmut/Rockmusik hören ▪ Martha/Fußball spielen ▪ Harald/Softball spielen ▪
Anita/Rockmusik hören ▪ Lisa/Fußball spielen ▪ Andrea/Klavier spielen ▪
Gerald/Rolling Stones CDs hören

1. Zimmer 2

_____

2. Zimmer 3

_____

3. Zimmer 4

_____

4. Zimmer 5

_____

J. **Fragen über Anna.** Anna's arrival in Germany is receiving press coverage. A local reporter has come out to ask Anna lots of questions about herself. Anna enjoys disappointing the reporter and answers all the reporter's questions in the negative, even though she might be lying. Use **kein**, **keine**, or **keinen** in Anna's responses.

▪ REPORTER: Frau Adler, haben Sie einen Hund?
ANNA: *Nein, ich habe keinen Hund.*

1. REPORTER: Frau Adler, haben Sie einen Bruder?
ANNA: Nein, _____

2. REPORTER: Frau Adler, haben Sie eine Schwester?
ANNA: Nein, _____

3. REPORTER: Frau Adler, sind Sie Studentin?
ANNA: Nein, _____

4. REPORTER: Frau Adler, haben Sie einen Traummann?
ANNA: Nein, _____

5. REPORTER: Frau Adler, haben Sie ein Kind?
ANNA: Nein, _____

6. REPORTER: Frau Adler, sprechen Sie Deutsch?
ANNA: Nein, _____

K. Familien sind komplex. Explain the family relationships by inserting the correct form: **eine/einen** or **keine/keinen** or nothing.

Familie Müller:
Frau und Herr Müller haben eine Tochter und einen Schwiegersohn°. Die Tochter   *son-in-law*
und der Schwiegersohn haben zwei Kinder, ein Mädchen und einen Jungen. Das Mädchen
heißt Johanna und der Junge heißt Karl. Der Schwiegersohn hat keine Geschwister.

1. Johanna hat _____ Großmutter.

2. Karl hat _____ Großvater.

3. Johanna und Karl haben _____ Tante.

4. Johanna hat _____ Bruder.

5. Johanna und Karl haben _____ Cousin.

6. Johanna und Karl haben _____ Onkel.

7. Johanna und Karl haben _____ Eltern.

L. Ihre Familie. Explain whether you have any of these and if you do, how many.

▪ Hund / Hunde: *Ich habe keinen Hund.*
              Ich habe drei Hunde.

1. Katze / Katzen: _____

2. Vater / Väter: _____

3. Geschwister: _____

4. Schwester / Schwestern: _____

5. Neffe / Neffen: _____

6. Großmutter / Großmütter: _____

7. Tante / Tanten: _____

8. Kind / Kinder: _____

ABSPRUNGTEXT
Anna schreibt eine E-Mail

M. Am Telefon. After sending an e-mail to her aunt and uncle, Anna calls her grandparents, who
don't use e-mail. Unfortunately, the connection is bad and Opa Kunz can't hear her very well. He
asks a lot of questions. Match his questions with Anna's answers. Review the **Absprungtext** in
your textbook if necesssary.

1. _____ Wann kommst du an?

2. _____ Wann beginnt dein Deutschkurs?

3. _____ Wann beginnt das Semester?

4. _____ Kommst du nach Bad Krozingen?

5. _____ Möchtest du deine Verwandten hier kennen lernen?

6. _____ Ist es deine erste Reise nach Deutschland?

7. _____ Hast du viele Fragen?

8. _____ Hast du Angst?

a. Am Montag, den 27. August.

b. Am 17. August.

c. Ein bisschen.

d. Erst im Oktober.

e. Ja, gern!

f. Ja, es ist meine erste Reise.

g. Ja, ich möchte nach Bad Krozingen kommen.

h. Sehr viele Fragen!

N. Kalender. German speakers write dates by listing the day first, then the month, and then the year. They use periods to separate the numbers. For example, June 15, 2009 would be written as 15.6.09. Anna has a list of her relatives' birthdays. Write the month of each person's birthday. Then indicate which day of the week each birthday falls on in this calendar. (*Note that the German calendar week begins with* **Montag** *and ends with* **Sonntag**.)

Januar						
M	D	M	D	F	S	S
		1	2	3	4	5
6	7	8	9	10	11	12
13	14	15	16	17	18	19
20	21	22	23	24	25	26
27	28	29	30	31		

Februar						
M	D	M	D	F	S	S
					1	2
3	4	5	6	7	8	9
10	11	12	13	14	15	16
17	18	19	20	21	22	23
24	25	26	27	28		

März						
M	D	M	D	F	S	S
					1	2
3	4	5	6	7	8	9
10	11	12	13	14	15	16
17	18	19	20	21	22	23
24	25	26	27	28	29	30
31						

April						
M	D	M	D	F	S	S
	1	2	3	4	5	6
7	8	9	10	11	12	13
14	15	16	17	18	19	20
21	22	23	24	25	26	27
28	29	30				

Mai						
M	D	M	D	F	S	S
		1	2	3	4	
5	6	7	8	9	10	11
12	13	14	15	16	17	18
19	20	21	22	23	24	25
26	27	28	29	30	31	

Juni						
M	D	M	D	F	S	S
						1
2	3	4	5	6	7	8
9	10	11	12	13	14	15
16	17	18	19	20	21	22
23	24	25	26	27	28	29
30						

Juli						
M	D	M	D	F	S	S
	1	2	3	4	5	6
7	8	9	10	11	12	13
14	15	16	17	18	19	20
21	22	23	24	25	26	27
28	29	30	31			

August						
M	D	M	D	F	S	S
			1	2	3	
4	5	6	7	8	9	10
11	12	13	14	15	16	17
18	19	20	21	22	23	24
25	26	27	28	29	30	31

September						
M	D	M	D	F	S	S
1	2	3	4	5	6	7
8	9	10	11	12	13	14
15	16	17	18	19	20	21
22	23	24	25	26	27	28
29	30					

Oktober						
M	D	M	D	F	S	S
	1	2	3	4	5	
6	7	8	9	10	11	12
13	14	15	16	17	18	19
20	21	22	23	24	25	26
27	28	29	30	31		

November						
M	D	M	D	F	S	S
				1	2	
3	4	5	6	7	8	9
10	11	12	13	14	15	16
17	18	19	20	21	22	23
24	25	26	27	28	29	30

Dezember						
M	D	M	D	F	S	S
1	2	3	4	5	6	7
8	9	10	11	12	13	14
15	16	17	18	19	20	21
22	23	24	25	26	27	28
29	30	31				

			Monat	Wochentag
■ Georg	12.10.		*Oktober*	*Sonntag*
1. Vater	16.7.		_____	_____
2. Mutter	12.9.		_____	_____
3. Tante Uschi	2.3.		_____	_____
4. Onkel Hannes	10.11.		_____	_____
5. Katja	5.8.		_____	_____
6. Jeff	30.1.		_____	_____
7. Onkel Werner	17.5.		_____	_____
8. Oma Kunz	20.2.		_____	_____
9. Opa Kunz	8.12.		_____	_____

O. Was macht Anke wann? Anke is a student at a university in Munich. Look at her weekly schedule and answer the questions.

◼ Wann hat Anke organische Chemie?

Montags, mittwochs und freitags um zwei Uhr fünfzehn.

	MONTAG	DIENSTAG	MITTWOCH	DONNERSTAG	FREITAG
8.15 Uhr		Chemielabor		Chemielabor	
9.15 Uhr	Physiologie		Physiologie		Physiologie
10.25 Uhr		Phys. Labor		Phys. Labor	
12.30 Uhr					AStA-Sitzung [1]
2.15 Uhr	organische Chemie		organische Chemie		organische Chemie
4.45 Uhr		Arbeits-gruppe [2]		Tennis	

[1]*Allgemeiner Studenten-Ausschuss-Sitzung: student government meeting* [2]*study group*

1. Wann hat Anke Chemielabor?

   _____

2. Wann hat Anke Physiologie?

   _____

3. Wann spielt Anke Tennis?

   _____

4 Wann hat Anke die AStA-Sitzung?

   _____

5. Wann ist Ankes Arbeitsgruppe?

   _____

P. Was lernen Sie? Make a list of the courses you are taking this term. Then write down the days and times when each one meets.

◼ *Physiklabor: Dienstags und donnerstags um neun Uhr morgens.*

_____

_____

_____

_____

_____

Name _____ Klasse _____ Datum _____

Q. Hannos Tagesablauf. Rewrite the sentences to create a paragraph describing Hanno's daily routine in Jena. Begin each sentence with the time adverbial.

▪ um zehn Uhr / aufwachen   *Um zehn Uhr wacht Hanno auf.*

1. um halb elf / aufstehen _____

2. um elf Uhr dreißig / an der Uni ankommen _____

3. am Nachmittag / Silke anrufen _____

4. um siebzehn Uhr dreißig / von der Uni zurückkommen _____

5. um einundzwanzig Uhr dreißig / mit Freunden ausgehen°   *aus•gehen: to go out*
_____

R. Was ich gern mache. / Was ich nicht gern mache. Explain whether you like or dislike the activities described below.

▪ am Wochenende fernsehen   *Ich sehe gern am Wochenende fern.*
　　　　　　　　　　　　　　　Ich sehe nicht gern am Wochenende fern.

1. aus dem Mathematikkurs nach Hause zurückkommen

_____

2. am Wochenende einkaufen gehen

_____

3. mit Freunden wandern gehen

_____

4. am Montag um sechs Uhr aufstehen

_____

5. neue Verwandte kennen lernen

_____

6. um acht Uhr abends schlafen gehen

_____

S. Wie viel? Wie viele? Complete the following sentences to desribe accurately your own situation. Use **viel/viele, wenig/wenige,** or **kein/keine/keinen.**

1. Ich habe dieses Semester _____ Kurse an der Uni.

2. Ich habe _____ Verwandte und _____ Freunde.

3. Ich verstehe _____ Deutsch, _____ Englisch und

_____ Spanisch.

4. Ich trinke _____ Milch, _____ Cola und

_____ Bier.

5. Ich treibe _____ Sport und sehe _____ fern.

6. Beim Fliegen habe ich _____ Angst.

7. Ich höre _____ klassische Musik, _____ Rap-Musik

und _____ Rock-Musik.

T. Annas E-Mail. Georg was not home when Anna's e-mail arrived. Katja tells him about it later. Complete Katja's narration with appropriate words.

besuchen ▪ bisschen ▪ Deutschkurs ▪ kommen ▪ Oktober ▪ Semester ▪ sie ▪ Uni

Du, Georg, wir haben eine E-mail von Anna! (1) _____ kommt im August

nach Deutschland. Sie verbringt zwei Semester an der (2) _____ in Tübingen.

Sie hat einen (3) _____ im August, aber das Semester beginnt erst im

(4) _____. Sie hat ein (5) _____ Zeit, bevor das

(6) _____ beginnt, und sie möchte nach Weinheim (7) _____.

Sie möchte uns (8) _____. Ist das nicht toll?

U. Kreuzworträtsel.

Name _____ Klasse _____ Datum _____

Waagerecht →

1. Katja Günther ist die _____ von Friedrich und Elfriede Kunz.
4. Jeff Adler ist der _____ von Friedrich und Elfriede Kunz.
5. Die moderne _____ ist oft abstrakt, wie z.B.° bei Picasso.   *for example*
8. Samstag und Sonntag sind das _____.
9. Mutter und _____ sind die Eltern.
10. In Deutschland sprechen viele Leute Deutsch. In Amerika und Kanada sprechen viele Leute _____.
13. Die Sommermonate sind Juni, Juli und _____.
15. Dezember, _____ und Februar sind Wintermonate.
17. Die Naturwissenschaften sind die Biologie, die Physik und die _____.
18. Jeff Adler ist Annas _____.

Senkrecht ↓

2. Jeff Adler ist Ursula Günthers _____.
3. Anna Adler ist nicht verheiratet. Sie ist _____.
6. Er steht morgens um _____ _____ auf.
7. Vier Wochen sind ein _____.
11. Anna ist Jeffs _____.
12. Wir _____ Hunger und Durst.
14. Ursula Günther ist Annas _____.
16. Heute ist _____ Sonntag. Heute ist Montag.

V. Ein Interview. You are being interviewed for a German student newspaper in Jena. Complete the dialogue with appropriate questions and responses.

  ■ Woher kommst du? *Ich komme aus ...*

1. INTERVIEWER: _____

    SIE: Ich wohne in der Schillerstraße.

2. INTERVIEWER: Hast du einen Freund oder eine Freundin?

    SIE: _____

3. INTERVIEWER: Wie heißt er/sie?

    SIE: _____

4. INTERVIEWER: Was macht ihr gern zusammen?

    SIE: _____

5. INTERVIEWER: _____

    SIE: Ich studiere ...

6. INTERVIEWER: Verstehst du auch Französisch?

    SIE: _____

7. INTERVIEWER: Ich sehe, du lernst gerade Deutsch. Hast du eine Prüfung?

    SIE: _____

8. INTERVIEWER: Das Interview ist jetzt zu Ende. Hast du eine Frage für mich?

    SIE: _____

    INTERVIEWER: Danke für das Interview.

W. Der Zimmerkollege aus Österreich. Your university is hosting Austrian exchange students and is looking for roommates for them. You are interested but you want someone compatible.

1. First, list as many words and phrases as you can to describe yourself to a potential roommate. Then, list words and phrases that describe the kind of roommate you would like. Be sure to include information about your interests, daily routine, and family.

ich   **er/sie**

_____   _____

_____   _____

_____   _____

_____   _____

_____   _____

2. Use the words and phrases you listed to write a short letter to your potential new roommate. Introduce yourself, giving your name and age, and tell where you are from. Describe your family, your interests, and what your typical day looks like. If you are an early riser, you probably do not want to room with a night owl. Ask a few questions of the potential roommate, too. Don't forget to date your letter in the upper right corner.

_____
[*date*]

Grüß dich!

_____

_____

_____

_____

_____

_____

_____

Mit freundlichen Grüßen,

dein/deine _____

*(Note: Select **dein** if you are male and **deine** if you are female; then add your name.)*

KAPITEL 3

Was gibt es in Heidelberg und Mannheim zu tun?

ANLAUFTEXT
Was halten wir von Anna? Was hält sie von uns?

A. Untertitel. Choose an appropriate caption for each scene from the following list.

Essen sie immer nur Schweinefleisch? Trinken sie immer nur Bier?
Sie trägt bestimmt immer Shorts und Turnschuhe.
Lächelt sie immer wie alle Amerikaner?
Sieht Anna wohl immer nur fern? Hat sie immer Kaugummi im Mund?

1. _____

_____

2. _____

_____

_____

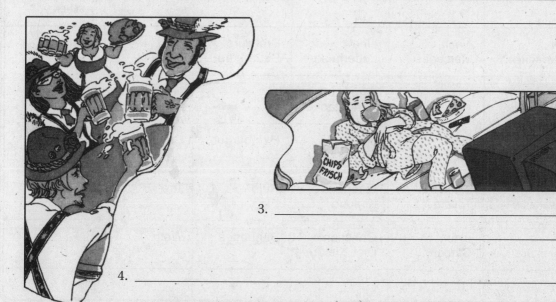

3. _____

_____

4. _____

_____

B. Ergänzen Sie. Complete these sentences with words from the **Anlauftext**.

1. _____ Anna vielleicht nur Hamburger?

2. _____ sie nur Cola?

3. Anna _____ sicher nur Englisch.

4. _____ sie immer, wie alle Amerikaner?

5. _____ sie etwas von Politik?

6. Sie versteht _____ nur Bahnhof.

7. _____ Anna wohl immer nur fern?

8. Hat sie immer _____ im Mund?

9. Bringt Anna viel _____ mit?

10. Sie _____ bestimmt immer Shorts und _____.

11. _____ sie lange bei uns?

12. Und die Deutschen? Essen sie immer nur _____?

13. Trinken sie immer nur _____?

14. _____ sie jedes Wochenende?

15. Es gibt _____ keine gute Popmusik in Deutschland.

C. Stereotypen. The table below lists some common stereotypes about several nationalities. Fill in the gaps in the table and describe each nationality according to the stereotypes. Then describe yourself. Do you fit any common stereotype?

◼ **D** *Ein Deutscher fährt einen Mercedes. Er trägt eine Lederhose. Er isst immer Bratwurst und Sauerkraut und er trinkt immer nur Bier. Er sieht gern Fußball im Fernsehen.*

	FAHREN	TRAGEN	ESSEN	TRINKEN	IM FERNSEHEN SEHEN
EIN DEUTSCHER	einen Mercedes	eine Lederhose	Bratwurst Sauerkraut	Bier	Fußball
EINE KANADIERIN		eine warme Winterjacke		heiße Schokolade	Eishockey
ALLE AMERIKANER	einen Ford	Jeans	Hamburger	Cola	Football
EINE JAPANERIN	einen Toyota	einen Kimono	Reis	Tee	Sumo
EIN FRANZOSE	einen Citroën	Christian Dior-Kleidung	Baguettes	Wein	
ICH					

CDN _____
_____
_____

USA _____
_____
_____

J _____
_____
_____

F _____
_____
_____

ICH _____
_____
_____

D. Und die Anna? Tante Uschi and Onkel Hannes are a little worried whether Anna will be able to adjust to their habits when they get to Weinheim. Whenever they state what they are doing, they wonder if Anna does this as well. Follow the example and write out their questions about Anna.

■ Wir essen viel Schweinefleisch.
Isst Anna auch viel Schweinefleisch?

1. Wir wandern am Wochenende gern.

_____

2. Wir tragen solide Schuhe.

_____

3. Wir trinken dann und wann° ein Bier. *now and then*

_____

4. Wir lesen gute Bücher.

_____

5. Wir laufen gern zum Supermarkt.

_____

6. Wir sprechen ein bisschen Französisch.

_____

7. Wir halten nicht viel von Rammstein.

_____

8. Wir nehmen Vitamin-C-Tabletten.

_____

9. Wir vergessen die E-Mail-Adresse von Hannelore.

_____

10. Wir wissen unsere Handynummer.

_____

11. Wir sind sportlich.

_____

12. Wir werden abends müde.

_____

13. Wir lächeln nicht so viel.

_____

14. Wir verstehen etwas von Fußball.

_____

15. Wir besuchen oft die Verwandten.

_____

E. Komplimente machen. You are at a party with some very fashion-conscious people. Use expressions from the list to compliment the following people on their appearance. Use the appropriate possessive adjective (**dein, euer,** or **Ihr**) in your compliment.

(sehr) schön ▪ super ▪ fantastisch ▪ (echt) toll ▪ (sehr) schick ▪ attraktiv ▪ großartig

▪ Frau Schneider, die Schuhe
Frau Schneider, Ihre Schuhe sind sehr schick!

1. Herr Klassen, die Jacke

_____

2. Annette, die Jeans

_____

3. Sebastian, der Pullover

_____

4. Herr und Frau Harnoß, die Schuhe

_____

5. Nick und Veronika, der Sportwagen

_____

F. Zickige Kommentare. (*Silly comments.*) Later, at the same party, you overhear two girls making uncomplimentary comments about people at the party. Use expressions from the list along with the appropriate possessive adjective (**sein** or **ihr**) to recall their comments.

nicht (sehr) schön ▪ unattraktiv ▪ (echt) hässlich° ▪ furchtbar° ▪

altmodisch° ▪ uninteressant ▪ widerlich ▪ schmutzig°

ugly/terrible

old-fashioned/dirty

▨ Markus, das T-Shirt

Sein T-Shirt ist schmutzig.

1. Monika, kurzes Haar

_____

2. Herr Heidenreich, die Frau

_____

3. Roberta, das Parfüm

_____

4. Wladimir, der Bruder

_____

5. Frau Krempelmann, der Pullover

_____

6. Daniela und Katherina, die Turnschuhe

_____

G. Ich sehe es nicht! After an evening at a party, you get ready to leave and need to collect your things. Use the correct possessive adjective associated with the subject in the original sentence to answer that you don't see the items. Follow the example.

▨ Wo ist meine Jacke? *Ich sehe deine Jacke nicht.*

1. Wo ist unser Freund Dieter? _____

2. Wo sind meine CDs? _____

3. Wo ist dein Pullover? _____

4. Wo ist deine Freundin? _____

5. Wo sind Lars und Inges Zigaretten? _____

6. Wo ist Ellens Bruder? _____

7. Wo ist Harrys Mineralwasser? _____

8. Wo ist mein Kaffee? _____

H. Keine Stereotypen. You have several friends who don't fit the stereotypes of their nationalities. Look at the chart below and tell about them. Then tell about yourself.

■ USA   *Mein Freund Bob ist Amerikaner, aber er isst keine Hamburger. Er isst Sushi, denn er hat Sushi gern.*

		NEIN	JA
BOB	Amerikaner	Hamburger essen	Sushi essen
THOMAS	Deutscher	Bratwurst essen	vegetarisch essen
MIDORI	Japanerin	Tee trinken	Kaffee trinken
JIM UND SUSAN	Kanadier	Eishockey sehen	Football sehen
MARIE-CLAIRE	Französin	einen Citroën fahren	einen Audi fahren
JANET	Amerikanerin	Cola trinken	Mineralwasser trinken
ICH			

D _____

CDN _____

USA _____

J _____

F _____

ICH _____

I. Karla und Karin sind Zwillinge. Karla and Karin are twins. They look alike, but they have very different interests. Describe their differences. Then write down which of the two activities you prefer.

■ spielen
Karla spielt gern Tennis, aber Karin läuft gern Ski. Ich spiele lieber Tennis.

1. essen

_____

2. Shorts tragen

_____

3. trinken

_____

4. Pullover tragen

_____

5. lesen

_____

6. sprechen

_____

7. Sport

_____

J. Beim Essen. Use the correct form of **möchten** to ask the following people what they would like to eat and drink for the meals listed. Look back at **Brennpunkt Kultur** on page 79 in the textbook to refresh your memory.

Viertel-Pfunder-Hamburger mit Pommes frites und Cola Light ▪ Brötchen mit Aufschnitt und Käse und eine Flasche Beck's Bier ▪ Tomatensuppe, Mixed-Grill-Teller für 2 Personen, Kompott und eine Flasche Rheinwein ▪ Brötchen und Vollkornbrot mit Butter, Marmelade und Honig und eine Kanne Kaffee ▪ Pancakes mit Sirup und einen Cappuccino ▪ Enchiladas mit Bohnen und Reis und Dos XX Bier ▪ Müesli mit Erdbeer-Joghurt und schwarzen Tee ▪ Bangers & Mash und Tee mit Milch und Zucker ▪ Porterhouse-Steak mit Backkartoffeln und eine Flasche Molson's Golden Ale ▪ Suppe, Schweineschnitzel mit Bratkartoffeln, Schoko-Pudding und ein Glas Weißwein

▪ Anna, du bist Amerikaner(in). (Frühstück)
Möchtest du zum Frühstück Doughnuts essen und Kaffee trinken?

1. Olaf, du bist Deutscher. (Abendbrot)

   _____

2. Nancy, du bist Kanadierin. (Abendbrot)

   _____

3. Herr und Frau Lagler, Sie sind Österreicher. (Frühstück)

   _____

4. John, Jim und Jenny, ihr seid Amerikaner. (Frühstück)

   _____

5. Bettina, du bist Schweizerin. (Frühstück)

   _____

6. Prinz William, Sie sind Engländer. (Frühstück)

   _____

7. Sarah und ich, wir sind Amerikaner. (Mittagessen)

   _____

8. Pedro und Juanita, ihr seid Mexikaner. (Mittagessen)

   _____

9. Sabine, du bist Deutsche. (Mittagessen)

   _____

10. Jürg und Petra, ihr seid Deutsche. (Mittagessen)

    _____

K. Präferenzen. The following people have busy calendars this month. Say what each person would like to be able to do in the circumstances presented. Use a form of **möchten** + *infinitive*.

▪ Zankas Großmutter kommt heute an. (Tschechisch / Englisch sprechen)
Sie möchte Tschechisch sprechen.

1. Ceren muss heute mit Professor Freund sprechen. Der Professor kommt aus Deutschland. (Türkisch / Deutsch sprechen)

   _____

2. Michael will heute Shakespeare im Original lesen. (Englisch / Italienisch lesen)

_____

3. Du hast ein Rad und ein Auto. Du musst von Köln nach Madrid fahren. (Rad / Auto fahren)

_____

4. Heute nachmittag spielt Anna Softball. (Bluse / T-Shirt tragen)

_____

5. Nächstes Jahr studieren Imani und Kinesha in der Schweiz. (Deutsch und Französisch lernen / Türkisch und Arabisch lernen)

_____

6. Wir haben keinen Hunger. (ein kleines Brötchen / einen großen Hamburger essen)

_____

L. Warum machst du das? Your hungry friend Achim has a bad habit of helping himself to other people's food in the floor kitchen. When you catch him in the act, ask him why he's taking other people's food.

⬛ Willys Bananen *Das sind Willys Bananen! Warum nimmst du seine Bananen?*

1. Annemaries Apfel

_____

2. Roberts Marmelade

_____

3. Lindas und Ralfs Rindfleisch

_____

4. mein Tomatensaft

_____

5. Khalids Tee

_____

6. Giselas Hähnchen

_____

7. Mischas und Veronikas Butter

_____

8. Axels Brot

_____

9. Reginas Gouda-Käse

_____

10. Franks und mein Bier

_____

M. Freiburg oder Karlsruhe? The following people are trying to decide whether to visit Freiburg or Karlsruhe. Make recommendations to them based on information from the descriptions below. Use the appropriate form of **können** and consider whether these people need to be addressed formally or informally.

Karlsruhe

Universitätsstadt am Rhein, 283 000 Einwohner, 3 500 Betten, charakteristische fächerförmige Stadtanlage, eine familienfreundliche Stadt.

Freizeit: Museen, Theater, Oper, Zoo, Botanischer Garten, Stadtrundfahrt, Tennis, Freischwimmbad, Hallenschwimmbad, Reiten, Angeln, Segeln, Schifffahrt auf dem Rhein.

Sehenswürdigkeiten: klassizistischer Marktplatz mit Glockenspiel im Rathaus, Schloss, älteste Technische Universität in Deutschland, Bergbahn auf den Turmberg (Aussichtsturm).

Freiburg

Universitätsstadt im Schwarzwald, 212 000 Einwohner, 3 000 Betten in 44 Hotels, 21 Gasthöfe, 25 Hotel garni und Pensionen.

Freizeit: 18-Loch-Golfplatz, Kleingolf, Tennis, Fahrradverleih, Planetarium, Surfen, Skilift, Ski-Schule und Skiverleih, Eishockey, Theater, Schlossberg Seilbahn.

Sehenswürdigkeiten: gotisches Münster, Universität, Galerien, Museen, malerische Stadttore, Fußgängerzone, Schlossberg.

◼ HERR HOFFMANN: „Ich möchte eine Technische Universität sehen.“

Herr Hoffmann, in Karlsruhe können Sie eine Technische Universität sehen.

1. MARIANNE: „Ich möchte Golf spielen.“

_____

2. HERR HEINZE: „Meine Freunde und ich möchten einen botanischen Garten sehen.“

_____

3. BERT: „Meine Freundin und ich möchten ins Planetarium gehen.“

_____

4. FRAU GRUBER: „Ich möchte mit der Familie den Zoo besuchen.“

_____

5. HERR SCHÄDLICH: „Mein Freund und ich möchten irgendwo Ski laufen."

_____

6. JENS: „Martin und ich möchten ein Glockenspiel hören."

_____

7. HERR PLENZDORF: „Ich möchte ein Fahrrad ausleihen und durch die Stadt fahren."

_____

8. FRAU GROSSGLOCKNER: „Ich möchte viele Galerien und Museen besuchen."

_____

9. INGE: „Gretchen, Teresa und ich möchten ein altes Münster sehen."

_____

10. FRAU MURÍN: „Die Kinder und ich möchten eine Schifffahrt auf dem Rhein machen."

_____

N. Meine Universität. Your new Austrian roommate is curious about your college. Complete the following sentences to provide a brief description. Use some of the words and phrases from the word bank to help you.

das Museum ▪ das Schwimmbad ▪ der Fluss ▪ die Kirche ▪ ein Footballspiel sehen ▪ das Theater ▪ das Hotel ▪ das Schloss ▪ historische Studentenlokale finden ▪ Basketball spielen ▪ Ski laufen ▪ gute Filme sehen ▪ schwimmen ▪ Rad fahren ▪ in Diskos tanzen ▪ kochen ▪ reiten ▪ wandern ▪ Wein trinken ▪ Karten spielen

1. Mein College / Meine Universität heißt _____.

2. Hier gibt es _____.

3. Es gibt hier auch _____.

4. Es gibt hier kein (keine / keinen) _____.

5. Hier kann man _____.

6. Hier kann man auch _____.

7. Hier kann man nicht _____.

8. Nicht weit von hier kann man _____.

9. Im Studentenwohnheim° kann man nicht _____. *dorm*

10. Im Studentenwohnheim können wir _____.

O. Mannheim besichtigen. You are on a bus tour of Mannheim. Your tour guide is very enthusiastic, and she is sitting right next to you and asking you if you can see all the sights she is pointing out. Use pronouns to tell her you can.

▪ Sehen Sie das Schloss?   *Ja, ich sehe es.*
Können Sie das Schloss sehen?   *Ja, ich kann es sehen.*

1. Sehen Sie den Friedrichsplatz? _____

2. Können Sie die Jesuitenkirche sehen? _____

3. Sehen Sie die Kunsthalle? _____

4. Können Sie das Glockenspiel sehen? _____

5. Können Sie und Ihr Freund den Wasserturm sehen? _____

_____

6. Kann Ihr Freund das Alte Rathaus sehen? _____

7. Sehen Sie den Hafen? _____

8. Sehen Sie zwei auch das Nationaltheater? _____

P. Oma und Opa. You were planning to visit your grandparents for the weekend, but you have too much studying to do. You call them to explain your situation and they ask a lot of questions. Complete the conversation by filling in the correct personal pronouns.

■ OPA: Besuchst du _____*uns*_____ am Wochenende?

1. SIE: Nein, ich kann _____ nicht besuchen.

2. OMA: Möchtest du _____ denn nicht sehen?

3. SIE: Doch, Oma, ich möchte _____ und Opa sehen.

4. SIE: Ihr wisst doch, ich besuche _____ gern, aber im Moment kann ich nicht. Ich habe so viel zu tun.

5. OMA: Na, gut, wir können _____ an der Uni besuchen. Wir können am Sonntag ins Restaurant gehen – sagen wir um eins.

6. SIE: Schön, dann könnt ihr _____ hier sehen! Perfekt! Bis Sonntag dann!

OMA: Gut, das machen wir dann. Bis Sonntag, tschüss!

SIE: Tschüss, Oma! Auf Wiederhören, Opa!

Q. Eine Konferenz. At a large convention, you encounter a lot of acquaintances who talk to you about their colleagues. Complete their conversations with the correct possessive adjectives (**mein, Ihr, ihr**) and the correct forms of the verb **kennen**.

HERR HUBER: Kennen Sie (1) _____ Kollegen Frau Stein und Herrn Kunz?

SIE: Nein, ich (2) _____ sie nicht.

Herr Huber: (3) _____ Kollegin Frau Stein kommt aus Tübingen.

SIE: Aus Tübingen? Das ist eine sehr schöne Stadt!

(4) _____ Sie die Uni dort?

FRAU GRAMM: (5) _____ Sie (6) _____ Kollegin Frau Hahn?

SIE: Ja, ich (7) _____ Frau Hahn. Frau Hahn und (8) _____ Mann haben Zimmer 1708 und ich habe Zimmer 1709.

FRAU GRAMM: (9) _____ Sie Frau Hahns Mann, Professor Hahn?

SIE: Nein, ich kenne (10) _____ Mann nicht.

FRAU GRAMM: (11) _____ Mann ist sehr berühmt.

ZIELTEXT
Fahren wir nach Heidelberg oder nach Mannheim?

R. Was gibt es in Heidelberg zu sehen? Put these sentences from the **Zieltext** dialogue in the correct order. The first sentence is marked for you.

_____ Das Museum ist langweilig.

_____ Welches?

_____ Du kennst das Museum in Heidelberg doch gar nicht.

_____ Aber es gibt nicht viel zu sehen in Heidelberg. Das Schloss vielleicht, und die Uni.

_____ Doch. Es gibt viel zu sehen in Heidelberg: das Schloss, das Museum …

_____ Das große Museum in der Hauptstraße. Heidelberg ist gut. Wahrscheinlich besser als Mannheim.

_1_ Ich habe gedacht, wir fahren nach Heidelberg.

S. Kreuzworträtsel.

Waagerecht →

3. Obst, das man trinkt, ist ____.
4. Man kann es trinken oder drin schwimmen oder segeln.
5. Für Pizza braucht man Tomatensauce und viel Mozzarella-____.
9. Ich möchte Fische finden, also gehe ich ____.
10. Studenten trinken Bier im ____.
12. Wenn wir nicht zu Hause essen, gehen wir ins ____.
16. Für Hamburger kauft man ____.
18. Cola, Wasser, Bier, Kaffee, Tee und Milch sind alle ____.
20. Wir gehen zu Starbucks und kaufen einen ____.
21. In Spaghettisauce und in Salaten gibt es viele ____.
22. Wir gehen in die ____ tanzen.

Senkrecht ↓

1. Zum Frühstück essen die Deutschen Brötchen mit ____ und Marmelade.
2. Heidelberg hat 143 000 ____.
5. Wenn wir zu Hause essen, müssen wir das Essen ____.
6. Man macht ____ aus Trauben.
7. Die Tiger, die Giraffen und die Bären leben im ____.
8. Jerry Garcia spielte° die ____.   *played*
11. Zum Abendbrot essen die Deutschen ____ oder Käse mit Brot.
13. Anna trägt immer Shorts und ____.
14. Der ____ schwimmt in der See, bevor wir ihn essen.
15. Studenten schwimmen im ____ auf dem Campus.
17. Im Winter gehen wir gern ____.
18. Kinder essen ihr ____ nicht so gern.
19. Hat Anna immer ____ im Mund?

T. Meine Einkaufsliste. You are putting together a shopping list based on this week's specials (see ad, page 41). Put together a list of five items for your dinner, including the country of origin of each item (if provided) and its price by weight, for each of five categories: **Fisch, Fleisch, Obst, Gemüse,** and **Getränke.** Spell out all numbers.

◼ *Die Karotten kommen aus Deutschland. Ein Kilo Karotten kostet neunundachtzig Cent.*

Fisch:

_____

Fleisch:

_____

_____

_____

Obst:

_____

_____

_____

Gemüse:

_____

_____

Getränke:

_____

U. Ach! Diese Leute! On the first line, describe yourself. On the second line, describe a friend or family member. On the third line, describe a pair or group of friends or family members. Use the verbs provided.

fahren

Ich	*Ich fahre Ski.*
Mein/Meine	*Mein Freund Ted fährt Skateboard. / Meine Freundin Tessa fährt Skateboard.*
Meine	*Meine Schwestern fahren Rad.*

fahren

Ich _____

Mein _____

Meine _____

sprechen

Ich _____

Mein _____

Meine _____

viel _____ trinken

Ich _____

Mein _____

Meine _____

viel _____ essen

Ich _____

Mein _____

Meine _____

lieber _____ essen

Ich _____

Mein _____

Meine _____

viel von _____ verstehen

Ich _____

Mein _____

Meine _____

_____ verstehen können

Ich _____

Mein _____

Meine _____

gern _____ tragen

Ich _____

Mein _____

Meine _____

gern _____ sehen

Ich _____

Meine _____

Now use the information from your notes to write five to eight sentences about each person, including yourself.

Ich _____

_____

_____

_____

_____

_____

_____

_____

_____

Mein _____

_____

_____

_____

_____

_____

_____

_____

Meine _____

_____

_____

_____

_____

_____

_____

_____

KAPITEL 4

Unterwegs

ANLAUFTEXT
Mutters Ratschläge

A. Untertitel. Select an appropriate caption for each scene.

Dann müssen wir wohl 100 Schlösser besuchen.
Ich soll mein Handy mitnehmen und sie ab und zu anrufen.
Ich will aber Andenken kaufen.
Nimm genug warme Kleidung mit!
Vergiss deine Eltern nicht!

3. _____

_____

2. _____

_____

1. _____

_____

4. _____

_____

5. _____

_____

B. Ergänzen Sie. Complete these sentences with words from the **Anlauftext**.

1. Frau Adler hat viele _____ für Anna.

2. Anna soll nicht so viel Cola trinken, aber dann muss sie Bier trinken, und das _____ sie nicht.

3. Anna soll genug warme _____ mitnehmen.

4. Aber Anna meint, sie darf ihre _____ nicht vergessen.

5. Annas Mutter sagt, sie soll nicht zu viel _____ für Andenken ausgeben.

6. Anna will aber viele Andenken _____.

7. Annas Mutter sagt, sie soll nie per Anhalter _____.

8. Anna meint, dann _____ sie wohl ein Fahrrad haben.

9. Annas Mutter sagt: „_____ deine Eltern nicht!"

10. Anna meint, sie soll ihre Eltern ab und zu _____.

11. Annas Mutter sagt: „Anna, sei immer _____!"

12. Anna antwortet: „Mutti! Mach dir keine _____!"

13. Tante Uschi sagt zu Katja und Georg: „Helft Anna mit der _____!"

14. Tante Uschi meint, sie können Anna die Umgebung _____.

15. Onkel Hannes meint, sie müssen wohl 100 _____ besuchen.

C. Sportartikel bei NORMA kaufen. The discount store **NORMA** is having specials on sports clothing and gear. Look at their advertisement and use the appropriate form of address (**du, ihr,** or **Sie**) to tell these people what they should purchase with their money in preparation for their trekking vacation.

◾ Martins Hose ist ganz kaputt. Er braucht eine neue Hose.

Martin, *du sollst eine Trekking-Hose kaufen. Sie kostet nur 9,99€.*

1. Jürgen Steiner geht gern wandern, aber er muss relativ viel mitbringen.

Jürgen, _____

_____

_____

_____

_____

2. Herr und Frau Krämer brauchen gute Schuhe.

   Herr und Frau Krämer, _____

3. Inge Winterstetter sucht Kleidung, aber sie kann nicht mehr als 8€ ausgeben.

   Inge, _____

4. Thomas Krempellmann braucht ein neues Hemd. Er möchte etwas gegen die
   Sonne° kaufen.   *sun*

   Thomas, _____

5. Matthias und Ingrid Steffan finden Orientierungslauf interessant.

   Matthias und Ingrid, _____

6. Herr Vogt möchte die wilden Vögel beobachten°.   *observe wild birds*

   Herr Vogt, _____

7. Frau Vogt braucht Kleidung für die kühlen Nächte.

   Frau Vogt, _____

8. Sie haben genau 10€. Was sollen Sie kaufen?

   Ich _____

D. Nach Kanada fahren. A friend is planning a winter trip to Canada to go skiing and snow-
mobiling. Since your friend is not familiar with the weather in Canada and isn't sure what to bring,
you are helping with the packing. Give your friend advice about what to take.

■ Soll ich meine Sandalen packen?
Nein, pack keine Sandalen. Pack deine Stiefel.

1. Ich möchte in Kanada Shorts tragen.

   _____

2. Soll ich Handschuhe packen?

   _____

3. Vielleicht bringe ich meine Jacke mit.

   _____

4. Soll ich Stiefel mitnehmen?

   _____

5. Soll ich meine Turnschuhe mitnehmen?

   _____

6. Soll ich meinen Wintermantel packen?

   _____

7. Soll ich meinen Schal mitnehmen?

   _____

E. Kinder! You are working at a daycare center for the summer. You constantly have to pay attention to the children because they're always into something. Use imperatives and **bitte** to tell the children what not to do and then offer an alternative.

◼ Melanie und Sven essen Sand°. (Obst essen)   *sand*
   Esst keinen Sand! Esst bitte Obst!

1. Vanessa und Christian singen sehr laut. (leise singen)

   _____

2. Silvia und Klaus tragen nur Unterhosen. (Hosen tragen)

   _____

3. Silke, Armin und Sascha trinken Cola. (Saft trinken)

   _____

4. Ingrid und Wolfgang machen die Tür auf. (die Tür zu•machen)

   _____

5. Hans und Hans-Peter nehmen alle Spielzeugautos° aus dem Regal°.   *toy cars / shelf*
   (auf•räumen)

   _____

6. Renate und Ellen vergessen ihre Jacken. (Jacken suchen)

   _____

F. Besuch von Freunden. Some old friends from your hometown have come to visit you. It's Saturday and you are trying to decide how to spend the afternoon and evening. Use imperatives to make suggestions. Use the phrases below as well as ideas that are specific to your school.

◼ ins Lokal gehen
   Gehen wir ins Lokal und trinken wir ein Bier!

1. ins Kino gehen

   _____

2. einen Spaziergang machen

   _____

3. in ein Studentenlokal gehen

   _____

4. Freunde besuchen

   _____

5. eine Party machen

   _____

6. Basketball spielen

   _____

Name _____ Klasse _____ Datum _____

G. Wer kann was? Tell what each of the people listed below can do and how well they can do it. Then compare their talents to what you can do. Use adverbs from the word bank to help you.

fantastisch ▪ super ▪ ausgezeichnet ▪ (sehr) gut ▪ nicht so gut ▪
(sehr) schlecht ▪ gar nicht ▪ überhaupt nicht

■ Roger Federer / Tennis spielen
Roger Federer kann fantastisch Tennis spielen, aber ich kann gar nicht Tennis spielen.

1. Thomas Quasthoff und Cecilia Bertoli / singen

_____

2. Ben Folds / Klavier° spielen   *piano*

_____

3. Michael Schumacher und Ralf Schumacher / Auto fahren

_____

4. Wolfgang Puck / kochen

_____

5. ein Baby / tanzen

_____

6. Tiger Woods und Bernhard Langer / Golf spielen

_____

7. Was können Sie gut machen?

_____

H. Mini-Dialoge. Supply the appropriate forms of **mögen** or **möchte** to complete the conversations.

A. ANNE: (1) _____ du ein Glas Bier, Karin?

KARIN: Nein, danke. Ich (2) _____ lieber eine Cola.

ANNE: (3) _____ du kein Bier?

KARIN: Doch, ich (4) _____ Bier, aber heute darf ich keinen Alkohol trinken.

B. HERR KLEIN: (5) _____ Sie nach Hawaii fahren?

HERR LEITNER: Nein, ich (6) _____ warmes Wetter nicht. Ich

(7) _____ lieber nach Österreich fahren.

HERR KLEIN: (8) _____ Sie mit der Bahn fahren, oder

(9) _____ Sie lieber Ihr Auto nehmen?

HERR LEITNER: Ich (10) _____ lieber mit der Bahn fahren. Ich

(11) _____ die Staus° auf der   *traffic jams*

Autobahn überhaupt nicht, und das Parken ist immer ein Problem.

I. **Plus und Minus.** There are advantages and disadvantages associated with bicycling. Some of them are listed below. Select those descriptors that are advantages of cycling.

1. _____ Radfahren ist gesund.

2. _____ Radfahren ist gefährlich.

3. _____ Radfahren macht Spaß.

4. _____ Ein Fahrrad braucht wenig Platz.

5. _____ Bei schlechtem Wetter ist Radfahren unangenehm°.   *unpleasant*

6. _____ Ein Fahrrad kann man selbst reparieren.

7. _____ Mit dem Fahrrad darf man nicht auf der Autobahn fahren.

8. _____ Ein Fahrrad verbraucht kein Öl und kein Benzin.

J. **Ergänzen Sie.** Complete these sentences with words from the word bank.

an•halten ▪ beherrscht ▪ benutzen ▪ braucht ▪ bremsen ▪
Fahrräder ▪ Freizeit ▪ Fußgänger ▪ gesund ▪ nebeneinander ▪ sogar ▪
Spaß ▪ steigen ▪ ungefährlich ▪ Verkehrszeichen ▪ vorsichtig ▪ Weg

1. Radfahren ist _____, es macht _____ und ist
   umweltfreundlich.

2. Ein Fahrrad _____ wenig Platz.

3. In Deutschland gibt es vielleicht 75 Millionen _____.

4. Immer mehr Menschen _____ in ihrer _____ aufs Rad.

5. Sie _____ es zum Einkauf, auf dem _____ zur Schule
   oder zur Arbeit.

6. Radfahren ist allerdings leider auch nicht _____.

7. Ein Radfahrer soll immer so fahren, dass er _____ kann und das Rad
   völlig _____.

8. An Bushaltestellen müssen Radfahrer _____ oder
   _____ vorbeifahren.

9. Natürlich müssen Radfahrer alle _____ beachten.

10. Es gibt auch kombinierte Wege für Radfahrer und _____.

11. Radler haben jetzt _____ ihre „eigenen" Straßen.

12. Radfahrer dürfen auf „ihren" Straßen auch _____ fahren.

Name _____ Klasse _____ Datum _____

K. Familie Nibbe. The Nibbe family has several pets. Fips, the dachshund; Mienz and Maunz, the cats; and Rollo, a large German shepherd. Use forms of **dürfen** to complete the paragraph about the rules of the house for these pets.

Mienz und Maunz (1) _____ auf dem Sofa sitzen. Aber sie

(2) _____ nicht in den Garten gehen. Sie müssen im Haus bleiben. Rollo

(3) _____ nicht auf dem Sofa sitzen. Er ist zu groß. Er ist auch dumm.

Manchmal denkt er: „Ich (4) _____ auf dem Sofa sitzen!" Dann sagt

Frau Nibbe: „Rollo, nein! Du (5) _____ das nicht!" Fips ist klein, aber er

(6) _____ auch nicht auf dem Sofa sitzen. Fips und Rollo

(7) _____ im Garten spielen, aber sie (8) _____ nicht mit

Mienz und Maunz spielen, denn die Katzen mögen die Hunde nicht.

L. Was dürfen Sie (nicht) machen? What are the rules where you live? Follow the example and use the expressions below to write five sentences telling what you may and may not do.

> spät ins Bett gehen • Alkohol trinken • viel Geld für Zigaretten ausgeben •
> spät aufstehen • mit meiner Freundin zusammen wohnen

Ich darf nicht ... _____

_____

_____

_____

_____

_____

_____

_____

M. Was müssen sie tun? Use the example and the expressions below to state what these people have to do.

◼ Bastian hat morgen eine Mathe-Prüfung.
Bastian muss heute lernen.

Benzin° kaufen ▪ ihre Bankkarte finden ▪ einen Sakko kaufen ▪ heute   *gasoline*
lernen ▪ heute packen ▪ heute zu Fuß gehen ▪ jetzt langsam fahren ▪
mit der Bahn fahren ▪ schlafen gehen

1. Franziska und Reiner fliegen morgen früh nach Deutschland.

   _____

2. Herr Zimmer hat ein Problem mit seinem Auto auf der Autobahn.

   _____

3. Mandys Fahrrad ist kaputt.

   _____

4. Marc und Monika fahren morgen mit dem Auto.

   _____

5. Tina und Franka wollen nach Österreich reisen, aber sie haben kein Auto.

   _____

6. Ingo hat morgen ein Interview, aber seine Kleidung ist sehr alt.

   _____

7. Uschi braucht Geld und will Geld von der Bank abheben°.   *withdraw*

   _____

8. Ich bin sehr müde.

   _____

N. Was wollen sie? Use the example to ask the following people about their desires. Use the correct form of the verb **wollen** and an appropriate verb from the word bank to complete each sentence.

ausgeben ▪ besuchen ▪ einkaufen ▪ lernen ▪ lesen ▪
packen ▪ schicken ▪ schwimmen ▪ mitnehmen ▪ fahren

◼ Jürgen kauft ein Fahrrad.
Willst du Rad fahren, Jürgen?

1. Peter und Heiko kaufen Bücher.

   _____

2. Frau Peters kauft ein Spanischbuch.

   _____

3. Annette liest eine Broschüre über Moskau.

   _____

4. Herr und Frau Koppe gehen zum Supermarkt.

   _____

5. Hannes geht ins Schwimmbad.

_____

6. Claudia kauft in New York ein Geschenk für ihre Eltern in Deutschland.

_____

7. Erwin und Thomas möchten ihre Eltern in Augsburg sehen.

_____

8. Ich habe meine Klamotten und meinen Koffer für die Reise auf dem Bett.

_____

O. Neue Freunde. You are a resident assistant in a freshman dorm. At the first meeting the residents introduce themselves. Make a few notes about what they say about themselves to help you remember their names. Use some of the words from the list to help you.

fleißig/faul ▪ freundlich/unfreundlich ▪ heiter, lustig/ernst ▪
interessant/langweilig ▪ klug, intelligent/dumm ▪ kreativ/einfallslos ▪
locker/steif ▪ musikalisch/unmusikalisch ▪ offen, gesellig/schüchtern ▪
ruhig/laut ▪ selbstsicher/unsicher, nervös ▪ sportlich/unsportlich ▪
sympathisch/unsympathisch

▪ SIEGFRIED: Ich arbeite sehr viel, und ich habe Musik sehr gern. Ich spiele Gitarre und Klavier.
Siegfried ist fleißig und musikalisch.

1. MARTIN: Ich arbeite nicht gern. Ich schlafe lieber. Ich spiele sehr gern Tennis und Football und ich schwimme gern.

_____

2. HILDE: Ich bin ziemlich nervös. Ich bin nie laut. Ich habe keine Freunde.

_____

3. MARLENE: Ich lese gern und ich schreibe auch gern. Ich möchte ein Buch schreiben. Ich komponiere° auch Musik.   *compose*

_____

4. INGRID: Ich möchte nicht mit euch sprechen! Ich finde es dumm, dass ich in einem Studentenwohnheim wohnen muss.

_____

5. HORST: Was? Ich soll etwas sagen? Oh ... Warum sind wir hier?

_____

6. OLI: Ich male° sehr gut und ich bin nicht laut.   *paint*

_____

7. ANDREAS: Hallo, Leute! Kommt doch in mein Zimmer! Ich habe ein Sofa und einen Fernseher. Wir können etwas trinken und zusammen fernsehen.

_____

8. CHRISTINA: Alle Leute finden mich sehr nett.

_____

P. Annas Reise. Complete the paragraph with the correct prepositions.

durch ▪ für ▪ gegen ▪ ohne ▪ um

Anna fliegt morgen nach Deutschland. Sie muss alles packen. Sie geht (1) _____ das Haus. Hat sie alles? Sie geht (2) _____ den Tisch herum. Aha! Sie sieht ihren blauen Pullover. Sie braucht ihn (3) _____ den Winter. Sie will nicht (4) _____ den Pullover fliegen. Sie geht (5) _____ die Tür und in den Garten. Da liegt ihr Tennisschläger. Sie möchte in Deutschland mit Katja und Georg spielen. Sie braucht bestimmt den Tennisschläger (6) _____ die Reise. Sie geht zurück ins Haus und sieht ihren Kulturbeutel im Badezimmer. (7) _____ ihren Kulturbeutel kann sie überhaupt nicht fliegen. Sie muss ihn schnell einpacken. Dann denkt sie: Habe ich meinen Pass? In Frankfurt muss ich (8) _____ den Zoll und die Passkontrolle gehen.

ZIELTEXT
Endlich Unterwegs!

Q. Ordnen Sie. Use consecutive numbers to arrange these two groups of sentences from the **Zieltext** in a logical order. The first sentence in each group is marked for you.

_____ Ach ja, das ist richtig, genau!

_____ Hat sie nicht so einen lila Rucksack?

__1__ Mutti, wie können wir sie denn erkennen, unsre Kusine Anna?

_____ O.K., dann kann es nicht so schwer sein, sie zu erkennen.

_____ Und lange blonde Haare soll sie haben.

_____ Hallo, Tante Uschi! Onkel Hannes! Guten Tag!

__1__ Hallo, Anna!

_____ Lang. Ich bin jetzt todmüde ...

_____ Na, jetzt gehen wir mal zum Auto.

_____ Wie geht's dir denn? Wie war dein Flug?

R. **Kreuzworträtsel.**

Waagerecht →

2. Viele Amerikaner tragen _____ und ein T-Shirt.
4. _____ ist ein anderes Wort für dumm.
8. Im _____ hat Herr Spranz seinen Rasierapparat.
11. Ein Mountain-Bike ist ein _____.
12. Annegret ist nicht schüchtern. Sie ist sehr selbst _____.
13. David Letterman ist nicht steif. Er ist _____.
15. Mein _____ von Chicago nach Frankfurt startet in 30 Minuten.
16. Anna hat eine neue digitale _____ gekauft.

Senkrecht ↓

1. In Deutschland fahren viele Menschen mit der _____.
3. Tobias hat überhaupt keinen Humor. Er ist immer sehr _____.
5. Jan macht seine Hausaufgaben nicht gern. Er ist sehr _____.
6. Morgen hat Thomas ein Interview. Er trägt eine _____ und einen Sakko.
7. Ein **Personenkraftwagen** ist ein anderes Wort für _____.
9. _____ ist ein Suffix mit **freund-, glück-** und **sport-.**
10. Im Dezember in Heidelberg muss man _____ an den Händen tragen.
11. Julianna macht alle ihre Hausaufgaben. Sie ist sehr _____.
14. Sophie geht ins Theater. Sie trägt einen _____ und eine Bluse.

S. Eine Fahrschulbroschüre. Look at the advertisement for a driving school and select the appropriate answers.

1. What is the school's phone number?

   a. 22926   b. 04102   c. 04102 / 55854

2. Who is the owner of this business?

   a. Herr Rüdiger   b. Herr Zimmer   c. Herr Fahrschule

3. If you were getting a class 1 license, what vehicle would you be learning to drive?

   a. a tractor   b. a car   c. a motorcycle

4. What do students learn to drive for a class 3 license?

   a. a bus   b. a car   c. a motorcycle   d. a tractor

5. If you were getting a class 3 license, what practice vehicle would be available?

    a. a Porsche   b. a BMW   c. a Ford   d. a Toyota

6. Mofa 25 is for mopeds and motor scooters. Who would probably need a class 4/5 license?

    a. young teenagers   b. retired people   c. police officers

7. If you took the vacation course on driving theory, how many days would you attend class?

    a. five   b. seven   c. six

8. At what times would you attend class?

    a. 9:00–12:00   b. 1:00–4:00   c. 7:00–9:00 P.M.

Beantworten Sie die Fragen auf Deutsch:

9. Haben Sie einen Führerschein?

_____

10. Wann haben Sie den Führerschein gemacht°?   *did you get*

_____

11. Dürfen Sie Motorrad fahren?

_____

T. Schreiben Sie. A Swiss acquaintance is planning to study at your college for a year.

1. Make a list of things your acquaintance should bring/not bring, do/not do in preparation for the trip.

bringen	**nicht bringen**
_____	_____
_____	_____
_____	_____
_____	_____

machen	**nicht machen**
_____	_____
_____	_____
_____	_____
_____	_____

2. Write a short letter to your acquaintance in which you suggest what to bring and do and what to avoid. Modal verbs and the informal imperative will be useful. Write your city and the date (e.g., Madison, den 30. November) in the blank in the upper right, then begin your letter with **Lieber** + a male name or **Liebe** + a female name. Be sure to close your letter with either **Dein** or **Deine** and your name.

KAPITEL 5

Freundschaften

ANLAUFTEXT
Die Geschichte von Tante Uschi und Onkel Hannes

A. Untertitel. Write an appropriate caption beneath each scene.

1. _____

_____

2. _____

_____

3. _____

_____

4. _____

_____

5. _____

_____

B. Familiengeschichte. Onkel Werner is compiling the family history and has asked Tante Uschi to write about how she and Onkel Hannes met. Since it's an informal piece of writing, Tante Uschi has chosen to use the conversational past. Supply the correct forms of **haben** and **sein** in her story.

Nach dem Abitur (1) _____ ich in Hamburg Pharmazie studiert.

Dort (2) _____ ich in einer Studentenkneipe gearbeitet. Hannes

(3) _____ oft in die Kneipe gekommen. Er (4) _____

immer eine Zeitung gehabt, aber er (5) _____ sie nie gelesen. Er

(6) _____ auch nie Trinkgeld gegeben. Er (7) _____ aber

sehr gut ausgesehen. Eines Tages (8) _____ er mich ins Theater eingeladen,

und nachher (9) _____ wir zusammen ein Bier getrunken. Er war so nervös,

er (10) _____ kaum ein Wort gesagt. Später (11) _____ wir

an der Alster spazieren gegangen, und wir (12) _____ einander geküsst.

Es (13) _____ geregnet, aber es war trotzdem sehr romantisch. Von

da an (14) _____ wir viel Zeit zusammen verbracht, und ich

(15) _____ oft mit Hannes ausgegangen. Wir (16) _____ in

St. Pauli getanzt und getrunken, und wir (17) _____ sonntags immer

zum Fischmarkt gegangen. Hannes (18) _____ auch Liebesgedichte für

mich geschrieben. Später (19) _____ wir uns verlobt und bald danach

(20) _____ wir geheiratet.

C. Ergänzen Sie. Complete these sentences with words from the **Anlauftext**.

1. Tante Uschi hat in Hamburg als _____ in einer Studentenkneipe gearbeitet.

2. Onkel Hannes ist oft in die Kneipe gegangen, weil Uschi ihm gut _____ hat.

3. Onkel Hannes hat Tante Uschi nie _____ gegeben.

4. Eines Tages hat er Uschi ins Theater _____.

5. Nachher haben sie zusammen ein Bier _____.

6. Später haben sie einen romantischen _____ an der Alster gemacht.

7. Für Hannes war das nicht romantisch. Es hat die ganze Zeit _____ und Uschi hat eine schlimme _____ gehabt.

8. Von da an haben sie viel Zeit miteinander _____.

9. Liebesgedichte? —O je! Das hat er ganz _____.

10. Onkel Hannes war bis über beide Ohren in Tante Uschi _____.

11. Deshalb haben sie sich bald _____, und Uschi hat ihren Freundinnen den Ring gezeigt.

12. Bald danach haben sie _____.

D. Opa erzählt. Your grandfather is telling you about his youth. Help him with his storytelling by putting his statements in the conversational past tense.

▣ jeden Tag zehn Stunden lernen
Ich habe jeden Tag zehn Stunden gelernt.

1. jeden Tag das Bett machen

   _____

2. jedes Wochenende viele Stunden arbeiten

   _____

3. jede Nacht nur drei Stunden schlafen

   _____

4. immer nur Wasser und nie Bier trinken

   _____

5. nie Pizza und immer nur trockenes Brot essen

   _____

6. nur klassische Musik und nie Rock'n Roll hören

   _____

7. ein schwieriges und komplexes Hauptfach studieren

   _____

8. nie den Geburtstag von meinem Opa vergessen

   _____

E. Dirk und Michaela. Dirk's younger brother is just old enough to start dating and wants to know how Dirk met Michaela. Complete Dirk's story with verbs from the list below. You will need to use forms of **haben** and **sein** more than once.

an•sprechen ▪ aus•sehen ▪ essen ▪ gehen ▪
haben ▪ sein ▪ verlieben ▪ verloben

Ich kenne Michaela schon seit drei Jahren. Wir (1) _____ uns in der

Disko kennen gelernt. Sie hat sehr schön (2) _____, und ich

(3) _____ gedacht: „Das ist ein Mädchen für mich!" Ich habe sie

(4) _____, und wir (5) _____ zusammen getanzt.

Später sind wir zusammen ins Kino (6) _____, und wir haben Eis

(7) _____. Meine Freunde Lars und Nils (8) _____ sie

gern gehabt, und wir (9) _____ oft zu viert ausgegangen. Ich

(10) _____ mich in Michaela verliebt, und sie hat sich auch in mich

(11) _____. Nach anderthalb Jahren habe ich Michaela einen Ring gegeben,

und wir haben uns (12) _____. Es (13) _____ eigentlich

ganz einfach gewesen.

F. Das Fotoalbum. You have asked three different couples about how they met. They show you pictures from the early days of their relationship and tell you something about their past. What do they tell you? Write at least three sentences describing each picture.

_____   _____   _____

_____   _____   _____

_____   _____   _____

_____   _____   _____

_____   _____   _____

G. Wie ist das Wetter? An Austrian exchange student in your history class is planning some sightseeing trips around the area during vacation break, but is unfamiliar with the weather here. Help out with some brief descriptions.

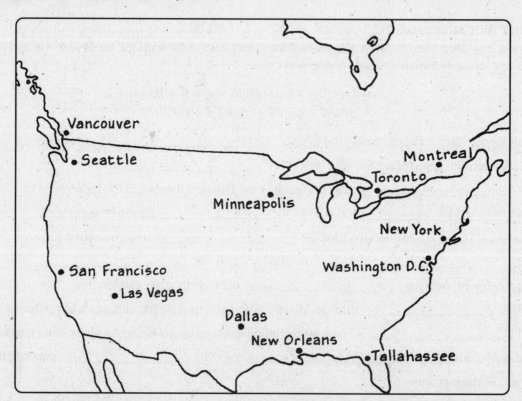

▢ Wie ist das Wetter in Minneapolis im Winter?
Es ist sehr kalt und windig, und es gibt viel Schnee.

1. Wie ist das Wetter in Toronto im Juni?

   _____

2. Wie ist das Wetter in Seattle im Herbst?

   _____

3. Wie ist das Wetter in Las Vegas im Winter?

   _____

4. Wie ist das Wetter in Florida im Sommer?

   _____

5. Wie ist das Wetter in Montreal im Frühling?

   _____

6. Wie ist das Wetter in New Orleans im Dezember?

   _____

7. Wie ist das Wetter in Washington, DC im Juli?

   _____

8. Wie ist das Wetter in Vancouver im April?

   _____

9. Wie ist das Wetter jetzt bei Ihnen?

   _____

ABSPRUNGTEXT
Freundschaft! Was bedeutet sie?

H. Ergänzen Sie. Complete these sentences with words from the **Absprungtext**. Use the correct word from the list below.

Treue ▪ Vertrauen ▪ unterhalten ▪ Ferien ▪ selten ▪ weiß ▪
kennen ▪ Bekannte ▪ täglich ▪ Freundschaft ▪ wahre ▪ Sympathie ▪
enttäuscht ▪ erfordert ▪ dicke ▪ Gefühle ▪ weggezogen

1. Mysticia meint, alle reden über Freundschaft, aber was Freundschaft ist,

   _____ eigentlich keiner.

2. Mysticia fragt: Ist Freundschaft _____? Ist Freundschaft einfach nur

   _____? Ist Freundschaft Respekt?

3. Scooby findet, man muss Freunde schon länger _____ und zu ihnen

   richtiges _____ haben.

4. Für Scooby sind alle anderen _____.

5. Für Schneewittchen ist _____ wichtiger als Liebe.

6. Schneewittchen meint, echte Freundschaft _____ viel mehr Energie als Liebe.

7. Ein Philosoph hat einmal gesagt, dass es die wahre Liebe _____ gibt.

8. Schneewittchen weiß nicht, ob es in der heutigen Zeit _____ Freundschaft überhaupt noch gibt, denn sie wurde schon oft _____.

9. Dornröschen sieht ihre besten Freunde nur in den _____.

10. Früher haben sie einander _____ gesehen, aber dann ist Dornröschen 500 km entfernt _____.

11. André will wissen, ob sich hier nur Mädchen _____ und meint, dass _____ Freundschaften zwischen Jungs sehr selten sind.

12. Sternchen antwortet, dass es unter Jungs uncool ist, _____ zu zeigen.

I. Freundschaft! Was bedeutet sie? Explain your beliefs about friendship. State whether you believe (**Ich glaube, dass**) or do not believe (**Ich glaube nicht, dass**) that these actions are prerequisites of friendship.

▣ Freunde haben Vertrauen.

Ich glaube, dass Freunde Vertrauen haben.

1. Freunde haben die exakt gleichen Interessen.

_____

2. Freunde investieren Energie in die Freundschaft.

_____

3. Freunde sprechen offen miteinander

_____

4. Freunde müssen in der gleichen Stadt wohnen.

_____

5. Freunde sprechen jeden Tag miteinander.

_____

J. Einen guten Freund/Eine gute Freundin finden. What would you really want to know about a person who might become your friend (**Ich möchte unbedingt wissen, ob die Person ...**)? What would you not necessarily want to know (**Ich möchte nicht unbedingt wissen, ob die Person ...**)?

▣ Deutsch sprechen

Ich möchte nicht unbedingt wissen, ob die Person Deutsch spricht.

1. in der gleichen Stadt wohnen

_____

2. so alt wie ich sein

_____

3. ein Mann oder eine Frau sein

_____

4. auch an einer Uni studieren

_____

5. mexikanisches Essen mögen

_____

6. gern Musik hören

_____

7. viel Geld haben

_____

8. viele andere Freunde haben

_____

K. Mit einander Zeit verbringen. With which of the people below would you interact socially? With which of the people would you not? For each person, say why or why not.

■ *Ich verbringe keine Zeit mit Albert, weil er nicht unternehmungslustig ist.*
   OR:
   Ich verbringe Zeit mit Albert, weil ich auch gern fernsehe.

Albert: 19 Jahre alt, nicht unternehmungslustig, sieht jeden Abend fern

Judith: 21 Jahre alt, spricht Französisch,
Englisch und Deutsch, reist gern

Salome: 18 Jahre, hat viel
Humor, liebt Filme

Fritz: 20 Jahre, studiert Mathematik,
liebt die Natur

Herbert: 34 Jahre, mag Katzen,
trinkt keinen Alkohol

Veronika: 28 Jahre, liest viel,
ist nicht sehr sportlich

1. Albert: _____

2. Judith: _____

3. Salome: _____

4. Fritz: _____

5. Herbert: _____

6. Veronika: _____

L. Haben Sie Zeit? If you had the chance to invite these people, what would you invite them to do?

■ Der Präsident der USA: *Haben Sie Zeit, ein bisschen über Politik zu diskutieren?*

1. Usher: _____

2. Ihre Großmutter: _____

3. Das Football-Team an Ihrer Uni: _____

4. Ihr bester Freund/Ihre beste Freundin: _____

5. Ihr Deutschlehrer/Ihre Deutschlehrerin: _____

M. Anders gesagt. There are at least two different ways to express that you are happy about something you are doing or experiencing. Provide the alternative for each example.

■ Ich bin froh, bald meine Eltern zu besuchen.
Ich bin froh, dass ich bald meine Eltern besuche.

1. Ich bin froh, dass ich viele gute Freunde habe.

_____

2. Ich bin froh, genug Geld zum Ausgehen zu verdienen.

_____

3. Ich bin froh, Deutsch lernen zu können.

_____

4. Ich bin froh, dass ich nicht oft krank bin.

_____

N. Kontraste. Finish the second sentence and place emphasis on the information that contrasts with the previous sentence. Do not start a sentence with the grammatical subject.

■ **Englisch** spricht Karl **gut**. [Französisch; fast gar nicht]
Französisch spricht er fast gar nicht.

1. **Bekannte** hat Anna **viele**. [wirklich gute Freunde; nur wenige]

_____

2. **In Hamburg** wohnen **viele Leute**. [in Weinheim; nur wenige Leute]

_____

3. **Mit dem Fahrrad** fahren **viele Studenten** zur Uni. [mit dem Auto; nur wenige Studenten]

_____

4. **Oft geht** Katja mit Jungen **aus**. [selten; sich echt verlieben]

_____

O. Hundert Fragen. Katja's friend Sabine has just arranged to meet someone she has been chatting with on the Internet. Katja is a bit worried about her friend and asks many, many questions—without even giving Sabine a chance to answer. Help Katja pose her many questions by finishing these fragments.

■ Weißt du, wie *er heißt* _____ ?

1. Weißt du, wie _____ ?

2. Weißt du, wo _____ ?

3. Weißt du, was _____ ?

4. Weißt du, warum _____ ?

5. Weißt du, ob _____ ?

P. Die Perspektive ist wichtig. Sometimes, the perspective one takes matters quite a bit in how one expresses one's thoughts. Answer these questions, using **schon** or **erst**, depending on how these people appear to feel about a certain situation.

■ Theresia mag Deutsch.
Susanne mag Deutsch nicht.
Frage: Wie lange studiert ihr schon Deutsch? [seit zehn Wochen]

THERESIA: *Wir studieren erst seit zehn Wochen Deutsch.*
SUSANNE: *Wir studieren schon seit zehn Wochen Deutsch.*

1. Hanna verliebt sich oft.
Josef verliebt sich selten.
Frage: Wie lange kennt ihr euch? [seit drei Tagen]

HANNA: _____

JOSEF: _____

2. Uwe mag seine Arbeit.
Rainer mag seine Arbeit nicht.
Frage: Wie lange arbeitet ihr schon bei dieser Firma? [seit einem Jahr]

UWE: _____

RAINER: _____

3. Karin hat keinen Hunger.
Silvia hat Hunger.
Frage: Wie lange habt ihr schon nichts gegessen? [seit fünf Stunden]

KARIN: _____

SILIVA: _____

ZIELTEXT
Ein Gespräch mit Opa und Oma Kunz

Q. Was möchten Sie wissen? If you were meeting some relatives for the first time, what kinds of questions would you ask? Imagine that you have a chance to talk with some relatives who knew your parents or grandparents before you were born. Write down questions about the past. What things would you like to ask but would be too embarrassed to ask? A few of the questions Anna asked her grandparents are listed below to get you started.

Was habt ihr gedacht, als meine Mama einen Amerikaner geheiratet hat? ▪

Wie hat Mama Papa überhaupt kennen gelernt? ▪

Warum kommt ihr uns nicht besuchen – in Amerika?

_____
_____
_____
_____
_____

R. Kreuzworträtsel. Complete these sentences with words that fit in the crossword puzzle on page 69.

Waagerecht →

2. Der ____ ist kalt und weiß.
3. Tante Uschi und Onkel Hannes haben geheiratet. Jetzt sind sie Mann und ____.
4. Oma und Opa Kunz begrüßen Anna mit offenen Armen – sie ____ Anna.
7. Roland liebt Katja. Er ____ sie oft.
8. Es ist kalt und nass. Das Wetter ist wirklich ____.
9. Frank weiß nicht, ob Monika ihn liebt. Er hat ____.
10. Es regnet. Die Straßen sind ____.
12. Es gibt heute viel ____. Ich kann kaum sehen.
14. Dirk und Michaela lieben sich, aber sie haben manchmal Probleme. Manchmal gibt es ____.
16. Im ____ ist das Wetter kalt und es gibt Schnee.
18. Uwe fragt: „Willst du mich heiraten?" Tanja sagt: „Ja, gern." Sie ____ sich.

20. Wir haben heute ein Gewitter. Es ____ und blitzt.

21. Heute scheint die Sonne. Das Wetter ist ____ .

Senkrecht ↓

1. Katja will mit Anna am Telefon sprechen. Sie ____ Anna an.

2. Dirk und Michaela umarmen und küssen sich. Sie ____ .

3. Im ____ wird es wärmer. Der Schnee geht weg.

5. Brigitte sieht gut aus. Sie ist ____ .

6. Oma und Opa Kunz sind ____ und Frau.

11. Dirk und Michaela sind verlobt. Sie möchten ____ .

13. Es gibt heute keinen Sonnenschein und nur Wolken. Es ist ____ .

15. Im ____ wird das Wetter kühler, und es wird bald Winter.

17. Wasser fällt aus den Wolken. Das ist der ____ .

19. Herr Schulz trägt eine Hose, eine Krawatte und ein ____ .

20. Anna hat einen ____-Spray im Kulturbeutel.

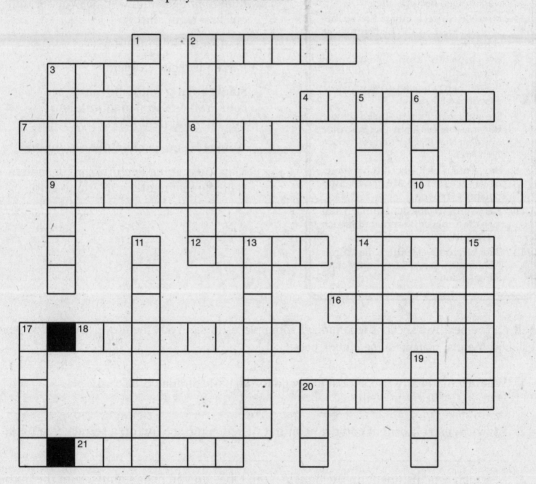

S. Sommer in Hamburg.

Teil 1. *Szene Hamburg,* a magazine for the city of Hamburg, published these tongue-in-cheek incentives for locals to spend their summer vacation in Hamburg. Match the reasons as explained by the magazine with their paraphrases below. Two have already been filled in.

> ## 10 gute Gründe, den Urlaub in Hamburg zu verbringen
>
> 1. Sie finden sogar direkt vor dem „Sorgenbrecher" einen Parkplatz.
> 2. Sie bekommen keine Rechnungen, die Buchhalter sonnen sich auf Samos.
> 3. In Ihrer Badewanne finden sich weder Algen noch Quallen.
> 4. Miese Kellner können Sie so beschimpfen, dass die Bedienung Sie versteht.
> 5. Sie müssen keine Postkarten schreiben.
> 6. Sie können schon jetzt Weihnachtsgeschenke einkaufen.
> 7. Sie entgehen grauen Tagen an der Riviera, dem Blick auf eine Bauruine aus dem Hotelfenster und deutschen Touristen.
> 8. Sie können sich über 90 Kilometer Staus zwischen München und Salzburg freuen.
> 9. Bei Wohnungsbesichtigungen hat sich die Zahl der Bewerber drastisch verringert.
> 10. Was bedeuten eigentlich die Wörter Akklimatisation, Jetlag und Montezumas Rache?

___3___ Das Wasser ist sauber.

_____ Die Verwandten erwarten keine Postkarten, weil Hamburg nicht exotisch ist.

_____ Die Sprache ist kein Problem, weil alle Deutsch verstehen.

_____ Es gibt keine deutschen Touristen in Hamburg.

_____ Man bleibt gesund, weil das Wasser und das Essen gut sind.

_____ Man kann viel einkaufen.

_____ Parken ist kein Problem.

_____ Staus° auf der Autobahn sind   *traffic jams* kein Problem, weil man mit dem Bus oder mit dem Rad fahren kann.

___9___ Weniger Leute suchen neue Wohnungen.

_____ Man muss keine Rechnungen bezahlen, weil alle Buchhalter auf Urlaub sind.

Teil 2. The next two sections recommend some places to eat. Look them over and decide which establishment(s) match(es) the criteria best.

1. Where would early risers most likely go for an early Sunday breakfast?

_____

2. At which establishment could you sit not just on a terrace but on a terrace in a park?

_____

3. At which establishment on the banks of the Elbe can you hear sounds from the harbor?

_____

4. In which establishment is one likely to be served by older people?

_____

Die 3 schönsten Frühstückslokale

1. **Hotel Hafen Hamburg**, Seewartenstraße 9 (St. Pauli), Telefon 3 11 13-0, Mo-So 6.30–10.30 Uhr.

2. **Strandcafé**, Övelgönne 1 (Övelgönne), Telefon 3 90 34 43, Mo-So 10–15 Uhr.
   Bei verschiedenen Frühstücken (von 5 bis 17,50 €) kann man auf der Terrasse den herrlichen Blick auf die Elbe genießen.

3. **Café Eisenstein**, Friedensallee 9 (Ottensen), Telefon 3 90 46 06, So 10–15 Uhr.
   Die Qualität des Sonntags-Brunch schwankt: Jede zweite Woche klappt alles. Dann ist das Rührei frisch, der Lachs hauchdünn geschnitten, und keine arroganten Wichtigtuer stoßen einen an, wenn man sich gerade einen Saft holt. Bloß – welche zweite Woche ist die richtige?

Die 6 schönsten Open-Air-Kneipen

1. **Schuldts Café**, Süllbergterrassen 34 (Blankenese) Telefon 86 24 11, Di-So 13–22 Uhr.
   Von den alten Wirtsleuten mit Wurst und Bier versorgt, mit dem Blick auf das Treppenviertel und die Elbe tritt etwas ein, was selten ist in Hamburg: Ruhe und Entspannung.

2. **Schöne Aussichten**, im alten Botanischen Garten (Innenstadt, Eingang auch Gorch-Fock-Wall), Telefon 34 01 13.
   Überfrachtete Schreibtische, horrende Kreditkarten-Abrechnungen und vernagelte Beziehungskisten verlieren beim Blick auf den botanischen Garten und einem Glas Bowle an Bedeutung.

3. **Zum Wattkorn**, Tangstedter Landstraße 230 (Langenhorn), Telefon 5 20 37 97.
   Langenhorn liegt nicht für jeden vor der Tür, aber der Weg lohnt sich.

4. **Strandperle**, Am Schulberg 2 (Övelgönne), Telefon 8 80 11 12.
   Bis Mitternacht direkt am Elbufer sitzen, Dosenbier trinken, ab und zu von einem Hund angebellt werden und dem Gerumpel des Hafens zuhören – wer das nicht mag, mag gar nichts.

5. **Witthüs**, Elbschaussee 449 a (Othmarschen), Telefon 86 01 73.
   Gerüchten zufolge wollte George Bush gar nicht wiedergewählt werden, weil er nämlich viel lieber bei Kaffee und Kuchen auf der Terrasse des weißen Hauses im Jenischpark sitzt. Wen wundert's.

6. **Bolero**, Bahrenfelder Straße 53 (Ottensen), Telefon 3 90 78 00.
   Der exotische Biergarten des mexikanischen Restaurants eignet sich zum Entspannen, Flirten und (wenn das nicht klappt) zum Betrinken.

5. Which place offers more than one kind of breakfast?

_____

_____

6. Which café has a good quality brunch only every other week?

_____

_____

7. Where would you go for a great view of the Botanical Garden?

_____

_____

8. Where could you get Mexican food and beer?

_____

9. To which establishment does one have to travel quite a distance, though it's worth it?

_____

T. Schreiben Sie ein Liebesgedicht. When you use poetry to express yourself in a new language, you can say a lot with just a few words. Use the past tense to write a poem about a past relationship or about some other past event. Look at the poem by the fictitious author Ilse Kleber for ideas. Use the space available or a separate sheet of paper.

> **Zuerst**
> > **haben wir einander**
> > > **gesehen**
> > > **angesprochen**
> > > **gefragt „Wie heißt du?"**
>
> **Später**
> > **haben wir einander**
> > > **gern gehabt**
> > > **umarmt**
> > > **geküsst**
> > > **geliebt**
>
> **Dann**
> > **haben wir**
> > > **Streit**
> > > **Probleme**
> > > **Krach**
> > > **Liebeskummer**
> > > > **gehabt**
>
> **Jetzt**
> > **haben wir einander nicht mehr.**

_____

_____

_____

_____

_____

_____

_____

_____

_____

_____

_____

_____

_____

Willkommen in Tübingen

ANLAUFTEXT
Anna zieht ins Wohnheim ein

A. **Word Search: Das Studentenzimmer.** Find the following words in this word search and then highlight them.

Bett ▪ Bild ▪ Bücherregal ▪ Couch ▪ Fernseher ▪ Kommode ▪ Lampe ▪
Pflanze ▪ Schreibtisch ▪ Spiegel ▪ Teppich ▪ Waschbecken ▪ Zimmer

```
K   W   B   U   N   Ü   E   U   M   N   X   H   E   F   S
B   N   A   I   B   E   O   N   J   P   C   L   G   E   P
E   B   A   S   L   J   N   U   R   S   M   H   A   R   I
T   N   E   R   C   D   N   I   T   T   U   L   N   E
T   Ü   V   U   H   H   H   T   D   M   M   T   N   S   G
B   U   I   P   E   C   B   B   R   R   G   S   A   E   E
N   P   N   P   I   I   S   E   G   E   A   I   O   H   L
M   P   M   P   E   M   U   R   C   D   K   G   E   E   R
P   A   P   R   E   K   V   I   E   K   O   C   R   R   E
L   E   H   N   M   K   O   C   K   D   E   Z   E   U   K
T   C   R   E   T   U   P   M   O   C   I   N   T   W   C
S   P   F   L   A   N   Z   E   M   M   N   E   S   K   U
L   E   S   S   E   S   I   Y   M   O   Ä   N   L   O   R
C   O   U   C   H   O   P   E   X   V   D   B   Ö   K   D
B   Ü   C   H   E   R   R   E   G   A   L   E   O   P   K
```

B. Ergänzen Sie. Complete these sentences with words from the **Anlauftext**.

1. Anna und Barbara sind zwei neue Studentinnen im _____ Waldhäuser-Ost.

2. Barbara _____ beim Einzug.

3. Barbara kommt aus Dresden und ist selber erst vor einer Woche _____.

4. Barbara sagt: „Komm, ich _____ dir dein Zimmer."

5. Annas _____ ist gleich neben Barbaras.

6. Sie wohnen beide in dem zweiten _____.

7. Anna hat Probleme mit der Tür und sagt: „Ich _____ die Tür nicht _____."

8. „Kannst du mir bitte _____?"

9. Barbara antwortet: „Gib mir deinen _____."

10. Barbara nimmt Annas Schlüssel und sie _____ die Tür _____.

11. Annas Reaktion auf das Zimmer ist neutral, also fragt Barbara: „Was denn? _____ dir dein Zimmer denn nicht?"

12. Barbara meint, Annas Zimmer ist zwar keine _____, aber es hat alles, was sie _____.

13. Sie hat ein _____ zum Schlafen, ein _____ für die Bücher und einen Schrank für ihre _____.

14. Barbara erzählt mit Humor, deutsche Studenten _____ erst gegen Mittag _____ und dann schlafen sie in den _____.

15. Anna hat wirklich _____ gehabt: sie hat ein eigenes _____ mit _____, Dusche und Waschbecken.

16. Meistens gibt es nur ein Gemeinschaftsbad oder einen _____ auf dem _____.

17. Barbara sagt Anna, im Keller gibt es Cola- und _____, wenn sie etwas zum Trinken kaufen will.

18. Sie findet ihr Postfach, das schwarze Brett und die Telefonzellen im _____.

19. Wenn Anna kochen will, gibt es eine _____ am Ende vom Korridor.

20. Dann sagt Barbara: „Gut. Kannst du mir einen Stift _____?"

C. Geschenke. Before leaving for Germany, Anna bought the following presents for her family and friends in the U.S. and Germany. She is going over the list with her mother as she is packing. Use dative pronouns (**dir, ihm, ihr, euch, ihnen**) and items from the list of gifts to complete their conversation.

eine CD ▪ ein Sweatshirt von meiner Uni ▪ ein Buch über die USA ▪
ein Familienfoto ▪ Weingläser aus Heidelberg ▪ ein Baseball-Käppi ▪
einen Kalender mit Bildern von Indiana ▪ ein Andenken aus Bad Tölz ▪
eine Flasche Rheinwein ▪ ein Wörterbuch Deutsch-Englisch ▪
ein Sweatshirt von der Uni Tübingen ▪ einen Blumenstrauß

▪ HANNELORE: Was schenkst du deinem Vetter Georg?

ANNA: *Ich schenke ihm ein Sweatshirt von meiner Uni.*

1. HANNELORE: Was schenkst du Onkel Hannes?

   ANNA: _____

2. HANNELORE: Was schenkst du Tante Uschi?

   ANNA: _____

3. HANNELORE: Was schenkst du deinem Bruder Jeff?

   ANNA: _____

4. HANNELORE: Was schenkst du deinen Großeltern?

   ANNA: _____

5. HANNELORE: Was schenkst du deiner Oma Kunz?

   ANNA: _____

6. HANNELORE: Und was schenkst du mir?

   ANNA: _____

7. HANNELORE: Was schenkst du deinen Freunden Tom und Doug?

   ANNA: _____

8. HANNELORE: Was schenkst du deiner Kusine Katja?

   ANNA: _____

9. HANNELORE: Was schenkst du Onkel Werner?

   ANNA: _____

10. HANNELORE: Was schenkst du deinem Vater und mir?

    ANNA: _____

D. Das richtige Geschenk aussuchen. You have the opportunity to make some people happy by giving them an appropriate gift. Think about what you would give each of these people, then explain why. Use the dative case to explain what you're giving to whom.

■ mein Deutschlehrer

Ich schenke meinem Deutschlehrer einen Roman aus Deutschland, weil er gern deutsche Literatur liest.

1. eine Königin _____

_____

2. ein Kind _____

_____

3. der Präsident von den USA _____

_____

4. meine Oma _____

_____

5. meine Eltern _____

_____

6. der Bundeskanzler/die Bundeskanzlerin Deutschlands _____

_____

E. Ein neues Haus. The Aicheler family recently moved into a new house. Unfortunately, the movers didn't do a very good job and all their belongings are in the wrong rooms. You are not sure where everything is, but you think you have seen some of the items, and you know where they belong. Help the Aicheler family find where their belongings are, then state in what room each item is supposed to be.

■ Wo ist das blaue Sofa? (die Küche → ?)

Es ist in der Küche, aber es soll im Wohnzimmer sein.

1. Wo ist der Kühlschrank? (die Garage → ?)

_____

2. Wo sind die Fahrräder? (das Esszimmer → ?)

_____

3. Wo ist der große Esstisch? (die Waschküche → ?)

_____

4. Wo ist die Waschmaschine? (das Bad → ?)

_____

5. Wo sind die Kinderbetten? (das Wohnzimmer → ?)

_____

6. Wo ist der Fernseher? (das Arbeitszimmer → ?)

_____

7. Wo ist der Laptop? (der Dachboden → ?)

   _____

8. Wo ist der Drucker? (die Diele → ?)

   _____

9. Wo ist das Toilettenpapier? (der Keller → ?)

   _____

F. Wo wohnen diese Studenten? Based on your knowledge of living accommodations for students at German universities, where do you think these students live? Make your selection from the following list and create a statement with the appropriate dative phrase.

zur Untermiete ▪ Wohngemeinschaft ▪ Einzelzimmer ▪
Privatwohnung ▪ Zimmer bei den Eltern

■ Bettina teilt eine Wohnung mit drei Freundinnen. Jede Studentin hat ein Privatzimmer, aber die Küche, das Badezimmer und das Wohnzimmer sind Gemeinschaftszimmer. Jede hilft beim Kochen und Saubermachen.
   Bettina wohnt in einer Wohngemeinschaft. _____

1. Holger ist in Köln aufgewachsen und will in Köln studieren, aber er kann nicht kochen. Er bleibt auch lieber bei seiner Mama.

   _____

2. Nach sechs Monaten auf der Warteliste hat Werner Schwein gehabt: er ist glücklich, dass er im Lotto ein Zimmer für sich allein gewonnen hat, auch wenn es gut zwanzig Minuten von der Uni Hamburg entfernt ist.

   _____

3. Annegret kommt aus einer wohlhabenden° Familie und fährt in Frankfurt/   *wealthy*
   Main ihren Audi zur Uni. Annegret will ihre Privatsphäre haben und sie braucht viel Platz. Ihre Eltern können das auch bezahlen.

   _____

4. Marius studiert an der Freien Universität Berlin und will lieber mit einer Gruppe von Freunden wohnen. Jeder hat dort ein eigenes Zimmer, aber sie teilen die Küche, das Klo und das Badezimmer.

   _____

5. Hannes ist ein neuer Student an der Universität Hannover. Er hat keinen Platz im Studentenwohnheim gefunden, und eine eigene Wohnung ist ihm zu teuer. Auch wenn er dort nicht kochen kann, hat er einen Platz gefunden, wo er studieren und schlafen kann.

   _____

G. Ergänzen Sie. Complete these sentences with words from the **Absprungtext**.

abstammt ▪ angepöbelt ▪ ausländische ▪ Austauschstudent ▪ Beweis ▪
egal ▪ Einreise ▪ Erfahrungen ▪ erfüllen ▪ erzählt ▪ Freundeskreis ▪ gestoßen ▪
gezogen ▪ gleich ▪ Grenzen ▪ Gründe ▪ Hautfarbe ▪ Herkunft ▪ hinterlegen ▪
Kulturen ▪ Landsleuten ▪ Menschen ▪ Möglichkeit ▪ Ordnung ▪ schauen an ▪
schon ▪ seit ▪ Sprüche ▪ unsicher ▪ Unterhalt ▪ ursprünglich ▪
verlängern ▪ Völkerverständigung ▪ vor allem ▪ zukommen

Constant Charles Dathe, 30 Jahre, von der Elfenbeinküste:

1. Was sind die Gründe für die Wahl des Studienortes, aus welchen Ländern kommen

   _____ Studenten?

2. Wie war das mit der _____ nach Deutschland, mit dem Visum?

3. Ich musste eine Art Kaution von 6 000 Euro _____, damals 12 000 Mark.

4. … als _____ dafür, dass ich hier keinem auf der Tasche liegen werde,

   sondern meinen _____ selber bezahlen kann.

5. Hast du irgendwelche negativen _____ an der FH-Darmstadt gemacht?

6. Man hat mich auf der Straße _____, angeglotzt, ich musste mir

   dumme _____ anhören.

7. Die Menschen sind teilweise intolerant und _____. Sie wissen nicht,

   wie sie auf mich _____ sollen.

8. Ich würde sagen, mein _____ ist multikulturell … An der FH habe ich

   nicht so viel Kontakt zu meinen _____, da es dort auch nicht so viele

   gibt.

9. Was bedeutet für dich multikulturelles Leben? – _____. Dass

   Menschen zusammen kommen und dabei alles vergessen, Hautfarbe,

   _____, Religion.

10. Ich denke, wir _____ sind im Grund alle _____.

11. Es gibt nur rotes Blut, ganz _____ woher man _____

    und welche _____ man hat.

12. Es ist doch eine Bereicherung, wenn man die _____ hat, andere

    _____ und Menschen kennen zu lernen.

Khalid El Abdi, 23 Jahre, aus Marokko:

13. Bist du als _____ nach Darmstadt gekommen?

14. Ich habe _____ in Hannover studiert und bin dann nach Darmstadt _____ , weil ich hier Freunde habe, die mir nur Gutes über die FH _____ haben.

15. Wie lange lebst du _____ in Deutschland? – _____ etwa zwei Jahren und drei Monaten.

16. Musstest du auch bestimmte Zulassungskriterien _____?

17. Wenn alles in _____ ist, hat man eigentlich keine Probleme. Probleme kann es geben, wenn man das Visum _____ möchte.

18. Bist du an der FH-Darmstadt auf Ausländerfeindlichkeit _____?

19. An der FH-Darmstadt habe ich nur positive Erfahrungen gemacht, _____ mit den Studenten.

20. Gerade nach dem 11. September _____ einen manchmal auf der Straße die Leute schief _____ .

21. Aber es hält sich in _____ .

H. Welche Erfahrungen haben ausländische Studenten? Based on the readings in the **Absprungtext,** create sentences that reflect the experiences of some foreign students in Germany. Combine these pairs of sentences with a **wenn**-clause.

▪ Ausländische Studenten haben meist positive Erfahrungen. Sie kommen nach Deutschland.

Ausländische Studenten haben meist positive Erfahrungen, wenn sie nach Deutschland kommen.

ODER:

Wenn sie nach Deutschland kommen, haben ausländische Studenten meist positive Erfahrungen.

1. Man muss eine Art Kaution hinterlegen. Man will beweisen, dass man genug Geld zum Studieren hat.

   _____

   _____

2. Man muss selber freundlich sein. Man will neue Freundschaften machen.

   _____

   _____

3. Deutsche Studenten sind nett und hilfsbereit. Man stellt Fragen.

   _____

   _____

4. Manche Ausländer suchen keinen Kontakt zu ihren Landsleuten. Sie wollen vor allem° Deutsche kennen lernen.   *above all*

   _____

   _____

5. Es gibt richtige Völkerverständigung. Die Menschen vergessen Hautfarbe, Herkunft und Religion.

_____

_____

6. Es ist eine Bereicherung für alle. Man lernt andere Kulturen und Menschen kennen.

_____

_____

7. Sie haben keine Probleme mit dem Visum. Alles ist in Ordnung.

_____

_____

8. Es kann Probleme geben. Man möchte das Visum verlängern.

_____

_____

9. Man kann noch auf Ausländerfeindlichkeit stoßen. Man studiert als Ausländer in Deutschland.

_____

_____

10. Die Leute schauen Ausländer manchmal schief an. Sie sind auf der Straße.

_____

_____

I. **Anna lernt Karl kennen.** Anna goes to meet Barbara's friend, Karl. Complete their conversation with the prepositions **aus, außer, bei/beim, in/im, mit, nach, seit, von,** and **zu/zum**.

KARL: Also, Anna, du kommst wirklich (1) _____ Amerika?

ANNA: Ja, richtig, (2) _____ Indiana.

KARL: Wieso sprichst du so gut Deutsch? Hast du das nur (3) _____ der Schule gelernt?

ANNA: Nein, meine Mutter kommt (4) _____ Deutschland. Wenn mein Bruder und

ich (5) _____ ihr allein sind, sprechen wir Deutsch.

KARL: Dein Vater auch?

ANNA: Alle (6) _____ meinem Vater sprechen gut Deutsch. Er spricht ein bisschen

Deutsch, aber wir sprechen immer Englisch (7) _____ ihm.

KARL: Klar. Und wie lange bist du schon in Deutschland?

ANNA: Erst (8) _____ ein paar Wochen. Ich bin zuerst nach Weinheim gefahren und

habe ein paar Tage (9) _____ meinen Verwandten dort verbracht. Dann bin

ich direkt (10) _____ Tübingen gekommen.

KARL: Und wie gefällt dir Deutschland?

ANNA: Ich habe nicht sehr viel (11) _____ Deutschland gesehen, aber bisher hat mir

alles prima gefallen. Alle Leute sind so nett (12) _____ mir!

KARL: Ja, die Leute hier im Heim sind toll, ich habe wirklich keine Probleme

(13) _____ ihnen.

ANNA: Na, schön, dann habe ich wirklich Schwein gehabt, dass ich dieses Jahr

(14) _____ euch wohne!

KARL: Weißt du, (15) _____ dir haben wir keine Amerikaner im Heim. Es ist wirklich

toll, dass du hier bist. Vielleicht kannst du mir auch (16) _____ meinem

Englisch helfen.

ANNA: Ja, gern. Abends (17) _____ dem Abendbrot habe ich immer Zeit. Oder wir

können auch einfach (18) _____ der Küche kochen und Englisch sprechen.

KARL: Du, das klingt gut! (19) _____ Kochen hat man viel Zeit (20) _____

Sprechen.

ANNA: Du kannst jederzeit (21) _____ mir kommen. Ich helfe dir gern. Alles klar, Karl?

KARL: Alles klar, Anna. Bis später dann! Tschüss!

J. Cornelia hat ihre Großeltern besucht. Cornelia spent the weekend with her grandparents. Now she is telling her mother about the visit. Use dative pronouns to complete their conversation. Remember to watch for dative verbs.

MUTTER: Hast du Opa den neuen Pullover gegeben?

CORNELIA: Ja, ich habe (1) _____ den Pullover gegeben.

MUTTER: Na, und wie hat (2) _____ der Pullover gefallen?

CORNELIA: Opa hat (3) _____ für den Pullover gedankt, aber er hat (4) _____ nicht

so gut gepasst. Er war einfach zu groß.

MUTTER: Oh, es tut (5) _____ leid, dass er zu groß war. Hast du auch Oma die Fotos von

(6) _____ gezeigt?

CORNELIA: Klar, und sie haben (7) _____ prima gefallen. Besonders das Foto von Vati und

(8) _____ findet sie super.

MUTTER: Na gut, dann schicke ich Oma eine Kopie, und die gehört dann (9) _____.

Aber du hast den Großeltern auch den Käse gegeben, nicht wahr?

CORNELIA: Ja, und er hat (10) _____ auch geschmeckt!

MUTTER: Haben sie (11) _____ für den Käse auch gedankt?

CORNELIA: Du kennst Oma und Opa! Natürlich haben sie (12) _____ für den Käse

gedankt. Bloß der Opa hat zu viel gegessen, und dann hat (13) _____ der

Bauch weh getan.

MUTTER: Oje. (14) _____ ist wirklich schlecht gegangen?

CORNELIA: Ja, schon, aber dann hat er einen Schnaps getrunken. Der Opa sagt, ein Schnaps

tut (15) _____ immer gut. Und das hat (16) _____ wirklich geholfen.

K. Was sagen sie? Write in the speech bubbles what each person is saying. Use the adjectives listed here.

heiß · kalt · langweilig · schlecht · warm

L. Die Jugend von heute! Tante Uschi and Onkel Hannes have a neighbor who disapproves of everyone except himself. Herr Schwenkenbecher especially disapproves of young people. Supply appropriate **der**-words (**dies-, jed-, welch-?**) with correct endings to complete his tirade.

Es ist wirklich furchtbar, was die jungen Leute heutzutage alles machen! (1) _____Jeder_____ Student scheint ein Tatoo zu haben, und (2) _____ Studentin scheint Piercings zu haben! Unglaublich! Und sie tragen alle Jeans! (3) _____ Frau trägt noch ein Kleid? Und (4) _____ junge Mann trägt heute einen Anzug? Niemand. Ich habe gestern mit einem jungen Kollegen in meinem Büro gesprochen. (5) _____ Mann erscheint im Büro in T-Shirt und Sandalen! Können Sie das glauben? Und die Sekretärin? Auch (6) _____ junge Frau trägt ein T-Shirt und einen Minirock im Büro. Als wir jung waren, (7) _____ Leute haben so was getan? Niemand! Damals hat es noch Anstand° gegeben! (8) _____ Mann hat gewusst, was man im Büro tun kann, und (9) _____ Frau hat besser gewusst, was man in der Öffentlichkeit° tragen kann! Oje, oje, oje, in (10) _____ Zeit leben wir denn?

decency

public

M. Körperteile: Wo denn? Answer these questions with a body part and an equivalent of the preposition **in**.

◼ Wo trägt man einen Ohrring? _____ *Im Ohr* _____

1. Wo hat man seine Zähne? _____

2. Wo hält man einen Kuli oder Bleistift? _____

3. Wo findet man das Herz und die Lungen? _____

4. Wo tut es weh, wenn man zu viel isst? _____

5. Wo hat man kluge Ideen? _____

N. Wenn es dir recht ist ... Match up the sentences below with a dative construction from the word bank, then combine the two by starting with a **wenn** clause.

◼ Meine Geschwister schenken mir einen iPod.
Wenn meine Geschwister mir einen iPod schenken, danke ich ihnen dafür.

Ich gebe ihr ein Aspirin. ▪ Ich helfe ihr beim Schreiben. ▪ Das Buch muss mir gehören. ▪ Ihr ist wirklich kalt. ▪ Es geht allen gut. ▪ Die frische Luft tut uns gut. ▪ Es tut ihm Leid. ▪ Es gefällt uns nicht. ▪ Er hat euch prima geschmeckt. ▪ Die Vorlesung ist ihnen zu langweilig. ▪ Ich danke ihnen dafür.

1. Die Sonne scheint und das Wetter ist warm.

_____

2. Der Nachbar spielt viel zu laute Techno-Musik.

_____

3. Meine Freundin kommt mit ihrem Laborbericht nicht klar°. *can't figure ... out*

_____

4. Ihr esst den ganzen Kartoffelsalat,

_____

5. Meine Mutter zieht ein warmes Sweatshirt an.

_____

6. Der Kopf tut Anna schrecklich weh.

_____

7. Der übergewichtige° Mann tritt dir auf den Fuß. *overweight*

_____

8. Studenten schlafen ein oder spielen Solitaire auf dem Laptop.

_____

9. Mein Name steht vorne im Buch geschrieben.

_____

10. Wir gehen ein bisschen miteinander spazieren.

_____

O. Karl beschreibt Anna. After drinking tea with Anna and Barbara in the kitchen, Karl meets his next-door neighbor, Jan, and tells him about Anna. Use complete sentences to fill in what Karl says. Use dative verbs and prepositions in your answers whenever possible.

KARL: Du, Jan, wir haben eine neue Nachbarin in Zimmer 217. Ich hab' sie eben kennen gelernt.

JAN: Na, wie heißt sie denn?

KARL: (1) _____

JAN: Und wo hast du sie kennen gelernt?

KARL: (2) _____

JAN: Mhm, und woher kommt sie?

KARL: (3) _____

JAN: Aha, also eine Amerikanerin. Dann spricht sie wohl nicht so viel Deutsch, oder?

KARL: (4) _____

JAN: Naja, wenn die Mutter aus Deutschland kommt, ist das etwas andres. Wie findest du sie?

KARL: (5) _____

JAN: Na schön. Darf ich sie auch kennen lernen?

KARL: (6) _____

P. Kreuzworträtsel. Complete these sentences with words that fit in the crossword puzzle on page 85.

Waagerecht →

4. Wir parken unseren Wagen in der ____.
6. Man kommt in das Haus durch den ____.
9. Man wäscht sich oder duscht im ____.
10. Jeder Fuß hat fünf ____.
15. Alte Möbel und alte Klamotten sind oben auf dem ____.
19. Viele Frauen tragen Lippenstift auf den ____.
20. Zwischen den zwei Augen gibt es eine ____.
21. Über den Augen findet man seine ____.
22. Kontaktlinsen und Brillen sind Hilfen für schlechte ____.
24. Kaugummi kaut man mit den ____.
28. Das Wohnzimmer und die Küche sind meistens im ____.
29. Die Socken, Unterwäsche und Pullis findet man in der ____.

Senkrecht ↓

1. Manchmal schläft man auf dem ____.
2. Man sieht sich im ____.
3. Kinder schauen „Spongebob Schwammkopf" im ____.
4. Es gibt einen Duschraum auf dem ____.
5. Die Augen, die Nase und die Lippen sind im ____.
7. Die Waschmaschine ist im Keller oder in der ____.

8. Die Lungen und das Herz sind in der ____.
11. Wenn man auf die Toilette gehen muss, geht man zum ____.
12. Abends braucht man eine ____ zum Lesen.
13. Getränke und Gartenwerkzeug sind unten im ____.
14. Wenn man vom Erdgeschoss in den ersten Stock kommen will, muss man die ____ hinaufgehen.
16. Jede Hand hat fünf ____.
17. In der Mitte vom Bein ist das ____.
18. Wenn Gäste zu Besuch kommen, schlafen sie im ____.
23. Wenn man die Antwort weiß, hebt man die ____.
25. Zwischen zwei Schultern steht der ____, und auf ihm der Kopf.
26. Am Ende vom Arm ist die Hand; am Ende vom ____ ist der Fuß.
27. Die Uhr im Schlafzimmer ist ein ____.

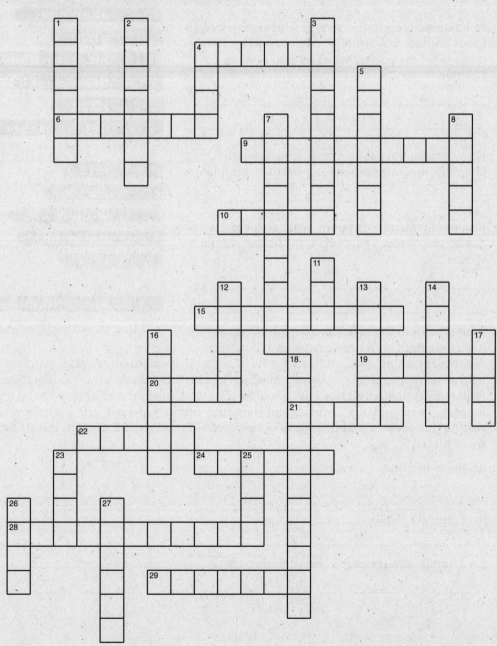

Q. Lesen Sie mehr über multikulturelles Deutschland. Read the following poem by Tito Philanueva and answer the questions in English.

1. According to Philanueva, where are multicultural experiences most acceptable for foreign and German students together living in a dormitory? Rate the following locations from 1 (most acceptable) to 4 (least acceptable).

   _____ in the bathroom

   _____ in the kitchen

   _____ in the bedroom

   _____ in the living room

2. In Philanueva's opinion, to what degree are foreign foods popular in Germany? What would be some reasons for the popularity of foreign food in Germany?

   _____

   _____

3. How popular does Philanueva think foreign-language programs are among German students?

   _____

4. Based on Philanueva's poem, what areas of day-to-day life do German students want to keep to themselves?

   _____

   _____

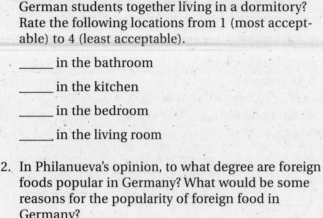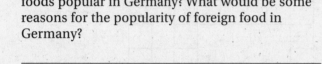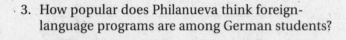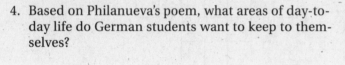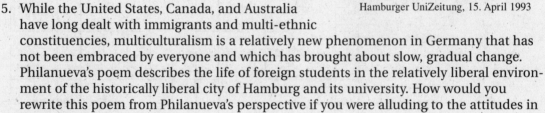

multikulturell

immer

in der küche

und

manchmal

im bett

aber bitte

nicht

im wohnzimmer

denn dort

steht

der fernseher

und

im klo

wollen wir

unter uns

sein

Tito Philanueva

Hamburger UniZeitung, 15. April 1993

5. While the United States, Canada, and Australia have long dealt with immigrants and multi-ethnic constituencies, multiculturalism is a relatively new phenomenon in Germany that has not been embraced by everyone and which has brought about slow, gradual change. Philanueva's poem describes the life of foreign students in the relatively liberal environment of the historically liberal city of Hamburg and its university. How would you rewrite this poem from Philanueva's perspective if you were alluding to the attitudes in these places:

   a. the workplace

   _____

   b. a country village

   _____

   c. a family with teenaged kids of dating age

   _____

R. Lektüre: „Zimmer frei in der Schanze" Read the following blog posted by freelance journalist Stefan Schultz (alias Twilight) on the website of Hamburg's daily newspaper *Hamburger Abendblatt*. He is looking for a roommate for his **Wohngemeinschaft** in the hip **Schanzenviertel** in Hamburg. Check your comprehension of the reading by marking your answers to the **Stimmt das?** questions.

Zimmer frei in der Schanze

„Last-Minute-Flug ins All-Inclusive-Appartement Susannenstrasse, Schanze. Deine Mitbewohner: ein DJ, ein Schiffbauer° mit Antarktiserfahrung, ein Journalist. Einzug: am besten gestern. Komm zu uns! Lerne uns kennen!"

ship builder

Genau zwei Minuten ist die Anzeige in den einschlägigen Online-Classifieds (wg-gesucht; studenten-wg) und das Telefon steht nicht mehr still. Nach 20 Interessenten° ziehe ich einen Schlussstrich° und fahre in die WG, um die ersten Besichtiger in Empfang zu nehmen°. Es ist der 29. September, wir suchen für den ersten – das geht nur in der Schanze.

interested parties / draw the line
meet and greet

Die WG steht seit zwei Wochen leer. Martin war in Konstanz, Napoleon bei seiner Freundin, ich mit meiner Freundin für einen Übersetzer-Job° unterwegs. Ein Rascheln° in der Küche: Unter einer Traube Fruchtfliegen atmet der Müll giftiges Schwefeldioxid°. An den [Müll] hat vor der Abreise keiner mehr gedacht.

translation job
rustling
poisonous sulphur dioxide

Es klingelt. Das Casting fängt an. Uns blieb gerade noch Zeit, die biologische Bombe aus unserer Küche zu tragen und abzuwaschen. Während ich noch Fruchtfliegen mit dem nassen Geschirrtuch jage°, steht Theo schon im Flur. „Nett bei euch – und wo ist euer Hund?" „Welcher Hund?" „Na, Napoleon." Napoleon, mein Mitbewohner, ringt° mit seiner Contenance°: „Nein, kein Hund, das bin ich."

hunt

wrestles
composure

Dann kommt Ines: schlau, schön und charmant. Während sie redet, berührt° sie ihre Sitznachbarn, mal den linken, mal den rechten, leicht am Oberschenkel°. Martin ist nervös, wir lassen uns nichts anmerken°, Ines auch nicht.

touches
thigh / we don't let anyone notice

Mehr und mehr füllt sich unsere Küche mit fremden Menschen und Party und Gäste entwickeln ein Eigenleben. Benni redet nur noch mit Peter, seinem Kommilitonen von der Uni und Rivalen auf Zimmersuche. Adrian der Jurist versucht, uns zu beeindrucken°. Scott, der kalifornische Pilot, erklärt Martin das Fliegen. Björn der Maler wirkt entrückt°, ist eigentlich nur körperlich anwesend°.

impress
enraptured
physically present

Robert, ein Spanier, der drei Jahre in Schweden gelebt hat, versucht es auf die unkonventionelle Weise: „Ai gotta go, this is pointless." Wieso denn das? „Too much a-darwinism. I think, I'm guan too much in chere."

Für jeden Interessenten war eine halbe Stunde geplant – aber viele sind einfach geblieben.

Der Wein ist leer, die Fruchtfliegen tot, die fremden Menschen wieder irgendwo da draußen. Die WG geht noch auf ein Bier in die Daniela-Bar — mit Robert, der doch geblieben ist. Morgen, wenn wir wieder nüchtern° sind, müssen wir uns für einen, nur einen, entscheiden°.

sober / decide

■ *12. Oktober 2005, 19:10 Uhr | Twilight*

	Ja, das stimmt.	Nein, das stimmt nicht.

1. In dieser Wohngemeinschaft gibt es Platz für nur drei. _____ _____

2. Die drei Mitbewohner sind Studenten an der Uni Hamburg. _____ _____

3. Seit einem Monat ist niemand in der Wohnung gewesen. _____ _____

4. Sie haben vergessen, die Trauben wegzuwerfen, jetzt haben sie Fruchtfliegen in der Küche. _____ _____

5. Die Mitbewohner geben eine Anzeige in die Zeitung. _____ _____

6. Stundenlang ruft niemand an. _____ _____

7. Die Leute kommen so schnell, dass die Mitbewohner keine Zeit haben zu putzen. _____ _____

8. Theo meint, Napoleon ist einer von den Mitbewohnern. _____ _____

9. Ines will die Mitbewohner mit erotischem Charme gewinnen. _____ _____

10. Mit so vielen Besuchern machen sie aus der Zimmersuche eine Party. _____ _____

11. Nur der Amerikaner Scott spricht Englisch. _____ _____

12. Wenn der Wein leer ist, geht die Party zu Ende. _____ _____

13. Die Mitbewohner gehen mit dem Spanier Robert Bier trinken, weil er der neue Mitbewohner sein soll. _____ _____

S. Schreiben Sie: Bei mir zu Hause. Write a prose description of a floor you have lived on, either as a child or as a college student. Organize your mini-essay one step at a time.

1. First list the German names for the rooms on the floor you wish to describe. Then list the furniture found in each room.

   ◻ **das Wohnzimmer:**
   das Sofa
   der Sessel
   der Fernseher
   der Teppich

2. Then add specific features for each item mentioned.

   ◻ **das Wohnzimmer:**
   das Sofa: groß, grün
   der Sessel: alt, bequem
   der Fernseher: klein
   der Teppich: ein Antik aus dem Iran

3. Next, write phrases and sentences using the information from your lists. Remember to use the dative of location to describe where things are located. You may want to write your individual entries on index cards or small slips of paper to help organize your material.

4. Then arrange the phrases and sentences in logical order and write your finished description on a separate sheet of paper. When you are done, read it over to make sure it is accurate and says what you want it to say.

Name _____ Klasse _____ Datum _____

Man kann alles in der Stadt finden

ANLAUFTEXT

Barbara muss ein Konto eröffnen

A. Ergänzen Sie. Complete the sentences with words from the **Anlauftext**.

1. Anna trifft Stefan und Karl auf dem _____ zur Bushaltestelle.

2. Karl und Stefan fahren runter in die _____ .

3. Stefan muss auf die _____ .

4. Karl will Geld _____ .

5. Barbara muss ein _____ eröffnen.

6. Barbara fragt Stefan und Karl: „Könnt ihr mir eine Bank _____ ?"

7. Barbara muss ein Buch kaufen; also sucht sie eine _____ .

8. In der _____ von der Uni hat die Kreissparkasse eine _____ .

9. Stefan fährt meistens mit dem _____ in die Stadt, weil er ein

    _____ hat.

10. Barbara möchte wissen, wo sie sich ein Semesterticket _____ kann.

11. Sie kann das Semesterticket am Kiosk Schmid am _____ bekommen.

12. Gleich _____ von der Sparkasse gibt es eine gute Buchhandlung.

13. Barbara ist froh, dass sie praktisch alles in der Stadt _____ kann.

B. Barbara fährt in die Stadt. Select the correct definite articles to complete the paragraph about Barbara's first errands. Remember that with two-case prepositions, the accusative case indicates destination and the dative case indicates location.

Barbara fährt in (1) _____ Stadt. In (2) _____ Stadt geht sie in

(3) _____ Buchhandlung. In (4) _____ Buchhandlung möchte sie Bücher

kaufen, aber sie kann die richtigen Bücher nicht finden. Sie sieht eine Verkäuferin zwischen

(5) _____ Bücherregalen und fragt sie. Die Verkäuferin weiß, wo die Bücher sind, und

Barbara findet sie neben (6) _____ Fenster. Sie bringt die Bücher an (7) _____

Kasse und zahlt. Dann geht Barbara auf (8) _____ Post und kauft ein paar

89

Briefmarken. Barbara muss auch ein Konto eröffnen. Deshalb geht sie auf (9) _____

Bank. Neben (10) _____ Bank ist ein kleines Café. Sie geht in das Café und trinkt

ein Mineralwasser. Sie geht dann auf (11) _____ Bahnhof, denn sie möchte ein

Semesterticket kaufen. Dann fährt sie mit dem Bus zurück zur Uni. Im Bus findet sie keinen

Sitzplatz, also steht sie gleich vor (12) _____ Tür.

C. Wo ist Petra gewesen? Petra had a busy day. She had to go all over town. Look at the picture
and use two-case prepositions (**an, auf, hinter, in, neben, über, unter, vor, zwischen**) with the
dative case to tell where she was in the order in which she ran her errands. Write your sentences
in the conversational past tense.

■ *Um neun Uhr ist Petra im Fitnessstudio gewesen.* _____

1. _____

2. _____

3. _____

4. _____

5. _____

6. _____

7. _____

8. _____

D. Wohin fährt die Straßenbahn? The following map shows a streetcar route. Use two-case prepositions with the accusative to describe which route the streetcar takes. Use the numbered locations to guide your answers.

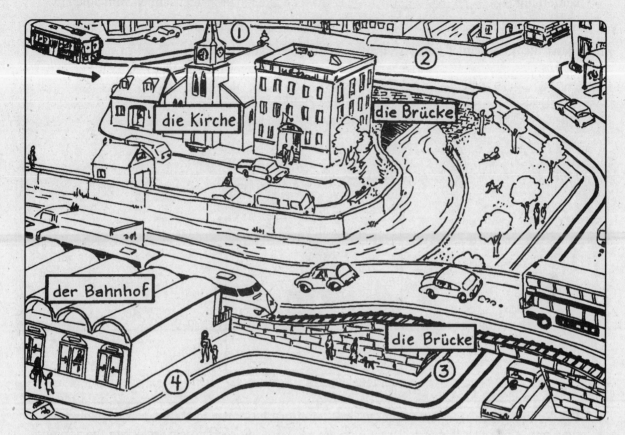

> ■ *Die Straßenbahn fährt in die Stadt.* _____

1. _____

2. _____

3. _____

4. _____

E. Katze und Maus. Select the appropriate articles to complete the story of a cat and a mouse. Remember to watch for two-case prepositions (**an, auf, hinter, in, neben, über, unter, vor, zwischen**) and to use the accusative with destinations and the dative with locations.

Eine Katze geht in (1) _____ Küche. Dort sieht sie eine Maus. „Eine Maus in

(2) _____ Küche," denkt sie, „das darf nicht sein!" Die Katze springt auf

(3) _____ Maus, aber die Maus läuft schnell unter (4) _____

Stuhl. Die Katze springt auf (5) _____ Stuhl und greift nach der Maus,

aber sie fängt die Maus nicht, denn die Maus läuft in (6) _____ Wohnzimmer

und unter (7) _____ Sofa. Die Katze sieht die Maus unter

(8) _____ Sofa, kann sie aber nicht fangen. Deshalb springt sie

auf (9) _____ Sofa und wartet. Bald kommt die Maus heraus und läuft

zwischen (10) _____ Sofa und (11) _____ Wand, und

klettert auf (12) _____ Fernseher. Die Katze springt schnell vom Sofa

herunter und springt auf (13) _____ Fernseher hinauf und fängt die

Maus, die nicht schnell genug weglaufen kann. Aber leider springt die Katze zu schnell.

Sie fällt hinter (14) _____ Fernseher, und der Fernseher fällt neben

(15) _____ Katze. Die Katze schreit „miau!" und läuft zurück in

(16) _____ Küche. Die Maus springt schnell unter

(17) _____ Sessel.

F. Die Schulklasse. Frau Eva Lacour teaches tenth-grade German in Mayen. Her students have their minds on other things in class. Complete the following sentences by selecting the appropriate concluding clause from those below.

    a. über die Fußballregeln
    b. über den guten Witz
    c. an ihren Freund
    d. an seinen Opa in Russland
    e. um eine Antwort
    f. nicht auf die Lehrerin
    g. an ihre Freundin zurück
    h. später am Bahnhof auf ihn

1. Marta hat gerade Krach mit ihrem Freund Tommy gehabt. Sie denkt _____.

2. Willi schaut aus dem Klassenfenster hinaus. Er achtet _____.

3. Bernhard liest eine Geschichte über den Krieg. Die Geschichte erinnert ihn _____.

4. Angelika hat gerade eine SMS von ihrer Freundin bekommen. Jetzt schreibt sie _____.

5. Ein Schüler erzählt gerade von Fußball. Die Klasse spricht _____.

6. Frau Lacour hat gerade einen Witz erzählt. Alle Schüler lachen _____.

7. Frau Lacour hat gerade eine Frage gestellt. Sie bittet die Klasse _____.

8. Heute Abend kommt Thilos Vater aus München zurück. Thilo wartet _____.

ABSPRUNGTEXT
Die Entdeckung des Benjamin Lauth

G. Ergänzen Sie. Complete the sentences with words from the **Absprungtext**.

Anhänger ▪ Dreck ▪ entdeckt ▪ Entdeckung ▪
gilt ▪ jubeln ▪ Karriere ▪ Mut ▪ schicken ▪ schießt ▪
Stadion ▪ Tor ▪ Trainer ▪ Zeit ▪ Zuschauer

1. Vor einem Jahr spielte er noch in der Bayern-Liga. Jetzt _____ der 21-jährige Stürmer als eines der größten Talente in der Bundesliga.

2. Manche hatten ihn bemerkenswert genannt, als er gegen Hannover 96 am 17. August 2002 sein erstes Bundesliga-_____ macht.

3. Im Stadion AufSchalke sitzen 36 000 _____ und 5,6 Millionen vor dem Fernseher.

4. Cheftrainer Peter Pacult, der ihn _____ hat, sitzt in seinem Cheftrainerbüro.

5. „Schaun S', als ich den Benny zum Training der Profis geholt hab', ist der mehr im _____ gelegen als vorwärts gekommen."

6. Der _____ Pacult mag Spieler, die fleißig sind.

7. Hans Lauth wirkt froh darüber, dass sein Sohn Benjamin die _____ gemacht hat, für die er selber nicht den _____ gehabt hätte.

8. Er hat gesehen, wann es an der _____ war, den Jungen ins Kindertraining zu _____.

9. Der Vater ist schon immer ein _____ der „Löwen".

10. Die Trainer in München wollen nach einer Sichtung die _____ des Hans Lauth gleich da behalten.

11. Er träumt, wie er sein erstes Bundesliga-Tor _____ und zehntausende Zuschauer _____ und der Stadionsprecher seinen Namen ruft.

12. Als Benjamin Lauth am 17. August 2002 sein erstes Bundesliga-Tor schießt, ist es im _____ fast still.

H. Die Wahrsagerin. You are asking a fortune teller (**eine Wahrsagerin**) about your future. Use some of the expressions listed below or other time expressions to write what she tells you about yourself. Write complete sentences.

in zwei (drei, vier ...) Stunden (Tagen, Wochen, Monaten, Jahren) ▪ am Montag (Dienstag ...) ▪ am Wochenende ▪ im Sommer (Winter ...) ▪ im August (September ...) ▪ diesen (Samstag ...) ▪ nie ▪ immer ▪ manchmal

> ▪ Wann kaufe ich mein erstes Auto?
> *In zwei Jahren kaufen Sie Ihr erstes Auto.*

1. Wann finde ich meine große Liebe? Wie wird er/sie heißen?

   _____

2. Wann ist mein Studium zu Ende?

   _____

3. Wann fahre ich nach Deutschland?

   _____

4. Wann habe ich viel Geld?

   _____

5. Wann kann ich ein Einfamilienhaus kaufen?

   _____

I. Ein Stadtplan von Hamburg. You have met some young Russians staying at a youth hostel in Hamburg. They don't speak English, but do know some German. You have a map of Hamburg (page 95) and are trying to help them figure out how to get around the city using various modes of transportation or on foot (**zu Fuß**). Write complete sentences to answer their questions. (Ⓢ = S-Bahn, Ⓤ = U-Bahn)

> ▪ Wie kommen wir am besten vom Rathausmarkt zum Hauptbahnhof?
> *Am besten fahrt ihr mit der U-Bahn.*

1. Wie kommen wir am besten vom Rathaus zum Schiffbauerhafen an der Elbe (Norderelbe)?

   _____

2. Wie kommen wir am besten vom Rathaus zum Café am Jungfernstieg?

   _____

3. Wie kommen wir am besten über die Binnenalster?

   _____

4. Wie kommen wir am besten vom Rathaus zum Gänsemarkt?

   _____

5. Wie kommen wir am besten vom Rathaus zum Congress-Centrum Hamburg?

   _____

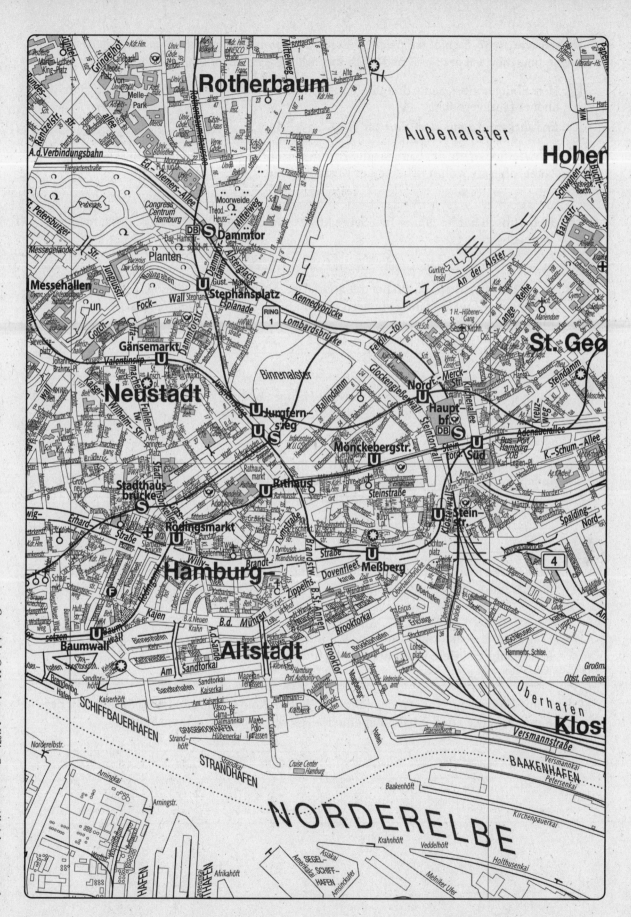

J. Wann, wie, wo? Each of the people described below has an errand to run. Tell where they are going, how they will get there, and when they will go. Remember: time, manner, place.

▪ Herr Ebinger muss heute drei Briefe schreiben. Er hat keine Briefmarken. Er hat kein Auto, aber er fährt gern Rad.
Er fährt heute mit dem Rad zur Post.

1. Frau Bufe möchte am Samstag die Zeitung lesen. Es gibt keinen Zeitungskiosk in der Nähe, aber sie wohnt neben einer Bushaltestelle.

   _____

2. Herr Hinsch hat im Januar frei. Seine Kusine wohnt in Spanien. Er hat einen neuen Mercedes.

   _____

3. Frau Ullstein hat ein Konto bei der Sparkasse. Sie muss Geld abheben, aber sie hat heute keine Zeit. Sie fährt sehr gern mit der Straßenbahn, denn sie ist schnell und billig.

   _____

   _____

4. Es ist halb acht morgens. Herr Prieß hat Hunger, aber er hat kein Brot im Haus. Um acht muss er im Büro sein. Die Bäckerei ist gleich um die Ecke.

   _____

5. Frau Lange geht morgen zum Zahnarzt. Dort muss sie immer sehr lange warten. Sie möchte etwas zum Lesen kaufen, aber ihr Auto ist kaputt, und es ist ziemlich weit bis zur Buchhandlung. Sie hat ein Fahrrad.

   _____

   _____

6. Herr Radke möchte Moskau besuchen, aber nicht im Winter. Fliegen ist ihm zu teuer, aber er fährt gern mit dem Zug.

   _____

7. Frau Gevers denkt immer an den „Wilden Westen". Sie hat im Juli Urlaub, und sie hat letztes Jahr viel Geld verdient und möchte Kanada besuchen.

   _____

8. Klaus Häuser spielt am Wochenende Fußball in Köln. Sein Auto ist im Moment in der Reparatur. Die Straßenbahn hat eine Haltestelle direkt vor seinem Haus.

   _____

Name _____ Klasse _____ Datum _____

K. Eine Klassenfahrt nach Koblenz. Frau Eva Lacour from Mayen has taken her tenth-grade class on a field trip to Koblenz, where the Rhein and Mosel rivers converge. She is giving the kids a couple hours of free time to explore Koblenz. They begin their exploration of Koblenz at the **Zentralplatz**. Where do these students end up?

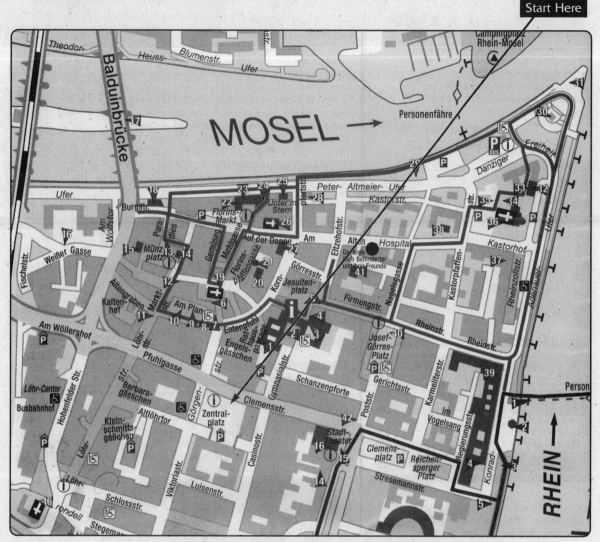

Auszug aus dem Amtlichen Stadtplan der Stadt Koblenz

■ Nicolas und Willy nehmen die Clemensstraße in Richtung° Rhein. Sie   *in the direction of*
laufen an der Casinostraße vorbei. Dann laufen Sie noch eine Straße
weiter. Auf der rechten Seite sehen sie das _____*Stadt-Theater*_____.

1. Alexandra, Gisela und Sigrid nehmen die Görgenstraße Richtung Mosel. Sie gehen die

   Görgenstraße entlang bis zum Entenpfuhl. Dort biegen sie rechts ab und gehen etwa

   100 Meter. Auf der rechten Seite sehen sie den _____.

2. Hannes, Leopold und Marco nehmen die Görgenstraße zur Pfuhlgasse und biegen dort

   links ab. Sie laufen über die Löhrstraße bis zur großen Kreuzung. An der großen

   Kreuzung biegen sie links ab in die Hohenfelder Straße. Sie laufen etwa 100 Meter und

   sehen auf der rechten Seite das Löhr-Center und den _____.

3. Heike und Yvonne gehen mit Hannes, Leopold und Marco bis zur Löhrstraße. Dort biegen sie rechts ab und nehmen die Löhrstraße bis zur Marktstraße. Sie laufen etwa 50 Meter geradeaus weiter. Links sehen sie den _____.

4. Heike und Yvonne finden den Platz langweilig und möchten zu Fuß über die Mosel gehen. Wie heißt die nächste Brücke über die Mosel? _____

L. Literatur. Use **damit** or **weil** to combine each sentence in column A with a sentence in column B to create a new meaningful sentence. Remember to change the word order after **damit** or **weil**.

🔲 *Ich lese mein Mathematikbuch, weil ich morgen eine Prüfung habe.*

A	B
1. Ich lese mein Mathematikbuch.	Die Kinder spielen nicht so laut am Samstagmorgen.
2. Clarissa liest einen Liebesroman.	Er lernt in der Schule über Nelson Mandela.
3. Derek lernt Deutsch.	Er kann deutsche Gedichte im Original lesen.
4. Frieda kauft einen Zeichentrickfilm auf Video.	Ich habe morgen eine Prüfung.
5. Gerhard sieht einen Dokumentarfilm über die Politik in Südafrika.	Sie ist romantisch.
6. Irene kauft drei Kurzgeschichten.	Sie kann im Zug etwas lesen.

1. _____
2. _____
3. _____
4. _____
5. _____
6. _____

ZIELTEXT
In der Buchhandlung

M. Diktat: *Fitness für faule Säcke.* Complete the conversation with the words from the word bank.

Bestseller ▪ gelesen ▪ hochaktuell ▪ Kasse
momentan ▪ Quittung ▪ Tüte ▪ Vorlesungsverzeichnis

1. BARBARA: Ich habe gestern von einem Buch _____ über ein neues Fitnessprogramm.

2. BARBARA: Das soll ein _____ sein.

3. VERKÄUFER: Also, aktuell haben wir _____ *Fitness für faule Säcke*

4. VERKÄUFER: Ja, das [Buch] ist also _____.

5. VERKÄUFER: Gut, kommen Sie bitte mit zur _____.

6. KARL: O.K., du wolltest doch dein _____ noch holen, oder?

7. VERKÄUFER: Möchten Sie eine _____, oder geht's auch ohne?

8. VERKÄUFER: Bitte schön. Die _____ liegt auf der ersten Seite.

N. Kreuzworträtsel.

Waagerecht →

2. Pkw steht für _____kraftwagen.
8. Rüdiger wartet an der _____, denn er möchte mit dem Bus fahren.
9. Waldemar geht zu _____ zur Uni, denn es ist nicht weit.
11. *Fitness für faule Säcke* ist ein _____ von Dr. Michael Despeghel-Schöne.
13. Eine Metzgerei heißt auch _____.
15. Luciano Pavarotti und Kathleen Battle singen in der _____.
16. Frau Urbans Auto ist kaputt. Sie ruft die Zentrale an und bestellt ein _____.
18. Ein Bioladen heißt auch _____.
20. Thomas muss ein Konto eröffnen. Er geht auf die _____.
22. Thomas ist sehr fit. Er _____ gern Sport.
23. In der _____ kann man frisches Brot kaufen.
24. Viele junge Leute ohne Führerschein fahren mit dem _____ in die Schule.

Senkrecht ↓

1. Am Wochenende gehen viele Leute in eine Synagoge, in eine Moschee oder in eine _____.
3. Im _____ kann man fast alles zum Essen kaufen.
4. In Hamburg und Stuttgart kann man mit der U-_____ fahren.
5. Hermann interessiert sich nicht für Fitness. Er ist lieber _____.
6. Von Stuttgart nach Chicago kann man nicht mit dem Auto fahren. Man muss mit dem _____ fliegen.
7. Gudrun geht ins _____, denn sie möchte ein Fußballspiel sehen.
9. Fußball spielt man auf dem _____.
10. In einer _____ kann man sitzen, Kaffee trinken und Kuchen essen.
12 „Romeo und Julia" von Shakespeare ist ein _____.
14. Siegfried schreibt ein Buch über sein Leben. Das ist seine _____.
17. „Mit der Bahn fahren" heißt auch „mit dem _____ fahren".
19. Der FC Bayern ist eine Profi-Fußball-_____.
21. In der Buchhandlung oder am _____ kann man etwas zum Lesen kaufen.

O. Lesen Sie. Look over the ad (page 100) from the Bertelsmann Club catalog for the books *Chronik des Zweiten Weltkriegs* and *Das Ende 1945*. Write down which book fits each description: *Chronik* or *Das Ende.*

1. _____ is a companion book to a television series.
2. _____ talks about the course of the entire war.
3. _____ has the most pictures.
4. The author of _____ collaborated with Russian historians.
5. _____ has timetables showing all the important dates.
6. _____ focuses on the later years of the war from the battle of Stalingrad to the end.
7. _____ has tables and maps.
8. _____ gives a dramatic description of events.
9. _____ is a collection of individual articles.
10. _____ has six chapters.

Das Ende des 2. Weltkriegs

Das Begleitbuch zur Fernseh-serie im ZDF

Wie kein anderes Ereignis im 20. Jahrhundert hat der Zweite Weltkrieg die Welt verändert. Diese »CHRONIK« hält das Geschehen auf den Kriegsschauplätzen in Wort und Bild fest. Ausführliche Jahreskalendarien umfassen alle wichtigen Daten. In rund 1300 Einzelartikeln werden die Etappen und Stationen des Krieges ausführlich dargestellt. Dokumente, Zitate, Tabellen, Karten und Grafiken runden diese Informationen ab. Mehr als 1500 Bilder zeigen das Kriegsgeschehen an allen Fronten, den Alltag der Menschen und die großen historischen Entscheidungen. Ein ausführliches Personen- und Sachregister erlaubt einen schnellen Zugriff auf die Informationen.

478 Seiten. Im CHRONIK-Stil gestaltet und illustriert. Gebunden.

Die Chronik des Zweiten Weltkriegs 01566 9 Club-Preis nur €17.⁴⁹

Im Mai 2005 jährt sich zum 60. Mal das Ende des Zweiten Weltkriegs. Das ZDF sendet aus diesem Anlaß den dritten Teil der Trilogie »Der verdammte Krieg«. Wieder hat Guido Knopp, Leiter der ZDF-Redaktion Zeitgeschichte, das Material zusammengestellt. In sechs Kapiteln, analog zu den sechs Fernseh-Teilen, werden die entscheidenden Jahre des Krieges, von der Schlacht um Stalingrad bis zur bedingungslosen Kapitulation am 8. Mai 1945 dokumentiert. Das ZDF hat wieder mit dem russischen Fernsehen zusammengearbeitet, deutsche wie russische Historiker leisteten gemeinsam die fachliche Aufarbeitung der dramatischen Ereignisse.

356 Seiten mit über 300 Fotos. Gebunden mit Umschlag.

Guido Knopp · Der verdammte Krieg Das Ende   01533 0 Club-Preis nur €24.⁵⁴

P. Schreiben Sie. You are spending a year studying at the University of Freiburg. Last Saturday sometime between 9 A.M. and noon, an expensive mountain bike was stolen from the balcony of your residence hall. Everyone who lives on the floor is considered a suspect. In order to prove that you did not steal the bike, you have been asked to document your activities during that time in writing. On a separate sheet of paper, prepare your alibi.

1. First, establish where you were. You spent last Saturday doing five errands in town. Make a list of all five places and the approximate times you were there. Write down how you got to each place.

   ▪ *9.00, Café, zu Fuß*

2. Then, write two sentences about each place you went. Tell what you did there and mention anyone who saw you there.

   ▪ *Um 9.00 Uhr bin ich zu Fuß ins Café gegangen. Dort habe ich ein Brötchen gegessen und eine Tasse Kaffee getrunken. Die Kellnerin hat mich gesehen.*

3. Finally, use your sentences to compose a connected paragraph describing your day. You can use words like **zuerst, dann, zunächst, schließlich,** and **später** to help your paragraph flow better.

   ▪ *Zuerst bin ich um 9.00 Uhr zu Fuß ins Café gegangen. Dort habe ich ein Brötchen gegessen und eine Tasse Kaffee getrunken. Die Kellnerin hat mich gesehen. Dann bin ich um 9.45 mit dem Bus zur Buchhandlung gefahren ...*

An der Uni studieren

ANLAUFTEXT
Ein Gruppenreferat

A. Ergänzen Sie. Complete the sentences with words from the **Anlauftext**.

1. Karl und Stefan arbeiten zusammen an einem _____ für ein Betriebswirtschaftsproseminar.

2. Karl besucht die _____ von Frau Dr. Osswald.

3. Frau Dr. Osswald ist die _____ für das Proseminar.

4. Karl klopft an die Tür; Frau Dr. Osswald sagt: „Ja, _____, bitte."

5. Frau Dr. Osswald findet es schön, dass sich Karl endlich _____.

6. Karl und Stefan haben ein _____ Probleme gehabt.

7. Karl hat sich schwer _____.

8. Stefan hat sich das Bein _____.

9. Stefan und Karl haben wirklich _____ gehabt.

10. Frau Dr. Osswald kann sich nicht an das Thema _____.

11. Karl weiß noch nicht so genau, wie lange das Referat _____ wird.

12. Karl und Stefan müssen sich auf das Wichtigste _____.

13. Karl sagt, sie haben auch schon Handouts _____ und kopiert.

14. Frau Dr. Osswald sagt, sie _____ sich auf das Referat.

15. Karl meint, Stefan und er werden die Arbeit bis nächste Woche nie _____.

16. Karl _____ sich jetzt schon krank.

B. Referat. Karl had to give a presentation in his class. Think back to a class presentation you have done and answer the following questions about it in German. Write complete sentences.

1. Karls Thema war „Die Koordinierung vom Spielplan". Was war Ihr Thema?

_____

_____

2. Karl hat sein Referat mit Dr. Osswald in ihrer Sprechstunde diskutiert. Haben Sie Ihr Thema mit Ihrem Professor in der Sprechstunde diskutiert? Was haben Sie diskutiert?

_____

_____

3. Karl sagt, er ist krank geworden und musste drei Tage im Bett liegen. Hat eine Person in Ihrer Gruppe auch nicht mit dem Referat helfen können?

_____

_____

4. Karl und Stefan hatten maximal 45 Minuten für ihr Referat. Wie lang war Ihr Referat?

_____

_____

5. Karl und Stefan haben ihr Referat in letzter Minute geschrieben. Wie lange haben Sie an Ihrem Referat gearbeitet?

_____

_____

C. Ausreden. Which of these excuses sound plausible for the following situations?

◼ Sie haben Ihre Hausaufgaben nicht gemacht.

Mein Hund hat meine Hausaufgaben gefressen°.   *eat*

    Ich habe eine Grippe° gehabt.   *flu*
    Ich habe keine Zeit gehabt.
    Ich habe Magenschmerzen.
    Mein Hund hat meine Hausaufgaben gefressen.
    Ich habe einen Muskelkater gehabt.
    Ich habe Kopfschmerzen gehabt.
    Ich habe mir das Bein gebrochen.

1. Sie kommen sehr spät in eine Vorlesung.

_____

2. Sie sollen in einer Woche ein Referat halten, aber Sie haben sich noch nicht vorbereitet.

_____

3. Sie sind seit drei Wochen nicht in Ihrem Deutschkurs gewesen.

_____

4. Sie kommen 15 Minuten zu spät zur Arbeit.

_____

5. Sie haben vergessen, am Wochenende mit Ihrer jüngeren Schwester ins Kino zu gehen.

_____

6. Sie sollen in drei Tagen eine wichtige Prüfung schreiben, und Sie haben noch nichts gemacht. Wie fühlen Sie sich jetzt?

_____

_____

D. Im Badezimmer. Use **wenn**-clauses to explain what the following people want to do to get ready for their day.

■ Reinhold: den Rasierapparat in der Hand haben
Wenn Reinhold den Rasierapparat in der Hand hat, will er sich rasieren.

1. Christa: eine Bürste in der Hand haben

   _____

2. Harald: unter die Dusche gehen

   _____

3. Sylvia: das Badetuch halten

   _____

4. Sabine und Udo: Zahnpasta und Zahnbürste in die Hand nehmen

   _____

5. Fritz: die Seife suchen

   _____

6. Waltraud: Shampoo in die Dusche mitnehmen

   _____

E. Wer fragt das? Who would ask these questions? Match the questions with the most likely questioner. Add the correct letter to the numbers below.

Die Frage:

_____ 1. Freust du dich auf deinen Geburtstag, Hänschen?

_____ 2. Wie fühlen Sie sich heute?

_____ 3. Worauf konzentrieren wir uns in unserem Referat?

_____ 4. In wen hast du dich auf der Party verliebt?

_____ 5. Haben Sie sich mit der Hausaufgabe zu sehr beeilt? Sie hat viele Fehler.

Wer die Frage stellt:

a. ein Arzt/eine Ärztin

b. ein Freund/eine Freundin

c. ein Kommilitone/eine Kommilitonin

d. ein Lehrer/eine Lehrerin

e. eine Mutter/ein Vater

F. Ein hektischer Morgen. It's Monday morning. Karl, Stefan, and Barbara are leaving the house in a hurry. Use reflexive verbs to describe which part of their morning routine they forgot.

Karl	Stefan	Barbara

1.   2.   3.

Karl

Stefan

Barbara

4.   5.   6.

1. Karl hat sich die Schuhe nicht angezogen.

   Karl hat vergessen sich die Schuhe anzuziehen.

2. _____

3. _____

4. _____

5. _____

6. _____

G. Mir oder mich oder nichts? Complete the following narration of Karl's morning routine by providing the correct form: **mir** or **mich**, or nothing if the verb is not reflexive.

1. Jeden Morgen muss ich _____ beeilen.

2. Um acht Uhr stehe ich _____ auf.

3. Dann dusche ich _____ und wasche _____ die Haare.

4. Um halb neun rasiere ich _____ und kämme _____ die Haare.

5. Beim Rasieren schneide ich _____ manchmal ins Gesicht.

6. Wenn das passiert, muss ich _____ gut schminken (nur ein Scherz!).

7. Um fünf Minuten vor neun putze ich _____ die Zähne.

8. Hab ich etwas vergessen? Auweh! Es ist neun und ich bin noch im Pyjama! Ich muss _____ anziehen.

9. Und um Viertel nach neun gehe ich aus dem Haus und kann _____ ganz auf den neuen Tag konzentrieren.

10. Ich freue _____ auch auf einen frischen Kaffee. Den kaufe ich unterwegs!

H. Mein hektischer Morgen. Describe your daily morning routine in five sentences and give a timeline.

   Um sechs Uhr stehe ich auf.

1. _____

2. _____

3. _____

4. _____

5. _____

106   VORSPRUNG Student Activities Manual

I. Beim Arzt. Karl is trying to get a doctor's note so he can postpone his presentation. He describes a variety of symptoms, but the doctor catches on. She gives rather unsympathetic advice. Complete the dialogue between the hypochondriac Karl and the unsympathetic doctor.

■ KARL: Ich habe Zahnschmerzen.

ÄRZTIN: *Dann essen Sie eben nichts!*

1. KARL: _____

ÄRZTIN: Dann laufen Sie eben schnell auf die Toilette!

2. KARL: _____

ÄRZTIN: Dann sprechen Sie eben nicht so laut!

3. KARL: _____

ÄRZTIN: Dann gehen Sie eben ein bisschen langsamer!

4. KARL: _____

ÄRZTIN: Dann nehmen Sie eben ein Aspirin!

5. KARL: Ich fühle mich überhaupt nicht wohl.

ÄRZTIN: _____

J. Kreuzworträtsel.

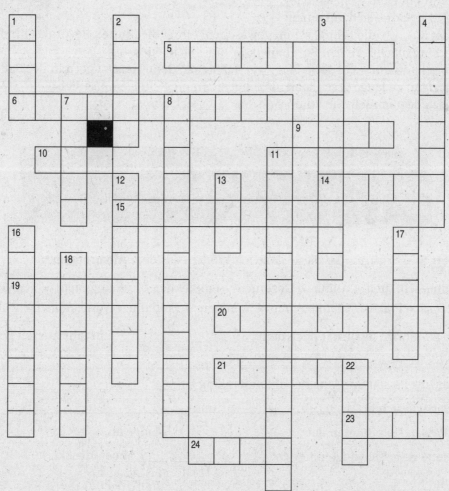

Waagerecht →

5. Klaus hat zu viel Alkohol getrunken. Jetzt muss er sich _____.
6. Rita hat zu viel Tennis gespielt. Jetzt hat sie einen _____.
9. Frank hat einen elektrischen Rasierapparat. Er braucht dafür eine Steck _____.
10. Inge fühlt sich nicht wohl. Sie legt sich _____.
14. Hermann hat sich erkältet. Er ist _____.
15. Hedwig will duschen, aber zuerst muss sie sich _____.
19. Jeden Morgen _____ Jörg um sieben Uhr auf.
20. Jessica hat sich erkältet. Die Nase tut ihr weh, denn sie hat _____.
21. Jessicas Gesicht ist auch sehr heiß. Sie hat _____.
23. Jessica kann nicht gut sprechen, denn sie hat auch _____ schmerzen.
24. Jessicas Freunde sagen: „_____ Besserung!"

Senkrecht ↓

1. Egon hat sich die Haare geföhnt. Jetzt braucht er seine Bürste und seinen _____.
2. Das Badetuch hängt auf dem _____.
3. Burkhardt hat sich geduscht. Jetzt ist er ganz nass, und er muss sich _____.
4. Ingrids Mutter fragt: „Was machst du gerade?" Ingrid nimmt einen Lippenstift und sagt: „Ich _____ mich gerade."
7. Monika duscht sich. Sie wäscht sich mit Wasser und _____.
8. Ingrid hat zu viel Stress. Sie bekommt _____ und nimmt zwei Aspirintabletten.
11. Mir tut ein Zahn weh. Ich habe _____.
12. Ingrid trocknet sich mit einem _____.
13. „Hast du _____ die Hände schon gewaschen?" fragt die Mutter, bevor das Kind isst.
16. Henning möchte keinen Bart haben. Er muss sich jeden Tag _____.
17. Gabriela duscht nicht gern. Sie _____ sich lieber, denn sie sitzt gern in der Badewanne.
18. Ingrid hat zu lange geschlafen. Jetzt hat sie wenig Zeit. Sie muss sich _____.
22. Jessica liegt im Bett. Sie erholt sich. Sie _____ sich aus.

ABSPRUNGTEXT
Die beste Uni für mich

K. Ergänzen Sie. Ergänzen Sie diese Sätze mit Wörtern aus dem **Absprungtext**.

abgeschnitten ▪ Abitur ▪ Dozenten ▪ empfehlen ▪ Lieblingsstadt ▪ Lust ▪
Mensa ▪ Praktika ▪ Professoren ▪ Seminare ▪ Studium ▪ Vorlesungen ▪ wohl

1. Die 20-jährige Jessie hat nach dem _____ ein Jahr Auszeit genommen.

2. Berlin ist Jessies _____.

3. Die Unis Passau und Jena haben im Ranking gut _____.

4. Jessie will sich in _____ und _____ setzen.

5. In Passau steht man in der _____ lange an.

6. In Jena ist Jessie von den netten _____ beeindruckt.

7. Eigentlich hat Jessie gar keine große _____ , nach Jena zu kommen.

8. Professorén und Studenten _____ die Uni Jena. Die Studiendauer ist
kurz und die Ausstattung ist top.

9. Jessie achtet darauf, wie gut die Betreuung durch die _____ ist.

10. Sie möchte auch wissen, ob sie sich in der Stadt und unter den Mitstudenten
_____ fühlt.

11. Jessie ist klar, ein _____ ist keine Einbahnstraße.

12. Jessie meint, oft sind _____ viel wichtiger für den Berufseinstieg

L. Die beste Uni für Sie? Compare your college to the universities described in the **Absprungtext**.
Answer the questions below in complete German sentences and provide as many details, explana-
tions, etc. as you can.

1. Jessie will vielleicht in Berlin studieren, weil Berlin ihre Lieblingsstadt ist. Wie finden Sie
die Stadt, in der Ihre Uni ist? Was gefällt Ihnen? Was gefällt Ihnen nicht? War die Stadt
ein wichtiges Kriterium bei Ihrer Uniwahl?

_____

_____

_____

2. Jessie findet, dass das Essen in der Mensa in Passau fade schmeckt. Essen Sie
regelmäßig in einer Mensa? Wenn ja, sind Sie zufrieden mit dem Essen? Gibt es eine
besonders gute oder eine besonders schlechte Mensa an Ihrer Uni? Warum essen
Studenten (nicht) in einer Mensa? Finden Sie, dass das Essen in der Mensa ein wichtiges
Kriterium bei der Uniwahl sein soll?

_____

_____

_____

3. Ein Pluspunkt an der Uni Passau ist, dass das Ranking der Betriebswirtschaft sehr hoch
ist. Was ist (vielleicht) Ihr Hauptfach? Wissen Sie, was das Ranking Ihrer Uni in diesem
Fach ist? War das Ranking ein wichtiges Kriterium bei der Uniwahl?

_____

_____

_____

4. Die Dozénten an der Uni in Jena sind enthusiastisch und nett. Für Jessie ist das sehr
wichtig. Haben Sie Dozenten und Professoren persönlich kennen gelernt, bevor Sie
Ihre Uni ausgewählt haben? Wie wichtig ist es für Sie, ob die Dozenten und Professoren
nett sind? Ist das ein Kriterium für Sie, wenn Sie (a) die Uni, (b) Ihr Hauptfach, oder
(c) bestimmte Kurse und Vorlesungen wählen?

_____

_____

_____

5. Jessie findet, dass Uni-Rankings auch Kriterien wie die Qualität der Cafés, Bars und Clubs berücksichtigen° sollen. Was halten Sie von Jessies Idee? *consider*

_____

_____

_____

6. Bitte beschreiben Sie einige gute und einige nicht so gute Qualitäten Ihrer Uni. Welche von den guten Qualitäten waren wichtig, welche waren weniger wichtig, als Sie Ihre Uni ausgewählt haben?

_____

_____

_____

7. Haben Sie sich Ihre Uni angeschaut, bevor Sie sich an der Uni beworben° haben? Haben Sie sich andere Unis angeschaut? Bei wie vielen Unis haben Sie sich beworben? Und warum sind Sie an diese Uni gekommen? *apply*

_____

_____

_____

M. Lesen Sie. The following paragraphs are taken from a brochure for new students at the University of Tübingen. They explain important terms related to studying at the university. Read them before you answer the questions. You are not expected to understand all the words.

Vorlesung

Der Lehrstoff wird von Professoren oder Dozenten in Form einer Reihe ausgearbeiteter Vorträge vermittelt. Die Tätigkeit der Studierenden beschränkt sich im wesentlichen darauf, zuzuhören und sich Notizen zu machen. Der Stoff der Vorlesung muss dann später selbst nachgearbeitet werden.

Seminar

Veranstaltung, in der unter Anleitung ein bestimmtes Thema erarbeitet wird. Diskussion und intensive Mitarbeit (Referate) prägen diese Veranstaltung. Als Proseminare bezeichnet man die Seminare des Grundstudiums, als Hauptseminare diejenigen des Hauptstudiums und als Oberseminare diejenigen für Fortgeschrittene und Doktoranden.

Übung

Unterrichtsveranstaltung mit begrenzter Teilnehmerzahl, in der die Studierenden wissenschaftliche Arbeitsmethoden eines Stoffgebiets kennen und anwenden lernen sollen.

Tutorium

Arbeitsgruppe in Verbindung mit einer Vorlesung, einem Seminar oder einer Übung in der der Stoff der Unterrichtsveranstaltung vorbereitet oder nachgearbeitet wird. Das Tutorium wird von einem Tutor (Assistent oder Student höheren Semesters) geleitet.

Praktikum

Als Praktikum bezeichnet man die berufsbezogene praktische Tätigkeit außerhalb der Universität, die in manchen Studienordnungen verbindlich festgelegt ist und entweder vor oder während des Studiums abzuleisten ist.

Kleines Uni-Vokabular. Universität Tübingen.

1. In Vorlesungen _____
   a. liest der Professor aus seinen Notizen vor.
   b. lesen Poeten aus ihren Werken.
   c. lesen Studenten viel.

2. In Vorlesungen müssen die Studenten meistens _____
   a. sprechen und teilnehmen.
   b. Referate halten.
   c. zuhören und sich Notizen machen.

3. In einem Seminar konzentriert man sich auf _____
   a. Hausaufgaben.
   b. Diskussion und intensive Mitarbeit.
   c. das Zuhören.

4. Ein Proseminar ist _____
   a. ein Grundkurs für Anfänger.
   b. ein Seminar für Professionelle.
   c. besser als ein Anti-Seminar.

5. Oberseminare sind für _____
   a. Ober, Kellnerinnen und Restaurateure.
   b. Leute, die wenig Interesse für das Fach haben.
   c. sehr fortgeschrittene Studenten und Doktoranden.

6. In einer Übung bekommen _____
   a. viele Studenten viel Theorie und wenig Praxis.
   b. wenige Studenten Unterricht in wissenschaftlichen Methoden und viel Praxis.
   c. viele Studenten wenig Information über das Fach und keine Praxis.

7. In einem Tutorium wollen Studenten in einer Arbeitsgruppe _____
   a. mit dem Professor/der Professorin oder dem Dozenten/der Dozentin den Lehrstoff nacharbeiten.
   b. allein den Lehrstoff vorbereiten.
   c. mit einem Tutor den Lehrstoff vor- oder nachbereiten.

8. In English, describe two differences between the University of Tübingen and your university or college.

   _____

   _____

   _____

   _____

N. An welcher Uni möchten Sie studieren? The following map indicates the locations of all the colleges and universities in Germany. Refer to it to answer the questions. (You may also wish to look at the map of Germany on the inside front cover of the **Vorsprung** textbook to refresh your memory about neighboring geographical features.)

Copyright © Deutscher Akademischer Austauschdienst (DAAD) und die Hochschulrektorenkonferenz (HRK).

1. Wo sind die meisten Unis in Deutschland?
   a. im Norden
   b. im Süden
   c. im Westen

2. Sie möchten im Norden an der Ostsee studieren. An welcher Universität wollen Sie studieren?
   a. an der Uni Kiel, Uni Rostock oder Uni Greifswald
   b. an der Uni Hannover oder Uni Potsdam
   c. an der Uni Berlin

3. Sie möchten Polnisch studieren und möchten oft nach Polen fahren. Wo können Sie das machen?
   a. an der Uni Hamburg
   b. an der Uni Frankfurt/Oder
   c. an der Uni Tübingen

4. Sie kommen aus Norddeutschland und möchten in der Nähe von Frankreich und der Schweiz studieren. An welcher Uni studieren Sie wohl?
   a. an der Uni Passau
   b. an der Uni Freiburg
   c. an der Uni Heidelberg

5. An welcher Uni möchten Sie studieren? Warum? _____

   _____

O. Synonyme. Please provide alternative German expressions for these time markers.

1. der Tag nach heute _____

2. zwei Tage nach heute _____

3. am Samstag und Sonntag _____

4. in der wärmsten Jahreszeit _____

5. am Tag nach Dienstag _____

6. diese Woche, nächste Woche,
   die Woche darauf – bis ans Ende der Zeit _____

P. Wann...? Use time expressions from the list to answer the following questions. Write complete sentences.

   heute Abend ▪ heute Nachmittag ▪ im Sommer ▪
   in zwei Wochen ▪ nächste Woche ▪ übermorgen

▪ Alexander ist Student an der Uni in Mainz. Das Semester geht diese Woche zu Ende. Wann wird er wohl nach Italien fahren?
   Er wird wohl nächste Woche nach Italien fahren.

1. Ute zieht sich an und sieht, dass sie nur noch zwei Paar Socken hat. Wann wird sie wohl die Wäsche waschen?

   _____

2. Uwe trinkt die letzte Milch zum Frühstück. Er möchte morgen Milch für seine Corn-flakes haben. Wann wird er wohl einkaufen?

_____

3. Paula hat heute zwei Vorlesungen. Morgen um neun hat sie eine Prüfung. Wann wird sie wohl lernen?

_____

4. Patrick ist Student und braucht Geld, aber er hat keine Zeit im Semester für einen Job, denn er muss viel lernen. Wann wird er wohl arbeiten?

_____

5. Emilies BAFöG kommt jeden Monat am fünfzehnten. Heute ist der erste. Wann wird sie wohl ihr Geld bekommen?

_____

Q. An die Zukunft denken. Describe your future plans or events, using the future tense.

1. Was werden Sie heute nach der Hausaufgabe machen?

_____

2. Wer wird heute Abend Ihr Abendessen kochen?

_____

3. Was werden Sie morgen am Nachmittag machen?

_____

4. Was werden Sie am Wochenende machen?

_____

5. Welche Aktivität wird Ihnen nächste Woche den wenigsten Spaß machen?

_____

6. Wo werden Sie in zehn Jahren wohnen und arbeiten?

_____

7. Welche Mitglieder° wird Ihre Familie (Eltern, Geschwister, Frau/Mann, Kinder,   *members*
   Haustiere, usw.) in zwanzig Jahren haben? Wo werden alle wohnen?

_____

_____

8. Wie alt werden Sie in zwanzig Jahren sein?

_____

9. Was werden Sie mit siebzig Jahren machen?

_____

R. Karls Zukunft. Karl is very optimistic about his future. Complete the rather one-sided dialogue as Karl explains his future prospects to Anna and Stefan. Use these prepositions as many times as appropriate.

an ▪ auf ▪ für ▪ in ▪ über ▪ um ▪ von ▪ vor

KARL: Denkt ihr auch oft (1) _____ eure Zukunft, Stefan und Anna? Na, ich bin da optimistisch. Ich glaube nicht nur (2) _____ die Zukunft, ich freue mich sogar (3) _____ die Zukunft. Ich bin gespannt (4) _____ meinen zukünftigen Beruf und meine zukünftige Familie. Jetzt an der Uni möchte ich mich erst mal (5) _____ meine Karriere vorbereiten. Und dann werde ich (6) _____ die ideale Frau warten. Habe ich euch übrigens (7) _____ Bettina erzählt? Sie erinnert mich ein bisschen (8) _____ Heidi Klum. Und ich glaube, ich kann mich leicht (9) _____ sie verlieben ...

STEFAN & ANNA: Und was hält Bettina (10) _____ dir, Karl? (11) _____ ihre Meinung sind wir schon sehr gespannt!

KARL: Ach, ich bin sicher, Bettina hat sich schon (12) _____ mich verliebt! Sie spricht mit mir immer (13) _____ unsere Vorlesung. Und sie hat mich (14) _____ meine Telefonnummer gebeten! Sie kann sich kaum eine Minute (15) _____ mir trennen!

STEFAN & ANNA: Ist das nicht, weil ihr zusammen an einem Referat arbeiten sollt?

KARL: Wenn ihr so seid, werde ich euch nie mehr wieder (16) _____ meinem Privatleben erzählen.

STEFAN & ANNA: (17) _____ dieses Versprechen° können wir uns ja nur freuen.   *promise*

S. Was meinen Sie? Answer these questions in German. Your answers may be true or fictional.

1. Worauf freuen Sie sich am Freitag?

   _____

2. Wovor haben Sie Angst?

   _____

3. Woran erinnern Sie sich gern?

   _____

4. Worüber möchten Sie mehr wissen?

   _____

5. Wovon erzählen Sie gern?

   _____

T. Antworten. Identify a suitable rejoinder for each statement or question. Also indicate whether a given answer is friendly (**F** for **freundlich**), sarcastic (**S** for **sarkastisch**) oder neutral (**N** for **neutral**). You can use the same rejoinder for more than one statement or question. Conversely, a given statement or question might be followed by more than one rejoinder.

Aussage/Frage:	Welche Antwort?	F, S oder N?
1. Anna, morgen hat Karl sein Referat.	_____	_____
2. Kann ich dir einen Tipp für das Referat geben, Karl?	_____	_____
3. Man sagt, dass die Professorin die Referate sehr streng benotet.	_____	_____
4. Wie fühlst du dich so am Tag vor dem Referat, Karl?	_____	_____
5. Anna, was weißt du von Spielplankoordinierung?	_____	_____

Antworten:

a. Dafür möchte ich dir sehr herzlich danken.
b. Davon verstehe ich überhaupt nichts.
c. Davor habe ich Angst.
d. Darauf freue ich mich natürlich schon sehr.
e. Darauf kann ich kaum warten.
f. Darauf bin ich auch schon gespannt.

U. Person oder Ding? Complete each of these questions so that they accurately correspond to their respective answer.

1. a. _____ hat Karl Angst?

   Vor der strengen Professorin.

   b. _____ hat Karl Angst?

   Vor einer schlechten Note auf dem Referat.

2. a. _____ bereitet sich Karl vor?

   Auf sein Referat über Spielplankoordinierung.

b. _____ bereitet sich Karl auf das Referat vor?

Mit Bettina.

3. a. _____ freut sich Anna?

Auf das Referat von Karl und Bettina.

b. _____ freut sich Karl?

Auf die Arbeit mit Bettina.

4. a. _____ wartet Karl?

Auf Bettina.

b. _____ wartet Karl?

Auf übermorgen, den Tag nach dem Referat.

5. a. _____ passt das Betriebswirtschaftsproseminar?

Zum Kulturmanagementstudium.

b. _____ passt Karl?

Zu Bettina.

6. a. _____ erwartet Karl eine gute Note?

Vom Referat.

b. _____ erwartet Karl gute Tipps?

Von Frau Dr. Osswald.

7. a. _____ denkt Bettina?

An Karl.

b. _____ denken Stefan und Karl?

An ihr Referat.

ZIELTEXT
Gespräch auf einer Party

V. Eigentlich eine ganz gute Party. You are attending the same party that Anna, Barbara, Karl, and Stefan are attending. Below are some statements and questions from the party. Try to keep the conversation going by responding appropriately to the statements with an additional comment or by providing answers to the questions.

☐ Eigentlich eine ganz gute Party, findest du nicht auch?
Ja, die Party ist ganz toll!

Die Musik ist ein bisschen lahm.
Ja, Disko gefällt mir überhaupt nicht. Ich mag lieber alternative Musik.

1. Habt ihr Lust zu tanzen, oder wollen wir einfach so 'ne Weile plaudern°?   *chat*

_____

2. Ja, die Studentin kommt mir bekannt vor.

_____

3. Kommst du dann auch mal mit in das Seminar?

_____

4. Der Kurs ist eigentlich ganz interessant.

_____

5. Hat die Dozentin nur eine Sprechstunde in der Woche?

_____

6. Seht ihr da eure Professoren öfter?

_____

W. Karl sieht Bettina. At the party, Karl is spotting Bettina across the room. He wants to capture her attention and practices some opening lines. He runs them by Stefan. Assume Stefan's role and **(a)** rate the line from 1 (very bad) to 5 (excellent) and **(b)** suggest an alternative, if you consider Stefan's line less than a 4 or 5.

◼ Karl: Ich weiß, du bist in mich verliebt, Bettina.
Stefan's rating: *1*
Stefan's suggestion: *Bettina, man kann sich so leicht in dich verlieben.*

1. Karl: Bettina, du passt so gut zu mir.

   Stefan's rating: _____

   Stefan's suggestion: _____

2. Karl: Bettina, ich werde mich nie von dir trennen.

   Stefan's rating: _____

   Stefan's suggestion: _____

3. Karl: Hältst du mich für einen tollen Typ?

   Stefan's rating: _____

   Stefan's suggestion: _____

4. Karl: Bettina, ich erwarte mir viele Kinder von dir.

   Stefan's rating: _____

   Stefan's suggestion: _____

5. Karl: Ich freue mich schon auf unsere nächste Vorlesung zusammen.,

   Stefan's rating: _____

   Stefan's suggestion: _____

6. Karl: Bettina, kann ich mit dir über mein Referat sprechen? Du gibst immer gute Tipps.

   Stefan's rating: _____

   Stefan's suggestion: _____

X. Schreiben Sie. Next year, an Austrian exchange student will be your roommate. In an e-mail the student has asked about your university. He/She would like to know about the classes and professors, the library, public transportation and parking, and any other important parts of student life. Respond to the student's e-mail.

1. First, think about what information you want to include in your reply e-mail and write down some key words or phrases in German below, or use the computer. Try to use words and structures you have learned. Be sure to include information about these topics: **die Kurse, die Professoren und Dozenten, die Assistenten, die Bibliothek, Parken, das öffentliche Verkehrssystem°.**

   public transportation

   _____   _____
   _____   _____
   _____   _____
   _____   _____

2. Then, write a sentence or two about each topic, using your key words and phrases.

   _____
   _____
   _____
   _____
   _____

3. Next, combine the sentences on each topic to create coherent paragraphs. Connect the sentences with words and phrases such as **denn, dann, danach, im Sommer,** or add sentences to make the information in the paragraphs flow.

   _____
   _____
   _____
   _____
   _____

4. Begin your letter with the city and date. End it with **dein** or **deine** and your name. Remember to use **Liebe** for a female addressee and **Lieber** for a male addressee. By the same token, sign as **Dein** if you are male, **Deine** if you are female.

   ```
                           Detroit, den 28. Januar _____

   Liebe _____/Lieber _____,

   ich freue mich, dass du nächstes Jahr an unserer Uni
   studieren wirst. In deinem Brief hast du viele Fragen
   gestellt. Ich werde versuchen, sie hier zu beantworten.

   Dein _____/Deine _____
   ```

Name _____ Klasse _____ Datum _____

Ein Praktikum in Wien

ANLAUFTEXT
Karl hat ein Vorstellungsgespräch
bei der Wiener Staatsoper

A. Ergänzen Sie. Ergänzen Sie diese Sätze mit Wörtern aus dem **Anlauftext**.

1. Gute _____ von der Wiener Staatsoper! Ich habe eine
   Einladung zum _____ nach Wien!

2. In der Tat? Für das _____, um das du dich _____
   hast?

3. Ja, für die _____ im Kulturmanagement, die ich im Internet gefunden
   habe.

4. Fährst du gleich nach Wien? – Nee, das hat keinen _____. Ich habe
   noch keinen festen _____.

5. Trotzdem, das ist eine _____ Gelegenheit für dich.

6. Ich _____ dir ganz fest die Daumen!

7. Aber was mache ich nun? Ich bin schon ganz nervös und _____.

8. Wie soll ich mich bloß im Vorstellungsgespräch _____, und was soll
   ich tragen?

9. Wann sollst du dich in Wien denn _____?

10. Heute _____ _____ _____! Das
    _____ ich niemals!

11. Stefan hilft dir einen neuen Anzug _____, der einen guten
    _____ macht.

12. Und Anna bringt dich zum _____, damit du einen
    _____ Haarschnitt bekommst.

13. _____ _____ mit einem Rollenspiel?

14. Ich spiele die Dame in der _____, die dich interviewt.

15. Und ich spiele den Betriebsleiter, der dein neuer _____ wird.

16. Aber was soll ich sagen, wenn sie fragen, welche _____

    ich schon habe?

17. Es ist doch etwas ganz anderes, die Theorie in der Praxis _____.

18. _____ dich doch, Karl. Die anderen _____ für das

    Praktikum haben sicher nicht mehr Erfahrung als du.

19. Du bist ein ganz netter _____, der mit allen möglichen Leuten gut

    _____.

20. Warum würdest du sie nicht _____?

B. Definitionen. Use relative clauses and the verbs from the list to define each profession in German. You may use some verbs more than once, or you may choose to look up others to make your definition more precise.

backen ▪ entwerfen ▪ experimentieren ▪ helfen ▪ leiten ▪ machen ▪ operieren ▪
planen ▪ reparieren ▪ schneiden ▪ schreiben ▪ spielen ▪ unterrichten ▪
verkaufen ▪ verteidigen ▪ vorbereiten

▪ Friseur
   Ein Friseur ist ein Mann, der Haare schneidet.

1. Automechaniker

   _____

2. Tierärztin

   _____

3. Koch

   _____

4. Fleischerin

   _____

5. Bäcker

   _____

6. Schriftsteller

   _____

7. Wissenschaftlerin

   _____

8. Maklerin

   _____

9. Schauspieler

   _____

10. Krankenschwester

   _____

11. Ingenieur

_____

12. Chefin

_____

13. Lehrer

_____

14. Geschäftsfrau

_____

15. Rechtsanwalt

_____

C. Karls Wunschliste. Karl put together a wish list for the sort of internship he wanted to find. Combine these two short sentences into one complex sentence with a relative pronoun for the noun both sentences have in common.

▨ Ich suche eine **Firma**. Es gibt gute Chancen für junge Mitarbeiter in der **Firma**.
   Ich suche eine Firma, in der es gute Chancen für junge Mitarbeiter gibt.

1. Ich möchte ein **Praktikum** machen. Das **Praktikum** soll drei bis vier Monate dauern.

_____

2. Ich suche eine **Gelegenheit**. Ich kann meine Qualifikationen durch die **Gelegenheit**
   gut ausbauen°.   *expand*

_____

3. Ich erwarte **Arbeit**. Ich verdiene viel Geld bei der **Arbeit**.

_____

4. Ich brauche **Arbeitserfahrung.** Ich kann diese **Arbeitserfahrung** nur im Ausland
   gewinnen.

_____

5. Ich will mit verschiedenen **Leuten** arbeiten. Ich kann von diesen **Leuten** viel lernen.

_____

6. Ich suche eine **Stelle.** Man assoziiert die **Stelle** automatisch mit Kulturmanagement.

_____

7. Ich rechne mit einem **Vorstellungsgespräch.** Das **Vorstellungsgespräch** wird mich
   nervös machen.

_____

8. Ich warte auf eine **E-Mail.** Die **E-Mail** informiert mich, ob ich zum Interview eingeladen
   bin.

_____

9. Ich werde mich für den ersten **Arbeitgeber** entscheiden. Ich höre diese Woche von dem
   Arbeitgeber.

_____

D. Ich würde das auch gern machen! When the new student Rolf hears about the plans and activities of fellow students, he states that he or someone else would like to participate as well. Restate these sentences with the appropriate form of **würden** with an infinitive.

> ◼ KARL: Werner sieht einen italienischen Film.
> ROLF: Ich *würde auch gern einen italienischen Film sehen* _____.

1. ALBERT: Der Hans-Dieter bewirbt sich um einen Job als Kellner.

   ROLF: Ich _____.

2. GRETCHEN: Ich finde billige Bücher bei eBay.

   ROLF & HORST: Wir _____.

3. INA & SARAH: Die Kölner tragen Kostüme und Masken zum Karneval.

   ROLF: Ihr _____.

4. MAXIMILIAN: Ich freue mich auf einen Diskoabend.

   ROLF: Ich _____.

5. WLADIMIR: Die Ausländer im Heim bereiten gute Snacks vor.

   ROLF: Die deutschen Studenten _____.

6. REGINE: Karl wendet Betriebswirtschafts-Theorie im Praktikum an.

   ROLF: Du _____.

7. ANNA: Mein Bruder Jeff hilft meiner Mutter in der Küche.

   ROLF: Meine Brüder und Schwestern _____.

8. STEFAN: Der Karl sucht sich einen neuen Anzug in der Stadt aus.

   ROLF: Ich _____.

9. ANNA: Du benimmst dich hier wie zu Hause.

   ROLF: Mein Freund Hanno _____.

10. TORSTEN: Die Ausländer kommen ohne viel Geld ganz O.K. aus.

    ROLF & MARTA: Wir _____.

E. Das wäre prima! People on the floor are having trouble planning their dance party. Rolf responds with polite suggestions in the subjunctive. Use the correct form of **hätte** or **wäre** to finish his responses.

1. VERONIKA: Sonntag ist nicht der richtige Tag für einen Diskoabend.

   ROLF: Vielleicht _____ Sonnabend der bessere Tag dafür.

2. EBERHARD: Wir haben keine Tänzer, wenn wir nur Reggae-Musik spielten.

   ROLF: Vielleicht _____ wir mehr Tänzer, wenn wir Techno spielten.

3. KIRSTIN: Ich habe keine Zeit, etwas für die Party zu kochen.

   ROLF: _____ du Zeit, Käsebrote zu schmieren?

4. JUTTA: Petra und ich haben nicht die Kraft, all die Getränkekisten hochzutragen!

   ROLF: Vielleicht _____ ich die Kraft, euch zu helfen.

5. ILSE: Tina und ich sind zu beschäftigt zu kommen. Wir halten Montag ein Referat.

   ROLF: Vielleicht _____ ihr nicht so beschäftigt, wenn ihr die Arbeit

           heute machen würdet.

6. KONRAD: Ich bin einfach zu müde zu kommen.

   ROLF: Du _____ nicht so müde, wenn du nachmittags ein bisschen

           schlafen würdest.

F. **Wovon redest du?** Antje, another student on the floor in Waldhäuser-Ost, is talking to floor mates about her internship, but her friend Moritz is not a terribly good listener. Based on Antje's answers, recreate Moritz's questions, using the same verb with either a **wo**-compound or a preposition with **wem** or **wen**.

    ■ MORITZ: *Wovon redest du?*
        ANTJE: Ich rede von meiner Praktikumsbewerbung.

1. MORITZ: _____?
    ANTJE: Ich habe mich um eine Praktikumstelle im IT-Bereich beworben.

2. MORITZ: _____?
    ANTJE: Ich freue mich über die Einladung nach Berlin.

3. MORITZ: _____?
    ANTJE: Sie haben mich zu einem Vorstellungsgespräch in Berlin eingeladen!

4. MORITZ: _____?
    ANTJE: Ich habe von der Direktorin der Personalabteilung gehört.

5. MORITZ: _____?
    ANTJE: Ich habe ein bisschen Angst vor der Direktorin der Personalabteilung.

6. MORITZ: _____?
    ANTJE: Ich muss mich auf das Gespräch mit ihr vorbereiten.

7. MORITZ: _____?
    ANTJE: Ich will mich auf meine Erfahrung im IT-Bereich konzentrieren.

8. MORITZ: _____?
    ANTJE: Ich warte noch auf einen Anruf von meiner Freundin Uta in Berlin.

9. MORITZ: _____?
    ANTJE: Uta hat mich zu einem tollen Abend in Berlin eingeladen.

10. MORITZ: _____?
    ANTJE: Ich bin am meisten auf das Nachtleben in Berlin gespannt.

G. Ergänzen Sie. Ergänzen Sie diese Sätze mit Wörtern aus dem **Absprungtext**.

Aufführungen ▪ Ballettwerke ▪ bietet ▪ Bühne ▪ Denkmal ▪ Friedhof ▪ Geburtshaus ▪ Gegenwart ▪ Hymne ▪ klassischer ▪ komponierte ▪ Komponisten ▪ Opernhäuser ▪ Programm ▪ Raritäten ▪ reicht ▪ Saal ▪ Schöpfer ▪ stimmungsvollen ▪ übertragen ▪ Vorstellungen ▪ weltberühmter

1. Die Wiener Staatsoper ist eines der Top-_____ der Welt und die _____ der internationalen Opern-Elite.

2. Man führt rund 50 Opern und 20 _____ an 300 Tagen im Jahr auf und zwar bei täglich wechselnden _____.

3. Ein abwechslungsreiches _____ bietet auch die Wiener Volksoper, wo neben Opern auch schwungvolle Operetten und Musicals sowie erstklassige Ballett-_____ inszeniert werden.

4. _____ des Musiktheaters setzt die Wiener Kammeroper in Szene: selten gezeigte Operetten, Musicals und Singspiele sowie barocke und moderne Opern.

5. Im Sommer _____ die Wiener Kammeroper schwungvolle Aufführungen populärer Operetten im Schönbrunner Schlosstheater.

6. Millionen Musikfreunde aus der ganzen Welt kennen den Wiener Musikverein als traditionsreichen Veranstaltungsort _____ Musik.

7. Denn aus seinem Goldenen _____ wird alljährlich das Neujahrskonzert der Wiener Philharmoniker international im Fernsehen _____.

8. Ein weiterer Mittelpunkt des internationalen Konzertlebens ist das Wiener Konzerthaus im _____ Jugendstil-Ambiente.

9. Seine musikalische Bandbreite umfasst nicht nur das klassische Repertoire, sondern _____ vom Mittelalter bis zu progressivsten Tönen der _____.

10. Auf den Spuren _____ Musiker

11. In keiner anderen Stadt lebten so viele weltberühmte _____ wie in Wien.

12. In der Stadt befindet sich Europas meist fotografiertes _____—die goldene Johann-Strauß-Statue, gewidmet dem _____ des Donauwalzers und der Fledermaus.

13. Besuchen Sie jene Wohnung inmitten der Wiener Altstadt, wo Mozart *Figaros Hochzeit* _____, sowie seine letzte Ruhestätte auf dem romantischen Biedermeier-_____ St. Marx.

14. Das _____ des Liederfürsten Franz Schubert ist heute ebenso ein

Museum wie jenes Domizil von Joseph Haydn, wo er *Die Jahreszeiten* und die heutige

deutsche _____ schuf.

H. Welches Wort passt nicht? In each group of words below, select the one that doesn't really fit in with the others.

1. schaffen	hören	komponieren	schreiben
2. Wolfgang A. Mozart	Joseph Haydn	Ludwig van Beethoven	Billy Joel
3. Gedenkstätte	Bühne	Denkmal	Friedhof
4. Ballett	Singspiel	Operette	Musical
5. Konzert	Aufführung	Vorstellung	Musikfreunde
6. genießen	bewundern	übertragen	nachspüren
7. Geburtshaus	Opernhaus	Konzerthaus	Musikverein

I. Das deutsche Schulsystem. Complete the description of the German school system by supplying the appropriate adjective endings.

In Deutschland gibt es drei verschiedene Schularten. Alle drei fangen mit der (1) fünft____

Klasse an. Die Hauptschule ist eine (2) praktisch____ Schule. Ein (3) jung____ Hauptschüler

kann sich hier für einen (4) handwerklich____ Beruf wie Automechaniker, Elektriker oder

Bäcker entscheiden. In der (5) neunt____ Klasse beginnen diese Hauptschüler ihre

(6) praktisch____ Ausbildung in dem Beruf als Azubis. All diese (7) neu____ Azubis lernen

den Beruf vor Ort durch eine (8) dreijährig____ Lehre.

Die Realschule ist die mittlere Schule im (9) deutsch____ System. In dieser (10) tech-

nisch____ Schule kann man sich für einen (11) technisch orientiert____ Beruf entscheiden.

Nach der (12) zehnt____ Klasse hört die Realschule mit der (13) Mittler____ Reife auf.

Danach können diese Schüler ihren (14) erst____ Job suchen, oder sie können noch besser ein

(15) gut____ Praktikum suchen. Dann lernt der (16) neu____ Lehrling den Beruf von Grund

auf.

Das Gymnasium ist die (17) akademisch____ Schule in diesem (18) kompliziert____ System.

Von der (19) fünft____ Klasse bis zur (20) zwölft____ oder (21) dreizehnt____ Klasse haben

diese (22) intelligent____ Schüler und Schülerinnen sehr viel zu tun. Sie bekommen eine

(23) gründlich____ Ausbildung in Naturwissenschaften, Sozialwissenschaften, Fremdsprachen

und Literatur, Kunst, Musik und Sport. Am Ende von diesem (24) lang____ Bildungsweg

müssen sie noch eine (25) schwierig____ Prüfung, das Abitur, ablegen. Aber danach sind sie

qualifizert, an der Universität oder einer (26) ander____ Hochschule zu studieren.

J. Was ich gern habe. Complete the sentences to tell about what you like to do. Choose appropriate nouns and adjectives from the list. Use your own ideas to complete sentences 7 and 9.

Autos ▪ Bier ▪ Briefe ▪ Bücher ▪ Cola ▪ Fahrräder ▪ Film ▪ Freund ▪ Gedichte ▪
Kaffee ▪ Konzert ▪ Lieder ▪ Literatur ▪ Milch ▪ Musik ▪ Park ▪ Schwester ▪ Stadt •
Symphonie ▪ Tee ▪ Theaterstück ▪ Wurst ▪ Zeitschriften ▪ Zeitungen

alt ▪ amerikanisch ▪ deutsch ▪ heiß ▪ historisch ▪ interessant ▪ kalt ▪ kanadisch ▪ kurz ▪
lang ▪ langsam ▪ langweilig ▪ laut ▪ modern ▪ neu ▪ schnell ▪ sympathisch ▪ warm

☐ Wenn ich müde bin, höre ich gern _____ *klassische Musik* _____ .

1. Wenn es kalt ist, trinke ich gern _____.

2. Am Abend sehe ich gern _____.

3. Ich lese gern _____.

4. Wenn ich Freizeit habe, schreibe ich gern _____.

5. Wenn ich großen Hunger habe, esse ich gern _____.

6. Morgens, wenn ich aufstehe, höre ich gern _____.

7. Wenn ich genug Geld habe, kaufe ich gern _____.

8. Wenn ich Durst habe, trinke ich gern _____.

9. Am Wochenende gehe ich gern in _____.

10. Am liebsten fahre ich _____.

K. Woher denn? Answer these questions by creating an adjective out of the place name given.

☐ (Weißbier aus Berlin) Was für Bier trinkst du gern im Sommer?
Ich trinke im Sommer gern Berliner Weißbier.

1. (das Schauspielhaus in Hamburg) Wo sieht Frau Günther am liebsten modernes Theater?

_____

2. (die Bank aus Dresden) Wo hat Stefan sein Sparkonto eröffnet?

_____

3. (der Käse aus Limburg) Welcher Käse soll am meisten stinken?

_____

4. (das Oktoberfest in München) Welches ist das originale Oktoberfest?

_____

5. (der Lebkuchen aus Nürnberg) Welcher Lebkuchen ist der beste auf der Welt?

_____

6. (das Schnitzel aus Wien) Welches Schnitzel essen Kinder am liebsten?

_____

7. (der Dom in Köln) Welcher ist der bekannteste Dom in Deutschland?

_____

8. (das Käsefondue aus Zürich) Welches ist das beste Käsefondue in der Schweiz?

_____

L. Zwei Familien. Use the comparative forms of the following adjectives to compare the Daspel family to the Ketzel family.

<table>
<tr><td align="center">**Familie Daspel**</td><td align="center">**Familie Ketzel**</td></tr>
<tr><td></td><td></td></tr>
</table>

◼ alt
Herr Daspel ist älter als Herr Ketzel.
ODER:
Familie Ketzels Auto ist älter als Familie Daspels Auto.

1. billig _____

2. glücklich _____

3. groß _____

4. jung _____

5. klein _____

6. schön _____

7. teuer _____

8. radikal _____

9. freundlich _____

10. neu _____

M. Und wer hat das Beste? Continue comparing the Ketzels and Daspels, using the pictures. Use the superlative form of each adjective and a definite article in your answer.

◼ ein teueres Haus
Die Daspels haben das teuerste Haus.

1. junge Kinder _____

2. ein kleiner Hund _____

3. viele Fenster im Haus _____

4. ein großer Rasen° _____ *lawn*

5. schöne Blumen im Garten _____

6. ein sportliches Auto _____

7. ein unfreundlicher Teenager _____

8. ein guter Job _____

9. ein hohes Gehalt _____

10. ein glückliches Familienleben _____

N. Wer ist wer? Use superlative forms to nominate someone in your German class to be the best in each category. Then combine this statement with a subordinate clause that explains why that person is the best.

◼ zuverlässig

Angela ist die zuverlässigste Studentin in der Klasse, weil wir sie jeden Tag in der Klasse sehen.

1. dynamisch _____

_____

2. begabt _____

_____

3. gründlich _____

_____

4. diszipliniert _____

_____

5. motiviert _____

_____

6. selbstständig _____

_____

7. kontaktfreudig _____

_____

8. pünktlich _____

_____

9. kollegial _____

_____

10. lustig _____

_____

O. Lektüre: Richtig bewerben – Vorstellungsgespräch. Before he heads for Vienna, Karl decides to look for more advice on how to prepare for his interview. He finds the following article in **IZ – Informationszeitung der Berufsberatung.** Karl doesn't have much time to study this information; he can only scan it quickly for the best tips and advice. Do the same, then check your comprehension by marking your answers to the questions that follow.

Die Bewerbungen um eine Ausbildungsstelle sind verschickt – dann liegt die erste Einladung zu einem Vorstellungs-gespräch im Briefkasten. Jetzt kommt's drauf an.

RICHTIG BEWERBEN
Vorstellungsgespräch

Wer kennt nicht dieses Gefühl – das Herz pocht etwas stärker, die Sätze gehen nicht ganz so flüssig über die Lippen, und am liebsten wäre man ganz woanders. Nur – bei einem Vorstellungs-gespräch kann man nicht einfach aufstehen und „Bis dann!" sagen. Was tun?

Michael Schäfer, Berufsberater in Berlin, weiß, wie man die Aufregung vor einem Vorstellungsgespräch abbauen kann. Sein Rat: „Bereite dich auf das Gespräch gut vor!"

Zunächst die Kleidung: Man muss sich nicht übermäßig herausputzen – dann fühlt man sich nicht wohl. Aber es müssen auch nicht die abgetragenen Jeans sein, in denen man sich dem Personalchef oder dem Aus-bildungsleiter eines Betriebes präsentiert.

Gezielt vorbereiten

Noch wichtiger als die Kleidung: dass man hellwach und in guter Verfassung ist. Also früh ins Bett vor dem Vorstellungsgespräch und genügend Zeit für den Anfahrtsweg eingeplant. Wer auf die letzte Minute angerannt kommt, hat gute Chancen, einen konfusen Eindruck zu hinterlassen. Michael Schäfer: „Am besten ist man 15 Minuten vor der Zeit bei der Firma. Wer eine halbe Stunde vorher da ist, kann ja noch einen kurzen Spaziergang machen."

Eine gute Hilfe für das Bewerbungsgespräch: Zu Hause überlegen, welche Fragen man dem Per-sonalchef zum Betrieb stellen möchte. Hat man sich vorher über den Betrieb informiert und fragt gezielt, dann zeigt man Interesse: ein großes

Plus. Natürlich wird jeder Personalchef fragen, warum man sich für diese Ausbildung beworben hat. Vielleicht auch: Warum gerade bei diesem Betrieb? Darauf kann man sich schon zu Hause eine Antwort überlegen. Wer den Grund für die Wahl des Ausbildungsberufs einmal aufgeschrieben hat, dem fällt im Bewer-bungsgespräch mit Sicherheit etwas ein.

Interesse zeigen

Was wird von einem Jugendlichen erwartet, der sich bei Ihnen bewirbt? Jochen Turbanski, Leiter der Aus- und Weiterbil-dung bei der STILL GmbH, lacht: „Ganz nor-male Jugendliche sollen es sein!"

„Wichtig ist aber vor allem, dass ich mich mit dem Bewerber oder der Bewerberin unterhalten

kann. Fragt der Jugendliche nach, wenn er etwas nicht verstanden hat? Versucht er, Antworten auf meine Fragen zu finden?" So beschreibt Jochen Turbanski seine Erwar-tungen. Denn wer nachfragt, zeigt Interesse. Wer Interesse hat, lernt in der Ausbildung und schafft später den Abschluss. Natürlich sollte der Jugendliche auch sagen können, was er gerade an dem Ausbildungsberuf interessant findet, für den er sich bewirbt.

Was tun, wenn man nervös wird? „Ich war bei meinen eigenen Bewer-bungen auch aufgeregt," erinnert sich der Ausbil-dungsleiter. „Man kann doch einfach sagen, dass man jetzt aufgeregt ist. Dafür hat jeder Verständ-nis. Schlimm ist nur, wenn jemand sich verschließt und gar nichts mehr sagt."

Stimmt das? Indicate whether these statements are true or not.

	Ja, das stimmt.	Nein, das stimmt nicht.
1. Wenn man im Interview nervös ist, kann man nicht so fließend sprechen.	_____	_____
2. Es ist erlaubt, in einem Interview sehr informell zu sein.	_____	_____
3. Der beste Plan für ein Interview ist sich gut vorzubereiten.	_____	_____
4. Man kann ruhig alte Jeans und ein T-Shirt zum Vorstellungsgespräch tragen.	_____	_____
5. Man soll vor dem Vorstellungsgespräch genug schlafen.	_____	_____
6. Wer nicht pünktlich zum Interview kommt, kann einen konfusen Eindruck machen.	_____	_____
7. Es macht immer einen positiven Eindruck, wenn man ein paar intelligente, gut informierte Fragen stellen kann.	_____	_____
8. Es ist eine gute Idee, die Antworten zu möglichen Interviewfragen zu Hause aufzuschreiben.	_____	_____
9. Es ist vor allem wichtig, dass man im Interview nicht zu viele Fragen stellt.	_____	_____
10. Wenn man im Interview aufgeregt und nervös wird, soll man das zugeben und sagen, dass man jetzt aufgeregt ist.	_____	_____
11. Der Interviewer hat kein Verständnis dafür, wenn man nervös wird.	_____	_____
12. Es ist auch wichtig, dass der Bewerber erklären kann, warum er sich für den Beruf interessiert.	_____	_____

ZIELTEXT
Das Vorstellungsgespräch an der Wiener Staatsoper

P. Meine Notizen zum Vorstellungsgespräch. As soon as he's done with his interview with Frau Eichendorff, Karl sits down in a nearby café to write notes on what they discussed and what he forgot to talk about and needs to mention in his follow-up letter. Fill in the blanks with information from the **Zieltext**.

Interviewerin: _____

Titel: _____

Praktikum: _____

Dauer des Praktikums: _____

Meine Erfahrung: _____

Meine Stärken: _____

Fragen an mich: _____

_____

Meine Fragen an die Interviewerin: _____
_____

Vergessene Themen: _____
_____

Warum bin ich der beste Kandidat für dieses Praktikum? _____
_____

Q. Danke schön! After any interview, it's good form to follow up with a thank-you letter, expressing your appreciation for the interview, highlighting your good points, and mentioning anything you forgot during the interview. Use your notes to help organize Karl's letter, writing it in the first person (**ich**) and use as many superlatives as possible to explain why you are the best candidate for the internship.

Tübingen, den _____

Frau Elsbeth Eichendorff
Direktorin der Personalabteilung
Wiener Staatsoper
Opernring 2
A-1010 Wien
Österreich

Sehr geehrte Frau Eichendorff!

_____
_____
_____
_____
_____
_____
_____
_____
_____
_____
_____
_____

Mit freundlichen Grüßen
Ihr

Karl Schönemann

Karl Schönemann

R. Kreuzworträtsel.

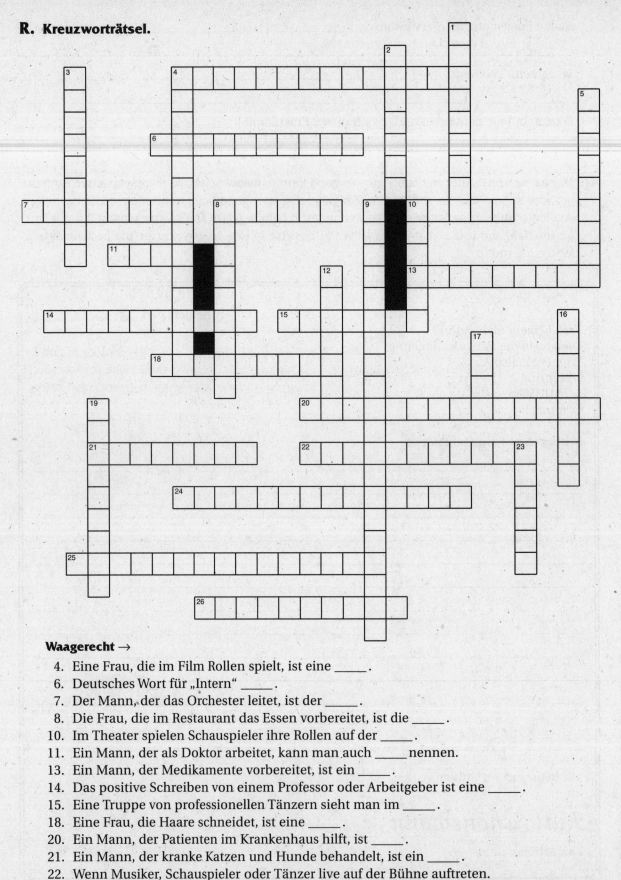

Waagerecht →

4. Eine Frau, die im Film Rollen spielt, ist eine _____ .
6. Deutsches Wort für „Intern" _____ .
7. Der Mann, der das Orchester leitet, ist der _____ .
8. Die Frau, die im Restaurant das Essen vorbereitet, ist die _____ .
10. Im Theater spielen Schauspieler ihre Rollen auf der _____ .
11. Ein Mann, der als Doktor arbeitet, kann man auch _____ nennen.
13. Ein Mann, der Medikamente vorbereitet, ist ein _____ .
14. Das positive Schreiben von einem Professor oder Arbeitgeber ist eine _____ .
15. Eine Truppe von professionellen Tänzern sieht man im _____ .
18. Eine Frau, die Haare schneidet, ist eine _____ .
20. Ein Mann, der Patienten im Krankenhaus hilft, ist _____ .
21. Ein Mann, der kranke Katzen und Hunde behandelt, ist ein _____ .
22. Wenn Musiker, Schauspieler oder Tänzer live auf der Bühne auftreten.

24. Eine Person, die gern neue Menschen kennen lernt, ist _____ .

25. Ein Mann, der im Labor Experimente durchführt, ist ein _____ .

26. Eine Person, die komplizierte Sachen analysieren kann, ist _____ .

Senkrecht ↓

1. Eine Person, die immer rechtzeitig ankommt, ist _____ .

2. Eine Statue, die an eine berühmte Persönlichkeit erinnert, ist ein _____ .

3. Eine Frau, die professionell Ratschläge gibt, ist eine _____ .

4. Ein Mann, der Romane oder Krimis schreibt, ist ein _____ .

5. Ein Mann, der das Design für neue Autos macht, ist ein _____ .

8. Der Mann, der die Musik geschrieben hat, ist der _____ .

9. Synonym für „Interview"

10. Eine Person, die viel Talent hat, ist sehr _____ .

12. Der Mann, der im Restaurant das Essen serviert, ist der _____ .

16. Eine Frau, die Häuser verkauft, ist eine _____ .

17. Einen Boss kann man auch _____ nennen.

19. Eine Fleischerin kann man auch _____ nennen.

23. Das Geld, das man monatlich bei der Arbeit verdient

S. Ein Stellenangebot in der Zeitung. The weekend newspaper is still a good place to find a job, but since these ads can be expensive, the employer is challenged to describe the job succinctly but completely. Read this ad for a job at Testo AG, then answer the questions that follow.

testo

Zeichen setzen für die Zukunft

Wir sind der führende Hersteller tragbarer elektronischer Messgeräte.

Wir verbinden die Stärken eines Konzerns mit der Flexibilität eines mittelständischen Unternehmens.

Wir beschäftigen insgesamt 1200 Mitarbeiter(innen) und sind mit 25 Tochterunternehmen in 23 Ländern weltweit vertreten.

Mein Name ist Michael Thurn. Ich bin Leiter Unternehmenskommunikation. Wir suchen für unser Team einen engagierten

Web-Master/Project Manager

als Motor und Promotor für unsere Web-Sites weltweit. Sie erkennen neue Trends im Online-Marketing und verbessern kontinuierlich die Usability der Sites. Sie übernehmen die Beratung und Unterstützung interner (internationaler) Interessensträger und verantworten die Koordination von Prozessen, die Erstellung und Abstimmung von Inhalten und die Führung externer Dienstleister. Sie analysieren, reporten und leiten Empfehlungen ab. Sie bringen auf Basis eines IT-technischen oder betriebswirtschaftlichen Studiums bereits einschlägige Erfahrungen im Management von Web-Projekten mit.

Engagement, Eigeninitiative, Teamgeist und kommunikative Fähigkeiten - auch in Englisch - sind sehr wichtig. Programmierkenntnisse (HTML, XML, J2EE, SQL) und sehr gute Kenntnisse in Internettechnologien sind von Vorteil.

Arbeiten Sie mit in unserem Team mit vielen internationalen Kontakten.

Wir freuen uns auf Ihre Bewerbung.

Testo AG, Frau Frieda Ebner
Testo-Str. 1, 79853 Lenzkirch
Tel. 07653/681-203
personal@testo.de

www.testo.de

Select the correct answer from the three options: **a**, **b**, or **c**.

1. Testo AG spezialisiert sich auf Produkte im Bereich der _____.

   a. Telekommunikation   b. Multimedien   c. elektronischen Messgeräte

2. Testo identifiziert sich als _____.

   a. kleine Firma
   b. mittelständisches Unternehmen
   c. multinationaler Großkonzern

3. Testo AG sucht einen Web-Master/Project Manager für ihre _____ Web-Sites.

   a. weltweiten   b. europäischen   c. deutschen

4. Der Web-Master/Project Manager wird im Team _____ arbeiten.

   a. Vertrieb   b. Unternehmenskommunikation   c. Controlling

5. Der Web-Master soll _____ die Usability der Web-Sites für Online-Marketing verbessern.

   a. durchgehend°   b. anfangs   c. dann und wann   *continuously*

6. Der Web-Master muss _____ beraten und unterstützen.

   a. internationale Kunden
   b. interne Mitarbeiter
   c. interne und internationale Mitarbeiter

7. Ein Hauptaspekt des Jobs ist _____ von Empfehlungen für die Web-Sites.

   a. das Analysieren   b. das Eliminieren   c. das Analysieren und Reporten

8. Von Kandidaten erwartet die Firma ein _____ Studium

   a. IT-technisches und betriebswirtschaftliches
   b. IT-technisches oder betriebswirtschaftliches
   c. fremdsprachliches oder betriebswirtschaftliches

9. Testo erwartet _____ Erfahrungen im Management von Web-Projekten von dem richtigen Kandidaten.

   a. kaum   b. solide   c. absolut keine

10. Außer den Programmiersprachen HTML, XML, J2EE und SQL muss der Kandidat auch _____ können.

    a. Deutsch   b. Englisch   c. Deutsch und Englisch

11. Das Wort „Eigeninitiative" ist wohl ein Synonym für _____.

    a. selbstständige Arbeit
    b. dynamische Kreativität
    c. gründliche Vorbereitung

12. Der richtige Web-Master muss _____ arbeiten können.

    a. im Team mit internationalen Kontakten
    b. selbstständig und allein
    c. am Wochenende

13. Der Chef von dem neuen Web-Master/Project Manager wird _____ sein.

    a. Herr A.G. Testo   b. Frau Frieda Ebner   c. Herr Michael Thurn

T. Mein Stellengesuch. Newspapers also run ads for people seeking employment. In a **Stellengesuch,** the job-seeker describes his/her qualifications, experience and the type of position sought. Based on your personal strengths, skills, expertise and work experience, write a **Stellengesuch** of 50–75 words that describes your qualifications and the type of work you are looking for. Refer to one of the following **Stellengesuche** as a model.

Teamleiterin Organisationsentwicklung / Strategische Projekte

Diplom-Kauffrau, Projektmanagement-Fachfrau (RKW-GPM), Mitte 30, ungekündigt[1] Berufserfahrung in Bank, Hochschule, Halbleiterindustrie in den Bereichen Unternehmensentwicklung[2], Strategisches Management, Vorstandsstab[3], Bildung.

Stärken: analytisches, vernetztes und konzeptionelles Denken, Wissensvermittlung[4], Beratung, schnelle Auffassungsgabe[5], sprachliche Gewandtheit.

Ziel: Festanstellung[6], Team-/Abteilungsleiterin in den Bereichen Personal-/Organisationsentwicklung, Weiterbildung[7], Projektmanagement, Inhouse Consulting, Strategisches Management.

Ich möchte mich in einer dynamischen und abwechslungsreichen Tätigkeit weiterentwickeln und Ihr Unternehmen bereichern[8]. Was halten Sie von einer Zusammenarbeit? Schreiben Sie mir bitte an …

---

[1]not fired   [2]corporate development   [3]board of directors   [4]dissemination of knowledge   [5]ability to catch on quickly
[6]permanent job   [7]continuing education   [8]enrich

Diploms-Betriebswirt, in ungekündigter Stellung eines internationalen Konzerns[1], sucht neue Herausforderung[2], vorzugsweise[3] bei renommierten Unternehmen der Markenartikelindustrie[4], Ich verfüge über[5] langjährige Berufserfahrung mit Schwerpunkt Vertriebsinnendienst. Arbeite selbstständig und zuverlässig. Mit meinem Kunden- und Serviceorientierungsgeschick[6] bin ich die effiziente Unterstützung für das Managementteam. E-Mail an …

---

[1]corporation   [2]challenge   [3]preferably   [4]brand-name goods   [5]possess   [6]skillfulness in customer and service orientation

---

_____
_____
_____
_____
_____
_____
_____
_____
_____

Feste, Feiertage und Ferien

ANLAUFTEXT
Aschenputtel

A. Ergänzen Sie. Complete the sentences with words from the **Anlauftext**.

1. Aschenputtels Mutter fühlte, dass sie _____ musste.

2. Die Mutter sagte Aschenputtel: „Bleib _____ und gut, und ich will vom _____ auf dich herabblicken."

3. Das Mädchen durfte nicht in einem Bett schlafen, sondern musste sich neben den _____ in die _____ legen.

4. Weil sie immer so _____ aussah, _____ sie sie Aschenputtel.

5. Eines Tages machte der Vater eine _____ und fragte, was er den drei Mädchen zurückbringen sollte.

6. Für die _____ brachte er Kleider und _____, aber für Aschenputtel brachte er einen _____ von einem Haselbaum.

7. Aschenputtel _____ den Zweig auf dem _____ ihrer Mutter.

8. Dreimal am Tag ging Aschenputtel unter den Baum, _____ und _____ .

9. Wenn das Mädchen sich am Grab etwas _____, so gab ihm das _____ alles, was es sich gewünscht hatte.

10. _____ _____ lud der König alle Mädchen im Land zu einem Fest ein, weil der Königssohn eine _____ suchte.

11. Aschenputtel wollte auch zum Tanz mitgehen, aber die Stiefmutter _____ es nicht.

12. „Rüttel dich und schüttel dich, wirf Gold und _____ über mich!"

13. Aschenputtel zog das Kleid an und ging zum Fest, aber ihre Stiefschwestern und Stiefmutter _____ sie nicht.

14. Der Königssohn hielt sie für eine fremde _____ und tanzte nur mit ihr.

15. Am dritten Tag wollte Aschenputtel wieder fortlaufen, aber diesmal _____ sie auf der _____ ihren linken Schuh.

16. Die älteste Schwester nahm den Schuh mit in ihr Zimmer und _____ ihn _____, aber der Schuh war zu klein.

17. Die Mutter reichte der ältesten Schwester ein _____ und sagte: „_____ die Zehe _____!"

18. Als sie am Grab vorbeiritten, riefen die Täubchen: „Rucke di guh, rucke die guh, _____ ist im Schuh."

19. Die jüngere Schwester probierte den Schuh an, aber ihre _____ war zu groß. Da nahm sie ein Messer und _____ die Ferse _____.

20. So probierte Aschenputtel den goldenen Schuh an und er _____ wie angegossen.

B. Die Bremer Stadtmusikanten, Teil 1. Supply the narrative past forms of these regular (weak) verbs to complete the first half of this well-known **Märchen**. The numbers in parentheses indicate how many times to use each verb.

antworten (3x) ▪ arbeiten (1x) ▪ auf•hören (1x) ▪ erzählen (1x) ▪
fragen (2x) ▪ hören (2x) ▪ kennen lernen (1x) ▪ klettern° (1x) ▪   *climb*
legen (1x) ▪ marschieren (2x) ▪ miauen (1x) ▪ sagen (4x)

Es war einmal ein alter Esel[1], der nicht mehr gut (1) ____*arbeitete*____ . Sein Herr hatte nicht viel Geld, und wollte ihn töten[2]. Der Esel fand diese Idee nicht sehr appetitlich, und (2) _____ laut: „Ich will nicht sterben[3]! Ich gehe nach Bremen und werde Stadtmusikant. Ich kann ja so schön singen."

Auf dem Weg nach Bremen (3) _____ er einen traurigen Hund _____. Er (4) _____ den Hund: „Warum bist du so traurig?" Der Hund (5) _____: „Ich bin alt, und kann nicht mehr schnell laufen, und jetzt will mein Herr mich töten. Ich will aber nicht sterben." „Das ist nicht so schlimm", (6) _____ der Esel, „komm doch mit mir nach Bremen und werde Stadtmusikant." Der Hund (7) _____ ja, und die zwei Tiere (8) _____ zusammen weiter.

Bald (9) _____ sie eine Katze, die sehr traurig (10) _____ . Der Esel (11) _____: „Was ist los? Warum miaust du so traurig?" „Ach",

[1]*donkey*   [2]*kill*   [3]*die*

(12) _____ die Katze, und dann (13) _____ sie

den zwei ihre Geschichte: „Ich bin alt und kann nicht mehr Mäuse fangen, und meine

Frau will mich jetzt töten. Ich will aber nicht sterben!" „Das ist nicht so schlimm",

(14) _____ der Esel. „Komm doch mit uns nach Bremen. Wir werden

Stadtmusikanten, und das kannst du auch." „Ja, gern", (15) _____ die Katze,

und die drei Tiere (16) _____ zusammen weiter.

Bald (17) _____ sie einen Hahn[4] traurig krähen[5]. Er war auch sehr alt, und

seine Frau wollte ihn in der Suppe essen. Er ging auch mit nach Bremen. Am Abend kamen sie

in einen großen dunklen Wald. Ihre lange Reise (18) _____ hier endlich

_____ . Der Esel und der Hund (19) _____ sich unter einen

Baum. Die Katze (20) _____ auf den Baum hinauf.

[4]rooster [5]crow

C. Die Bremer Stadtmusikanten, Teil 2. Complete the story with narrative past forms of these irregular (strong) verbs. The numbers in parentheses indicate how many times to use each verb.

an•fangen (1x) • bleiben • essen (2x) • finden (2x) • fliegen (1x) • gehen (2x) •
kommen (1x) • laufen (1x) • sehen (1x) • sein (1x) • sitzen (1x) • stehen (4x) • trinken (1x)

Der Hahn (1) _____*flog*_____ auf die Spitze[1] des hohen Baums. Von dort aus

(2) _____ er das Licht eines Hauses in der Ferne. Er erzählte den anderen

Tieren davon, und sie (3) _____ durch den Wald, um das Haus zu finden.

Als sie das Haus (4) _____ , schaute der Esel durch das Fenster. Die Räuber[2]

(5) _____ im Haus an einem großen Tisch und (6) _____

ein großes Abendessen. Die Tiere waren hungrig und diskutierten, wie sie das Essen bekom-

men könnten. Sie machten einen Plan. Der Esel (7) _____ am Fenster.

Der Hund (8) _____ auf dem Esel. Die Katze (9) _____

auf dem Hund, und der Hahn (10) _____ auf der Katze. Dann

(11) _____ sie alle _____ , zusammen zu singen. Die Räuber

waren so überrascht[3] und erschrocken[4], dass sie sehr schnell aus dem Haus in den dunklen

Wald (12) _____ .

Die Tiere (13) _____ in das Haus und (14) _____

den großen Tisch. Sie (15) _____ alles in den Flaschen und sie

(16) _____ alles, was auf dem Tisch (17) _____ . Dann

legten sie sich hin zum Schlafen. Um Mitternacht (18) _____ die Räuber

zurück, denn sie wollten sehen, wer oder was in ihrem Haus (19) _____ . Die

Tiere wachten auf und jagten die Räuber wieder weg. Dann lebten sie glücklich zusammen in

dem Haus.

[1]peak [2]robbers [3]surprised [4]shocked

D. Interpretation. Answer the questions about the **Bremer Stadtmusikanten** in complete German sentences.

1. Warum wollten die Tiere Stadtmusikanten in Bremen werden?

   _____

   _____

2. Warum wollten die Tiere das Haus im Wald finden?

   _____

   _____

3. Warum liefen die Räuber weg, als sie die Tiere singen hörten? War die Musik schön?

   _____

   _____

4. Was, glauben Sie, machten die Räuber am nächsten Tag?

   _____

   _____

5. Was meinen Sie? Was sagten die Räuber, als ihre Freunde fragten, warum sie nicht mehr in dem Haus im Wald wohnten?

   _____

   _____

E. Teenager sein. Use the narrative past of **wollen, sollen, dürfen, können,** and **müssen** to tell about five things you wanted to do, were allowed to do, could do, were supposed to do, or had to do when you were about 15 years old. Use phrases from the list or use your own ideas, and give reasons.

am Nachmittag ▪ am Abend ▪ am Wochenende ▪ jeden Morgen ▪
jeden Tag ▪ jeden Abend ▪ jede Woche ▪ im Winter ▪ im Frühling ▪ im Sommer ▪
im Herbst ▪ freitags ▪ samstags ▪ sonntags ▪ nach der Schule ▪ vor der Schule ▪
in der Schule ▪ bei der Arbeit ▪ beim Training ▪ bei den Hausaufgaben ▪
bei der Hausarbeit ▪ als ich 15 war

◻ *Ich wollte im Winter immer früh ins Bett gehen, aber ich musste immer spät ins Bett gehen, weil ich immer viele Hausaufgaben hatte.*

1. _____

   _____

2. _____

   _____

3. _____

   _____

4. _____

   _____

5. _____

   _____

F. Prinzessin Anna. Writing in her diary, Anna casts herself as a princess in a **Märchen**, trapped by an evil witch and longing for escape. Complete her tale by inserting the correct form of the **Präteritum** from the list below in the space provided.

freute ▪ gab ▪ hatte (2x) ▪ heiratete ▪ kaufte ▪ packte ▪ wollte (2x) ▪ zog

Teil I. Es war einmal eine junge Prinzessin namens Anna, die ein schönes Gesicht, viel

Intelligenz und ein Herz aus Gold (1) _____ . Ihr Bruder, Prinz Jeffrey, wurde

König und (2) _____ eine schöne Frau. Er (3) _____ das

Beste für seine Schwester, die Prinzessin, und hoffte, dass sie den richtigen Mann finden

würde. Er schickte sie auf eine Reise nach Deutschland, denn da (4) _____ es

intelligente junge Leute und gute Techno-Musik. Sie (5) _____ ihre Koffer,

(6) _____ ihre Turnschuhe an und fuhr ab. Sie verließ ihre Heimat,

Fortwaynia, aber sie (7) _____ sich auf die Zukunft. Anna

(8) _____ ganz allein reisen, aber sie (9) _____ ein bisschen

Angst. Sie (10) _____ ein Pferd, ritt tagelang von Fortwaynia in Richtig Osten,

dann erreichte sie das Meer.

Continue Anna's tale by choosing the appropriate verb forms from the following list.

hielt ▪ hörte ▪ machte ▪ sang ▪ saß ▪ sprach ▪ stand ▪ stieg ▪ war (2x) ▪ weinte

Teil II. Wie sollte sie über Meer nach Deutschland kommen? Am Strand

(11) _____ eine dunkle Figur vor einer Kutsche°. Die Prinzessin   *coach*

(12) _____ sie für eine alte Frau, aber in der Wirklichkeit

(13) _____ sie eine Hexe. „Komm, Kind," (14) _____

die Hexe, „du brauchst keine Angst zu haben." Dann stieg Anna in die Kutsche. Sie

(15) _____ damit einen großen Fehler. Die Türen schlossen sich und Anna

sprang auf. Sie schrie, aber niemand (16) _____ sie. Aus der Kutsche wurde

ein Käfig, und darin (17) _____ die Prinzessin wie ein gefangenes Tier.

Die Hexe setzte sich vorne hin und warf den Pferden einen bösen Blick zu. Auf einmal

(18) _____ der Käfig in die Luft! Die Hexe lachte und (19) _____ :

„Oh blondes Biest! Mein schönes Tier! Du findest keinen Prinzen hier!" Die Prinzessin

(20) _____ und ärgerte sich über ihre Dummheit, aber es

(21) _____ zu spät.

Finish Anna's tale by choosing appropriate verb forms from the following list.

blieb ▪ brachten ▪ konnte ▪ lachte ▪ nahm ▪ rief ▪ wollte ▪ wünschte ▪ zog

Teil III. In wenigen Stunden landete der Wagen vor dem dunklen Schloss der Hexe. „Raus

aus dem Wagen, mein schönes Tier!", (22) _____ die Hexe und

(23) _____ sie aus dem Wagen. Sie bat die Hexe um ihre Freiheit, aber die

Hexe (24) _____ ihr einfach ins Gesicht. „Deine Freiheit ist vorbei, deine

Wünsche sind mir einerlei. Ab heute gehörst du, Kind, nur mir und bleibst mein schönes

blondes Haustier." Die Hexe (25) _____ die arme Prinzessin in ein

Kämmerlein mit allem möglichen Luxus: sie (26) _____ Kabelfernsehen

schauen und sie durfte im Internet surfen, und wenn sie etwas essen

(27) _____ , (28) _____ ihr die Hausdiener alles, was sie sich

(29) _____ . Aber sie (30) _____ einsam und allein.

G. Die Rettung der Prinzessin Anna. Anna wasn't happy leaving her princess in such misery. Now it's time for a happy ending. Supply the correct **Präteritum** forms for all the verbs that are listed in the word bank before each paragraph.

begann ▪ dachte ▪ fragte ▪ mochten ▪ sah ▪ saß ▪ schrieb (2x) ▪ war

Teil I. Eines Tages (1) _____ Anna in der Ferne einen gut aussehenden jungen Mann, der auf einem Hügel (2) _____ und mit seinem Laptop eine

Seminararbeit (3) _____ . Konnte es wahr sein? Es (4) _____ .

Prinz Stefan, den sie in Deutschland kennen lernen wollte! Aber wie sollte sie ihn erreichen?

Aha, (5) _____ sie: Mit dem Computer! Sie fing an zu googeln und in

Sekunden erreichte sie den Prinzen-Chat. Sie (6) _____ zu schreiben, und

fast sofort trafen sie sich im Privat-Chat. Sie (7) _____ einander sofort. Er

(8) _____ ihr: „Wo können wir uns treffen?" Annas Mutter, die Königin

Hannelore, hatte sie immer vor fremden Männern gewarnt, aber: Hilfe!!!! SOS!!! Sie

(9) _____ ihn, ob er wirklich Mann genug wäre, eine arme Prinzessin zu

retten. „Aber klar", tippte er zurück. Könnte er das Schloss auf dem gegenüberliegenden Berg

sehen? Ja? Dahin müsste er kommen.

Finish Anna's tale by choosing the appropriate verb forms from the following list.

antwortete ▪ fielen ▪ gab ▪ hörte ▪ lief ▪ machte ▪ umarmten ▪ wartete

Teil II. Die Prinzessin (10) _____ hoffnungsvoll, und in Minuten

(11) _____ sie sein Klopfen an der Tür. Die Hexe (12) _____

die Tür auf und schrie ihn an: „Du blöder Mensch! Was willst du hier?" Er

(13) _____ : „Ich suche hier dein blondes Haustier, denn nimmermehr gehört

sie dir. Ich selber bin ein Zauberer, und—*zack!*—damit existierst du nicht mehr!" Die Hexe

verschwand in die Luft, und Annas Tür sprang auf. Freiheit! Sie (14) _____

durch die Gänge des Schlosses und endlich entdeckte sie ihren Prinzen. Sie

(15) _____ einander in die Arme, und sie (16) _____ sich.

Vielleicht (17) _____ sie ihm sogar einen Kuss. Und wenn sie nicht gestorben

sind, dann leben sie vielleicht noch heute ... in Tübingen.

H. Lektüre: Auf die Besen°, fertig, los! Read the following newspaper article about   *brooms* **Walpurgisnacht** celebrations in the Harz Mountain region. Check your comprehension of the reading by marking your answers to the **Stimmt das?** questions.

Auf die Besen, fertig, los! Zur Walpurgisnacht ist im Harz die Hölle los – Hexenspektakel satt

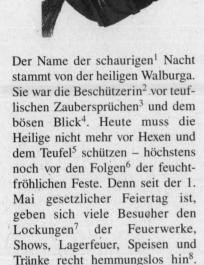

Der Name der schaurigen[1] Nacht stammt von der heiligen Walburga. Sie war die Beschützerin[2] vor teuflischen Zaubersprüchen[3] und dem bösen Blick[4]. Heute muss die Heilige nicht mehr vor Hexen und dem Teufel[5] schützen – höchstens noch vor den Folgen[6] der feuchtfröhlichen Feste. Denn seit der 1. Mai gesetzlicher Feiertag ist, geben sich viele Besucher den Lockungen[7] der Feuerwerke, Shows, Lagerfeuer, Speisen und Tränke recht hemmungslos hin[8]. Mehr als 100 000 Gäste werden auch dieses Jahr wieder im Harz erwartet, Zehntausende allein rund um den Brocken[9].

Wilde Fantasien beflügelten[10] einst die Menschen, wenn sie an Walpurgisnacht dachten. In der Nacht zum 1. Mai ritten, so der Aberglaube[11], Hexen und böse Zauberinnen auf Besen[12] oder Ziegenböcken[13] auf dem Brocken, um dort mit dem Teufel ausgelassene Orgien[14] zu feiern[15]. Heute lehrt der Hexensabbat nicht mehr das Fürchten. „Die Walpurgisnacht hat nichts Kultisches mehr an sich," sagt Ingolf Christiansen, Beauftragter[16] der Evangelischen Kirche für Weltanschauungsfragen[17]. „Für den Harz ist es vielmehr eine Touristenattraktion. Und alles ist verkommerzialisiert."

Der Volkskundler[18] Gunther Hirschfelder von der Universität Bonn nennt die Walpurgisfeiern in einem Atemzug mit dem österlichen Eiersuchen und dem Schmücken von Weihnachtsbäumen. Einen ursprünglichen[19] Walpurgiskult gab es wohl nie. Hirschfelder: „Was wirklich am Brocken passiert ist, wissen wir nicht. Aber es gab seit jeher den Tanz in den Mai." Auch wenn es jemals Hexen auf dem Blocksberg (Brocken) gegeben haben sollte: Heute müssten sie wie alle Walpurgis-Feiern im Tal bleiben: Laute GipfelFeste sind verboten. Doch ansonsten ist im ganzen Harz der Teufel los[20] – eine Fest-Auswahl finden Sie unten: <u>www .harzinfo.de</u>.

Brocken. Das spektakulärste Programm verspricht die Gemeinde Thale auf dem sagenhaften[21] Hexentanzplatz. Ab 15 Uhr soll es dort den größten Hexenkessel[22] des Harzes geben: Von mystischen Klängen aus Draculas Heimat bis zu heißen Samba-

Rhythmen reicht das bunte Showprogramm. Eine Stunde vor Mitternacht verwandelt sich[23] die Wirklichkeit in einen Traum: Vier gewaltige Surround-Ton-Tower und Highend-Raum-Laser starten ihr Höllenspektakel, bis um Mitternacht das Feuerwerk[24] losbricht. Aber Vorsicht: Wer Angst vor Menschenmassen hat, sollte den Hexentanzplatz zu Walpurgis meiden[25]! Vorsicht auch in Schierke: 10 000 Besucher werden am Fuß des Brocken erwartet. Geboten wird ein bunter Mix aus mittelalterlicher Musik, Feuern und Tanz. Von Mittag an pendeln Shuttle-Busse zwischen Wernigerode und Schierke.

*Von Dorothée Junkers und Matthias Brunnert, **Neue Presse** (Hannover), 29. April 2006, Seite 6.*

---

[1]*gruesome* [2]*protector* [3]*magic spells* [4]*evil eye* [5]*devil* [6]*repercussions* [7]*temptations* [8]***sich hingeben:*** *devote themselves to* [9]*"the Chunk", popular name of the Blocksberg* [10]*inspired* [11]*superstition* [12]*brooms* [13]*billy goats* [14]*orgies* [15]*celebrate* [16]*representative* [17]*worldview issues* [18]*ethnologist* [19]*original* [20]*all hell's broken loose; there's a lot going on* [21]*legendary* [22]*witches' cauldron* [23]*transforms* [24]*fireworks* [25]*avoid*

Stimmt das? Indicate whether these statements are true or not.

	Ja, das stimmt.	Nein, das stimmt nicht.
1. Der 1. Mai ist ein legaler Feiertag in Deutschland.	_____	_____
2. Der Name vom Fest stammt von einer germanischen Heiligen namens Walmurga, der Göttin von Wal-Mart.	_____	_____
3. Walburga sollte Menschen vor Zaubersprüchen und dem bösen Blick schützen.	_____	_____
4. Heute brauchen Festbesucher eher Schutz vor den kalorienreichen Lockungen der Walpurgisnacht.	_____	_____
5. Unter anderen Attraktionen finden Touristen Musik, Shows, Feuerwerk, Lagerfeuer und eine Laser-Show.	_____	_____
6. Dem Aberglaube nach sollten sich Hexen und Zauberinnen in der Walpurgisnacht auf dem Brocken treffen, um dort Besen zu reiten und Orgien mit dem Teufel zu feiern.	_____	_____
7. Moderne Hexen feiern heute noch Orgien auf dem Brocken und haben in Deutschland ihre eigene Kirche.	_____	_____
8. Die Evangelische Kirche in Deutschland kämpft aktiv gegen das Feiern der Walpurgisnacht.	_____	_____
9. Die Gemeinde Thale bietet das spektakulärste Programm mit Musik-Shows, Laser-Show und Feuerwerk.	_____	_____
10. Wer Walpurgisnacht direkt am Brocken feiern will, muss auf dem eigenen Besen reiten, um dort Musik, Tanz und Lagerfeuer zu erleben.	_____	_____

ABSPRUNGTEXT
Braunwald autofrei: Ein Wintermärchen ...
hoch über dem Alltag

I. **Ergänzen Sie.** Complete the sentences with words from the **Absprungtext**.

Alltag ▪ Anfänger ▪ ehemaligen ▪ fehlt ▪ Gast ▪ Geniesser[1] ▪ gestresste ▪
gewöhnen ▪ gutgelaunte ▪ klettert ▪ Landschaft ▪ Langlaufloipe ▪ Postbote ▪
Schweizer ▪ steigen ... aus ▪ Stimmung ▪ Tal ▪ Wandel ▪ Wunder ▪ Zukunft

1. Nach Braunwald führt keine Strasse, nur ein Bähnli in die _____.

2. In dieses Bähnli steigen unten im _____ Menschen aus dem
   Unterland.

3. Sie sind müde vom _____, den grauen Wolken und langen Nebeltagen.

4. Das rote Bähnli rüttelt sich und schüttelt sich und _____ durch den
   Schnee.

5. Im Bähnli findet das _____ des _____s statt.

6. Unten sind sie _____ Stadtmenschen; oben _____
   gutgelaunte Ferienmenschen _____.

7. Der _____ bringt die Morgenzeitung auf seinem Schlitten.

8. Einfach keine Autos! – Es _____ das Dröhnen der Motoren.

9. Man muss sich zuerst an die saubere Luft _____.

10. _____ Spaziergänger in einer echten Postkarten- _____.

11. Was den Winter attraktiv macht, ist in Braunwald zu finden: ein Schlittenparadies, eine
    _____ und eine _____ Skischule.

12. Es gibt Pisten für die _____ Skistars von damals und für die ewigen
    _____, die gar nie Pistenraser werden wollen.

13. Eine herzliche, unkomplizierte Gastfreundschaft. Ein gutes Gefühl,
    _____ in einem gastlichen Haus zu sein.

14. Abendliches Wintermärchen Braunwald hat zauberliche _____.

15. Braunwald ist nichts für die Massen, sondern für echte _____.

[1]In Swiss German, the **ß** used in standard German spelling is replaced with a double **s**. As a result, in Swiss German texts, the words **Genießer** and **Straße** are printed **Geniesser** and **Strasse**.

J. Das gehört nicht hierher! Look at these sets of four words. One of the words in each group doesn't fit in with the others. Mark it as the odd one out.

1. gutgelaunt	gestresst	müde	überarbeitet
2. Alltag	Arbeit	Ferien	Hausaufgaben
3. Spaziergänger	Pferdeschlitten	Langlaufloipe	Autos
4. Fortgeschrittene	Skistars	Anfänger	Pistenraser
5. Schock	Lebensfreude	Herzlichkeit	Glück

K. Die tollen Tage. David, a German major, is writing a report about his experiences as an exchange student in Germany. Complete his story about the **Karneval** by supplying the past perfect forms, e.g., **war gegangen**, of the verbs in the list.

ab•schneiden ▪ an•fangen ▪ durch•machen ▪ ein•laden ▪ erzählen ▪
feiern ▪ halten ▪ sehen ▪ tanzen ▪ trinken

Als ich in Deutschland war, habe ich Karneval gefeiert. Das war toll. Nachdem die Karnevalssaison (1) _____ _____, habe ich viele interessante Dinge gesehen, besonders an Altweiberfastnacht. Nachdem drei Frauen ein Stück von meiner Krawatte (2) _____ _____, habe ich keine Krawatte mehr gehabt. Zum Glück (3) _____ mir ein Freund von dieser alten Tradition _____, und ich habe an dem Tag eine sehr alte Krawatte getragen. Dieser Freund war auch Mitglied einer Narrengesellschaft und er (4) _____ mich zu einer Kappensitzung _____, lange bevor ich nach Deutschland kam. Wir haben getanzt, nachdem der Narrenkönig seine Rede (5) _____ _____. Nachdem mein Freund mit der Narrenkönigin (6) _____ _____, habe ich auch mit ihr getanzt. Das hat mir Spaß gemacht. Nachdem ich am Rosenmontag den Umzug in Köln (7) _____ _____, bin ich am Karnevalsdienstag auf eine große Party gegangen. Am nächsten Tag musste ich den ganzen Nachmittag schlafen, weil ich die Nacht (8) _____ _____ und erst gegen Sonnenaufgang ins Bett ging. Weil ich viel zu viel Wein (9) _____ _____, hatte ich am Aschermittwoch den ganzen Tag einen Kater. Ich (10) _____ meinen ersten Karneval ein bisschen zu toll _____ und musste mich erholen.

L. Ein schlechter Tag. Complete the sentences to tell about a real or fictitious bad day. Use some of the phrases from the list and some of your own ideas and write sentences in the narrative past (**das Präteritum**).

> aus dem Bett fallen ▪ kaputt sein ▪ kein Geld haben ▪ keinen Sitzplatz bekommen ▪
> Kopfschmerzen haben ▪ nicht richtig funktionieren ▪ saure Milch trinken

◼ Als ich aufgestanden bin, *hatte ich Kopfschmerzen* _____.

1. Als ich frühstücken wollte, _____.

2. Als ich aus dem Haus ging, _____.

3. Als ich zur Arbeit fahren wollte, _____.

4. Als ich einen Hamburger zum Mittagessen kaufen wollte, _____.

5. Als ich mit dem Bus nach Hause fuhr, _____.

6. Als ich einen Film im Fernsehen sehen wollte, _____.

7. Als ich schlafen gehen wollte, _____.

M. Eine Ferienreise planen. Rita, Emmy, and Bruno are planning to take a trip together during their winter vacation. Use **wenn, wann, ob**, and **als** to complete their conversation.

RITA: Na, ihr zwei – (1) _____ wollen wir unsere Ferienreise machen?

BRUNO: Ich weiß nicht, (2) _____ ich mitfahren kann. Ich muss ein Examen schreiben.

EMMY: (3) _____ musst du das Examen schreiben?

BRUNO: Erst im März, aber ich muss viel lernen.

RITA: (4) _____ wir im Februar wegfahren, ist das doch kein Problem!

EMMY: Ja, und letztes Jahr, (5) _____ du unbedingt in Urlaub fahren musstest und wir auch unbedingt mitfahren mussten, war das kein Problem.

BRUNO: Ja, O.K., fahren wir im Februar. Wollt ihr in die Schweiz fahren?

RITA: Die Schweiz ist allerdings teuer. Ich weiß nicht, (6) _____ ich genug Geld habe.

EMMY: Wir wollen sicher alle Ski laufen, und (7) _____ wir in einer Jugendherberge übernachten, ist es nicht so teuer.

RITA: Ja, das stimmt. Was meinst du, Bruno?

BRUNO: Ich weiß nicht, (8) _____ ich Ski laufen möchte. (9) _____ mein Bruder letztes Jahr Ski gelaufen ist, hat er sich das Bein gebrochen.

EMMY: Ach, Bruno, für die Prüfung brauchst du deine Beine doch nicht! Du brauchst nur deinen Kopf!

RITA: Stimmt. Also, fahren wir in die Alpen. Aber (10) _____ fahren wir genau – in der dritten oder in der vierten Februarwoche?

N. Meine Heimat. Use the genitive case to describe the most notable features of your hometown, state, or province.

◼ Fluss, lang (Name Ihres Bundesstaats/Ihrer Provinz)

Der längste Fluss meines Bundesstaats/meiner Provinz ist [der Mississippi].
ODER:
Der längste Fluss [Minnesotas] ist [der Mississippi].

1. Stadt, groß (Name Ihres Bundestaats/Ihrer Provinz)

   _____

2. Industrie, wichtig (Name Ihres Bundesstaats/Ihrer Provinz)

   _____

3. Hauptstadt (Name Ihres Bundesstaats/Ihrer Provinz)

   _____

4. Berg, hoch (Name Ihres Bundesstaats/Ihrer Provinz)

   _____

5. Tal, bekannt (Name Ihres Bundesstaats/Ihrer Provinz)

   _____

6. die drei Städte, groß (Name Ihres Bundestaats/Ihrer Provinz)

   _____

7. See, bekannt (Name Ihres Bundesstaats/Ihrer Provinz)

   _____

8. Person, bekannt (Name Ihrer Heimatstadt)

   _____

O. Feste und Feiertage. Use the genitive case to make a statement about the holidays in German-speaking countries.

◼ der Besuch, der Weihnachtsmann, 25. Dezember
Der Besuch des Weihnachtsmanns ist am 25. Dezember.

1. der Anfang, das neue Jahr, Neujahr

   _____

2. der Tag, die Arbeit, 1. Mai

   _____

3. der Tag, die deutsche Einheit, 3. Oktober

   _____

4. das größte Fest, die Stadt München, Oktoberfest

   _____

5. die Spezialität, das Bierzelt, eine Maß Bier

   _____

6. das Ende, die Fastenzeit, Ostern

   _____

7. der Sommerspaß, die kleinen Dörfer und Gemeinden, der Jahrmarkt oder die Kirmes

_____

8. die Feiertage, die jüdische Gemeinde, Chanukka

_____

9. das große Fest, der Islam, das Ramadanfest

_____

10. der schönste Geruch, der Weihnachtsmarkt, der Lebkuchen

_____

11. das Ende, das Jahr, Silvester

_____

12. das Ende, die Karnevalssaison, Aschermittwoch

_____

P. Was war der Grund dafür? Anna's travel mates in Braunwald keep surprising her with decisions she didn't know about. Pick the appropriate genitive preposition from the list to finish each statement.

anstatt ▪ außerhalb ▪ innerhalb ▪ trotz ▪ während ▪ wegen

1. ANNA: Warum schläfst du jetzt neben der Tür?

   BETTINA: _____ der Kälte beim Fenster! Hier ist es viel wärmer!

2. ANNA: Moment, was habt ihr mit meinen Skiern gemacht?

   REGINE: Mensch, Anna, hier im Zimmer gibt's keinen Platz dafür! Ich habe sie

   _____ des Zimmers auf den Gang gestellt.

3. ANNA: Wo sind Karl und Stefan?

   BETTINA: _____ ihres Frühstücks haben sie ihre Skier genommen

   und sind zum Lift gelaufen!

4. ANNA: Wann können wir uns entscheiden, was wir heute Abend machen?

   KARL: Das sollen wir später _____ der Mittagspause mit

   den anderen diskutieren.

5. ANNA: Warum isst du wieder Pizza, wenn dir die Schweizer Pizza nicht schmeckt?

WILLY: Tja, die schmeckt wirklich nicht besonders, aber _____ der fraglichen Qualität brauche ich halt meine Pizza.

6. ANNA: Heh, was machst du denn da in meinem Schneeschloss?

STEFAN: Du, Anna, draußen ist es saukalt, aber _____ deines Schlosses ist es recht gemütlich. Das hast du aber super gemacht, Anna!

ANNA: Herzlich willkommen, Stefan!

Q. Lektüre: Die Schweizerische Hauptstadt Bern. Anna's group has a couple of days more to spend in Switzerland after skiing. Anna has always wanted to see the capital, Bern, and looks up information online about it. Check your comprehension of the reading by marking your answers to the **Stimmt das?** questions.

Bern: UNESCO Weltkulturerbe[1]

Bern ist seit 1983 UNESCO Weltkulturerbe. Die romantische Hauptstadt der Schweiz wurde 1191 gegründet und hat noch heute eine der besterhaltenen mittelalterlichen Altstädte Europas.

Nebst[2] dem authentischen Stadtkern[3] – mit Münster (1421) und Zeitglockenturm (1218) – gibt es in Bern viel zu sehen und zu erleben: z.B. die weltgrößte Sammlung des berühmten Malers Paul Klee, den ältesten und prunkvollsten Tausendblumen-Teppich der Welt im historischen Museum und das Einstein-Haus. Oder 6 km Shopping unter den Arkaden sowie farbige Märkte. Ein Besuch des Parlaments ist ebenso lohnenswert wie ein Bad im glasklaren Fluss Aare, mitten in der Stadt.

Das Zentrum Paul Klee: Bern schlägt Wellen[4]

Das Zentrum Paul Klee geht weit über die Grenzen eines traditionellen Kunstmuseums hinaus. Die drei Wellen des italienischen Architekten Renzo Piano, eingebettet in eine Landschaftsskulptur, verstehen sich vielmehr als interdisziplinäres Kulturzentrum.

Als eine Begegnungsstätte,[5] welche die vielfältigen Bezüge[6] Paul Klees zu Kunst, Musik und Literatur immer wieder neu darstellt und dabei auch der jüngeren Generation viel Platz lässt.

Kernstück ist die weltweit umfassendste Sammlung an Werken des Künstlers Paul Klee. Staunen Sie über sein Leben und Werk und erleben Sie einen der bedeutendsten bildenden Künstler des 20. Jahrhunderts, von dessen Lebenswerk 4 000 Gemälde, Aquarelle, Zeichnungen, Handpuppen, Skizzen und andere Werke im Zentrum Paul Klee zu sehen sind.

Bundeshaus

Bereits 1852 begann der Bau des Bundeshauses (heute Bundeshaus West). 1884 wurde es durch das spiegelbildliche[7] Bundeshaus Ost ergänzt und 1902 durch das mittlere Parlamentsgebäude zu einem dreiteiligen Gebäudekomplex erweitert[8]. Insgesamt 38 Künstler aus allen Landesteilen waren für die Dekorationen am Bundeshaus verantwortlich[9].

Das Bundeshaus ist der Sitz der Schweizer Regierung (Bundesrat) und des Parlaments (National- und Ständerat). Das Parlamentsgebäude wurde 1902 vollendet. In der zentralen Kuppelhalle und in den beiden Ratssälen befinden sich[10] zahlreiche symbolische Darstellungen zur Schweizer Geschichte.

---

[1]*World cultural heritage* [2]*In addition to* [3]*city core* [4]*makes waves* [5]*place of encounter* [6]*references* [7]*mirrored*
[8]*wurde ... erweitert: was added on and expanded* [9]*responsible* [10]*are located*

Stimmt das? Indicate whether these statements about the readings are true or not.

	Ja, das stimmt.	Nein, das stimmt nicht.
1. Bern ist seit 1983 das europäische Hauptquartier der UNESCO.	_____	_____
2. Bern besitzt eine der schönsten mittelalterlichen Altstädte in Europa.	_____	_____
3. In Bern findet man keine Werke des Künstlers Paul Klee mehr.	_____	_____
4. In Bern gibt es ein Haus, das man aus einem Stein gemacht hatte.	_____	_____
5. Man kann mitten in der Stadt im Fluss Aare schwimmen gehen.	_____	_____
6. Das Zentrum Paul Klee ist das Werk eines italienischen Architekten.	_____	_____
7. Die Schweizer halten Klee für einen der bedeutendsten Künstler des 20. Jahrhunderts.	_____	_____
8. Im Zentrum Paul Klee kann man über 4.000 Gemälde und andere Werke von verschiedenen Schweizer Künstlern sehen.	_____	_____
9. Der Bau des Schweizer Bundeshauses begann 1852 und hörte 1902 auf.	_____	_____
10. Im Bundeshaus ist die Schweizer Regierung und das Parlament gehaust.	_____	_____

ZIELTEXT
Stefans Puddingschlacht

R. Kreuzworträtsel.

Waagerecht →

1. Ein extrem kleiner Mann ist ein ____.
6. Wenn die Schuhe nicht zu groß und nicht zu klein sind, dann ___ sie.
7. Eine gute ____ hilft Aschenputtel in der amerikanischen Version des Märchens.
10. Die Schweiz hat eine ____ mit Frankreich, Italien, Liechtenstein, Österreich und Deutschland.
11. Die böse Königin hat Schneewittchen in ihrem Zauber-____ gesehen.
16. Der Rhein ist der längste ____ der Schweiz.
17. Zürich ist die größte ____ der Schweiz.
18. Die Dufourspitze in Wallis ist der höchste ____ der Schweiz.
19. Ein kleines grünes Tier, das im Wasser lebt, ist ein ____.
20. Der Genfersee ist der größte ____ der Schweiz.

21. Synonym für sehr religiös und gläubig
22. Bern ist die ____ der Schweiz.
27. Eine böse ____ wollte Hänsel essen, aber Gretel hat ihn gerettet.
28. Die rote Flüssigkeit in Menschen und Tieren ist ____.
29. Ein ____ sucht und schießt Tiere.

Senkrecht ↓

2. Wenn etwas Kleines jeden Tag ein bisschen größer wird.
3. Der Vater eines Prinzen ist ein ____.
4. Jeder Fuß hat fünf ____.
5. Äpfel, Kirschen und Pflaumen hängen vom ____ eines Baumes.
8. Schneewittchen starb, weil sie einen ____en Apfel gegessen hatte.
9. Man schneidet Brot (und Zehen und Fersen) mit einem ____.
11. Schneewittchens böse ____ hatte ihr den Apfel gegeben.
12. Im Friedhof findet man das ____ von einem Gestorbenen.
13. Die ____ der Schweiz hat drei Teile: Jura, Mittelland und Alpen.
14. Graubünden ist der größte ____ der Schweiz.
15. Wenn Menschen aufhören zu leben.
17. Synonym für ungewaschen und dreckig.
23. Der Gotthardpass ist der bekannteste ____ der Schweiz.
24. Das Rhônetal ist das wichtigste ____ der Schweiz.
25. Rotkäppchens Großmutter wohnte in einem Haus in einem großen dunklen ____.
26. Das Matterhorn in der Wallis ist der bekannteste ____ der Schweiz.

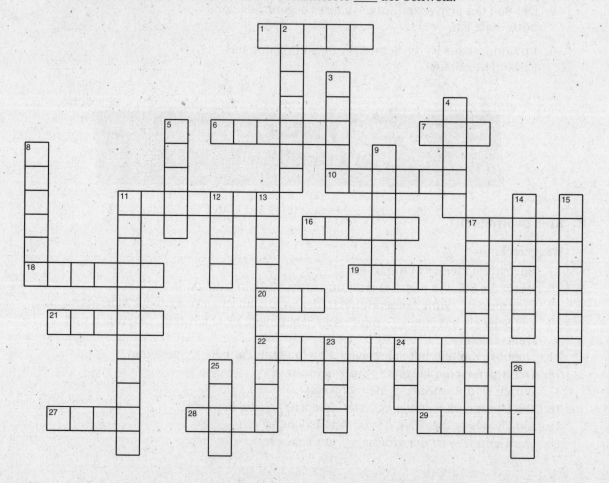

S. So waren meine Ferien in der Schweiz! Over spring break, you and a friend have taken a trip to Switzerland, and you decide to write your German instructor a postcard. Tell him/her about your journey and every place you visited and everything you did in Switzerland. Use the **Präteritum** when appropriate.

```
┌─────────────────────────────────────────────────────┐
│                                          ┌────────┐  │
│                                          │100 HELVETIA│
│                                          │        │  │
│                                          │        │  │
│                                          │ A PRIORITY │
│                                          │ PRIORITAIRE│
│                                          └────────┘  │
│                                  _____  │
│                                                       │
│                                  _____  │
│                                                       │
│                                  _____  │
│                                                       │
│                                  _____  │
│                                                       │
└─────────────────────────────────────────────────────┘
```

T. Lektüre: Käsesagen°. As Anna and everyone else knows, some of the   *tales about cheese* world's best cheese comes from Switzerland. To her great surprise, Anna finds this tale about the invention of cheese and does her best to understand it, despite some technical vocabulary. Read the story and answer the **Stimmt das?** questions.

Käsesagen
Das Geheimnis des Teufels
Es war einmal vor langer, langer Zeit. Da trieben die Bauern aus Brigels (Graubünden) ihre Kühe auf die Weide, wie sie es heute noch tun, und sie melkten ihre Kühe, wie sie es heute ebenfalls noch tun. Aber anschliessend tranken sie die ganze Milch – sie hatten keine Ahnung, was sie damit sonst hätten tun können.

Eines Tages kam ein gut angezogener Fremder ins Dorf. Niemand kannte ihn und niemand wusste, woher er kam. Er schien ein Mensch zu sein, der Respekt verdiente – auch wenn seine Augen so hell waren wie brennende Kohle.

Dieser Fremde fragte die Bauern, warum sie denn die ganze Milch tränken.

„Wir würden gerne etwas anderes damit tun, aber was denn?" sagten die Bauern.

Da setzte sich der Fremde hin, krempelte seine Ärmel hoch und zeigte ihnen, wie man Käse macht. Die Bauern waren natürlich begeistert und fragten, was man denn mit der Flüssigkeit[1] machen könne, die übriggeblieben war.

---

[1]*fluid, liquid*

Der Fremde setzte sich wieder hin und zeigte den Bauern, wie man Ziger[2] macht. Die Bauern waren wiederum begeistert. Da fragte der Fremde, ob sie wüssten, was man mit der übriggebliebenen Flüssigkeit (Schotte[3]) machen könne. „Wasser ist Wasser und wird nie etwas anderes sein !" sagte ein alter Mann.

„Das denkt Ihr. Und jetzt werdet Ihr nie erfahren, was man daraus machen könnte," sagte der Fremde und war so plötzlich verschwunden, wie er aufgetaucht[4] war. Und die Bauern erinnerten sich an seine brennenden Augen und ihnen wurde klar, dass sie dem Teufel begegnet[5] waren und sie die Gelegenheit verpasst hatten, zu erfahren, was man aus der Schotte machen könnte ...

[2]curds, Quark   [3]whey   [4]appeared   [5]met

Stimmt das? Indicate whether these statements are true or not. If they are not true, **was stimmt?** Make the false statements true.

	Ja, das stimmt.	Nein, das stimmt nicht.
1. Diese Geschichte fand vor langer Zeit statt.	_____	_____
2. In der alten Zeit trieben die Bauern ihre Kühe auf die Weide, genau wie heute.	_____	_____
3. Sie melkten die Kühe und machten sofort daraus Butter und Quark.	_____	_____
4. Eines Tages kam ein Fremder mit blauen Augen ins Dorf.	_____	_____
5. Der Fremde fragte, warum die Bauern die ganze Milch tranken.	_____	_____
6. Der Fremde zeigte den Bauern, wie man Käse macht, und die Bauern waren begeistert.	_____	_____
7. Der Fremde wusste allerdings nicht, was er mit der übrig gebliebenen Flüssigkeit von der Milch machen sollte.	_____	_____
8. Nachdem sie gelernt hatten, aus der Flüssigkeit Ziger zu machen, luden sie den Fremden zu einem Bier ein.	_____	_____
9. Der Fremde wollte ihnen zeigen, was sie mit der Restflüssigkeit (Schotte) machen konnte, aber ein alter Bauer hat ihn geärgert.	_____	_____
10. Der alte Bauer hielt die Flüssigkeit für Wasser und sonst nichts.	_____	_____
11. Der Fremde verschwand so schnell, wie er gekommen war.	_____	_____
12. In dem Moment erkannten die Bauern, dass es der Teufel gewesen war.	_____	_____

Geschichte und Geographie Deutschlands

ANLAUFTEXT
Was würdest du dann vorschlagen?

A. Ergänzen Sie. Complete the sentences with words from the **Anlauftext**.

1. Anna kommt später als erwartet nach Hause und _____ sich bei Onkel Werner.

2. Um die Kuppel des Reichstags zu _____, hätte Anna stundenlang _____ müssen.

3. Der Reichstag ist das _____ Nummer Eins geworden.

4. Dann ist Anna zum Brandenburger _____ gelaufen, weil sie dort die _____ sehen wollte, aber da war nichts.

5. Dass sie in der East Side Gallery und der Bernauerstraße noch Mauerreste finden, ist gut, denn das würde Anna schon _____.

6. Dann sagt Onkel Werner: „Abgemacht. Und was _____ du für morgen _____?"

7. Dass sie zusammen am Samstag Potsdam und den Park Sanssouci besuchen, _____ für Anna gut.

8. Anna fragt Onkel Werner, was er dann für morgen _____ würde.

9. An Annas _____ würde er einen _____ über den Kurfürstendamm machen, die Kaiser-Wilhelms-Gedächtniskirche besuchen und ins Ka-De-We gehen.

10. Am Nachmittag könnten Werner und Anna zusammen Unter den Linden entlang spazieren und Berlin-_____ sehen: die Humboldt-Universität, den Deutschen Dom und die _____.

11. Anna würde gern sehen, wo das neue _____, das jüdische _____ und der Potsdamer Platz sind.

12. Dann hat Anna noch einen _____: nach der Philharmonie will Anna in den Prenzlauer Berg fahren, denn sie ist für heute Abend dort _____.

13. Onkel Werner meint, das hätte er gleich _____ sollen.

B. Was würden Sie in Berlin machen? How much would you like to do these activities in Berlin? Use adverbs from the following list:

sehr gern ▪ gern ▪ nicht besonders gern ▪ überhaupt nicht gern

▪ Mauerreste suchen
   Ich würde sehr gern Mauerreste suchen.

1. über den Kurfürstendamm einen Bummel machen

   _____

2. sich die Kunst auf der Museumsinsel anschauen

   _____

3. sich mit neuen Bekannten für einen Theaterabend verabreden

   _____

4. sich mit anderen Ausländern treffen

   _____

5. im Wannsee schwimmen gehen

   _____

6. in Kreuzberg ein türkisches Lokal aufsuchen

   _____

7. in Berlin Mitte nach Resten des kommunistischen Regimes suchen

   _____

8. die Nacht in einem Techno-Club durchmachen

   _____

C. Das wäre prima! You and your friend are visiting Berlin. Your friend spent the entire train trip reading various guidebooks and tourist information brochures. Now your friend has lots of suggestions about where to go and what to see. Use the subjunctive with some of the expressions below to indicate your preferences politely.

sein: faszinierend ▪ interessant ▪ langweilig ▪ super ▪ toll ▪ uninteressant ▪ zu teuer ▪
haben: (kein) Interesse daran ▪ (keine) Lust dazu

▪ Wir könnten heute in die Philharmonie gehen.
   Das wäre zu teuer.
   ODER:
   Dazu hätte ich keine Lust.

1. Wir könnten morgen Mauerreste suchen.

   _____

2. Wollen wir heute einen Bummel über den Kurfürstendamm machen?

   _____

3. Fahren wir doch zum Brandenburger Tor!

   _____

4. Möchtest du übermorgen in die Neue Nationalgalerie gehen?

   _____

5. Wir könnten am Samstag die Museumsinsel besuchen.

   _____

6. Wollen wir auf dem Fernsehturm Kaffee trinken?

   _____

7. Am Sonntag könnten wir nach Potsdam fahren.

   _____

8. Ich möchte das neue Regierungsviertel sehen.

D. Gute Ratschläge geben. You are the advice columnist for the German Club newspaper. This week, you have several letters from students with problems. Use subjunctive forms of **können, müssen,** or **sollen** to give two pieces of common-sense advice to each one. Since these are fellow students, use **du.**

1. Ich habe Liebeskummer! Meine Freundin ruft mich nie an. Was soll ich tun?

   _____

   _____

   _____

2. Ich bin ein Student im ersten Jahr. Ich werde immer dicker. Das Essen in der Mensa schmeckt so gut, dass ich sehr viel davon esse. Was kann ich tun?

   _____

   _____

   _____

3. Hilfe! Meine Noten sind sehr schlecht. Ich bin intelligent, aber ich habe keine Zeit zum Lernen. Ich verbringe jeden Abend in der Clubszene. Meine Eltern sind sehr unzufrieden mit meinen Leistungen. Was soll ich machen?

   _____

   _____

   _____

4. Ich wohne mit drei anderen Studentinnen zusammen in einer sehr kleinen Wohnung. Nachts kann ich nicht schlafen. Die eine spielt das Radio sehr laut. Die andere spielt ihre Trompete, und die dritte bringt Freunde mit nach Hause. Ich bin todmüde. Was mache ich nur?

   _____

   _____

   _____

5. Ich habe nie genug Geld. Am Ende des Monats ist mein Konto leer. Zur Zeit wohne ich im Studentenwohnheim. Was soll ich machen?

_____

_____

_____

E. Höfliche Bitten. You are taking an acquaintance to a restaurant in Austria. She keeps addressing the waiter in a rude and abrupt manner. You try to be especially polite to make up for her behavior. Use the subjunctive to rephrase your acquaintance's demands as polite requests.

⬛ Ihre Bekannte sagt: Haben Sie einen Tisch frei?

Sie sagen: Hätten Sie einen Tisch frei?

1. Ich will dort drüben sitzen!

_____

2. Bringen Sie mir die Speisekarte!

_____

3. Ich will ein kaltes Bier trinken!

_____

4. Bringen Sie mir das Rindfleisch mit Kartoffelpüree!

_____

5. Ich will bezahlen!

_____

F. An seiner/ihrer Stelle würde ich ... Read about the situations of various people and the actions they are taking. Then suggest for at least one of the people in each situation what you would (not) do in their place.

⬛ Martha ist erkältet. Robert trinkt aus ihrem Glas.

An seiner Stelle würde ich nicht aus Marthas Glas trinken.
An seiner Stelle würde ich mein eigenes Glas nehmen.

1. Es ist sehr heiß. Gabriele trägt einen dicken Mantel.

_____

2. Morgen gibt es eine schwere Prüfung. Heute Abend geht Martin bis spät in die Nacht aus.

_____

3. Bernhard hat eine Freundin, die Andrea heißt. Für heute Abend verabredet er sich mit Petra.

_____

4. Fabian hat nur einen Tag in Berlin. Er verbringt den Tag im Hotel vor dem Fernseher.

_____

5. Katja möchte mit ihrem Freund Schluss machen. Sie sagt ihm das in einer E-Mail.

_____

G. Ich hätte das anders gemacht! Use the past subjunctive to describe three things you would have done differently in each of the following problematic situations.

1. Hermann und Gerda gingen zusammen ins Restaurant. Das Essen schmeckte ihnen gut. Als sie zahlen wollten, merkte Gerda, dass sie ihre Handtasche nicht dabei hatte. Gleichzeitig merkte Hermann, dass er sein Geld zu Hause vergessen hatte. Als der Kellner in die Küche ging, liefen Hermann und Gerda hinaus und bezahlten nicht.

   ▪ *Ich hätte mein Geld nicht zu Hause vergessen. Ich ...*

   Ich wäre nicht ... _____

   _____

2. Herr Ritzels neues Auto war kaputt. Er versuchte, es selber zu reparieren, aber er verstand nichts von Autos. Frau Ritzel rief den Automechaniker an. Dieser sagte: „Ich habe heute keine Zeit, aber ich kann Ihren Wagen morgen reparieren." Herr Ritzel konnte nicht warten, denn er musste zur Arbeit fahren. Er kaufte schnell ein neues Auto.

   _____

   _____

   _____

3. Armin wollte nicht zur Schule gehen. Er weinte und aß sein Frühstück nicht. Er sagte: „Ich bin sehr krank." Seine Mutter brachte ihn sofort zum Arzt. Der Arzt gab ihm drei Injektionen und verschrieb ihm viel bittere Medizin.

   _____

   _____

   _____

4. Astrid wollte am Freitagabend mit Freunden ausgehen, aber ihre Noten waren nicht sehr gut, und ihre Eltern wollten, dass sie zu Hause lernte. Sie sagte: „Ich gehe zu Caroline, und wir lernen zusammen Biologie." Als Astrids Vater später bei Carolines Eltern anrief, sagte Carolines Mutter: „Biologie? Nein, Caroline und Astrid sind mit Freunden tanzen gegangen."

   _____

   _____

   _____

H. Besserwisser, Bessermacher. Anna told a fellow American, Peter, about her experiences in Berlin. He is a terrible know-it-all. He criticized nearly everything Anna did or did not do. Anna is so upset about Peter's behavior that she vents to her cousin Katja. Complete Anna's complaints about Peter.

   ▪ PETER: Ich hätte die Reichstagskuppel unbedingt sehen wollen.

   ANNA: *Katja, dieser Peter hat gemeint, dass er die Reichstagskuppel unbedingt hätte sehen wollen.*

   1. PETER: Ich hätte keinen ganzen Tag im Park Sanssouci verbringen wollen.

   ANNA: Katja, dieser Peter hat gemeint, dass _____

   _____

2. PETER: Ich hätte dir etwas Besseres als einen Bummel auf dem Kurfürstendamm vorschlagen können.

   ANNA: Katja, dieser Peter hat gemeint, dass _____

   _____

3. PETER: Ich hätte mir nicht stundenlang die Philharmonie anhören wollen.

   ANNA: Katja, dieser Peter hat gemeint, dass _____

   _____

4. PETER: Ich hätte mich nicht so einfach mit jemandem am Prenzlauer Berg verabreden sollen.

   ANNA: Katja, dieser Peter hat gemeint, dass _____

   _____

I. Was wäre, wenn ... ? Use the past subjunctive and **wenn**-clauses to describe what your life might be like under different circumstances.

■ Was wäre, wenn Sie die High School nicht zu Ende gemacht hätten?

Ich würde jetzt arbeiten und nicht studieren, wenn ich die High School nicht zu Ende gemacht hätte.

ODER:

Wenn ich die High School nicht zu Ende gemacht hätte, würde ich jetzt arbeiten und nicht studieren.

1. Was wäre, wenn Sie während des ersten Semesters jeden Tag in der Deutschklasse geschlafen hätten?

   _____

   _____

2. Was wäre, wenn Sie in Deutschland zur Schule gegangen wären und dort das Abitur gemacht hätten?

   _____

   _____

3. Was wäre, wenn Sie nicht Deutsch, sondern Japanisch gelernt hätten?

   _____

   _____

4. Was wäre, wenn Sie im ganzen Semester keine Hausaufgaben gemacht hätten?

   _____

   _____

5. Was wäre, wenn Sie nicht zur Universität gegangen wären?

   _____

   _____

J. Welche Form ist das? Indicate the correct form for the verb in each of the following sentences: (1) Present, (2) Narrative Past, (3) Subjunctive II, (4) either Narrative Past *or* Subjunctive II. Mark the correct form below.

	PR	NP	S II	NP/S II
▪ Anna kaufte ein neues Auto.	___	___	___	✓
1. Anna sähe das neue Regierungsviertel.	___	___	___	___
2. Anna sah das neue Regierungsviertel.	___	___	___	___
3. Anna sieht das neue Regierungsviertel.	___	___	___	___
4. Anna kommt auch in den Park Sanssouci.	___	___	___	___
5. Anna käme auch in den Park Sanssouci.	___	___	___	___
6. Anna kam auch in den Park Sanssouci.	___	___	___	___
7. Anna macht einen Bummel über den Kurfürstendamm.	___	___	___	___
8. Anna machte einen Bummel über den Kurfürstendamm.	___	___	___	___
9. Onkel Werner zeigte Anna das jüdische Mahnmal.	___	___	___	___
10. Onkel Werner gäbe Anna einen guten Tipp.	___	___	___	___
11. Onkel Werner gab Anna einen guten Tipp.	___	___	___	___
12. Anna und Onkel Werner hörten sich die Philharmonie an.	___	___	___	___

K. Was Eltern wünschen. Parents often wish for a certain lifestyle for their children, which does not always come true. Use the subjunctive to write about some of the following unfulfilled wishes.

▪ Vater, Rechtsanwalt/Rechtsanwältin sein, Lehrer/in sein

Mein Vater wünschte, ich wäre Rechtsanwältin, aber stattdessen° bin ich   *instead*
Lehrerin.

1. Mutter, tanzen können, singen können

_____

2. Eltern verheiratet sein, ledig sein

_____

3. Eltern, Kinder haben, einen Hund haben

_____

4. Mutter, oft nach Hause kommen, selten nach Hause kommen

_____

5. Vater, Fußball spielen, Tennis spielen

_____

L. Was ich wünsche. Use the subjunctive II to tell about five things you wish you had done differently.

▪ Ich habe in meiner Heimat kein Schwimmbad gehabt. (schwimmen lernen)
Ich wünschte, ich hätte schwimmen gelernt.

1. Ich bin nie in Hawaii gewesen. (nach Hawaii fahren)

_____

2. Ich habe meine Großeltern nicht oft gesehen. (oft besuchen)

   _____

3. Ich bin nie in Europa gewesen. (nach Europa fliegen)

   _____

4. Ich habe nicht viel Geld verdient. (mehr arbeiten)

   _____

5. Ich ...

   _____

ABSPRUNGTEXT
Die Geschichte Berlins, 1740–2002

M. Was passierte zuerst? Write numbers next to these events from Berlin's history to arrange them in chronological order.

_____ Berlin wird durch die Rote Armee erobert.

_____ Hitler wird Reichskanzler.

_____ Die Grenzen zu West-Berlin und zur Bundesrepublik Deutschland werden von der DDR geöffnet.

_____ Friedrich II wird König von Preußen.

_____ Berlin wird politisch geteilt.

_____ Die deutsche Einheit ist vollendet.

N. Ergänzen Sie. Complete the sentences with words from the **Absprungtext**. Use the correct expression from the word bank below.

> besetzen ▪ Bundesrepublik ▪ Deutschen Demokratischen Republik ▪ erobert ▪
> Hauptstadt ▪ Kristallnacht ▪ Luftbrücke ▪ Mauer ▪ Regierung ▪
> Reich ▪ Reichskanzler ▪ Widerstands

1. Im Jahre 1871 wird das Deutsche _____ gegründet.

2. 1918 ist Berlin die _____ der Weimarer Republik.

3. 1933 wird Hitler _____.

4. 1933 wird Berlin nicht nur das Zentrum der nationalsozialistischen Diktatur, sondern auch des _____.

5. In der _____ werden jüdische Geschäfte von den Nazis zerstört.

6. 1945 wird Berlin durch die Rote Armee _____.

7. Die vier Siegermächte _____ Berlin im Jahre 1945.

8. Die westlichen Alliierten reagieren auf die Blockade Berlins mit der

   _____.

9. Aus den westdeutschen Besatzungszonen wird 1949 die _____ Deutschland.

10. 1949 wird Berlin (Ost) die Haupstadt der _____ _____ _____.

11. 1961 wird Berlin durch den Bau der _____ geteilt.

12. 1999 siedelt die deutsche _____ offiziell nach Berlin um.

O. Annas Besuch in Berlin. Use the passive voice in the present tense to describe these events during Anna's visit in Berlin.

■ eine Verabredung am Prenzlauer Berg / machen
Eine Verabredung am Prenzlauer Berg wird gemacht.

1. bei der Reichstagskuppel / eine Schlange bilden°   *to form a line*

   _____

2. Blumen / im Park Sanssouci pflanzen

   _____

3. die Philharmonie / an•hören

   _____

4. über den Kurfürstendamm / bummeln

   _____

5. eine neue U-Bahn-Station / eröffnen

   _____

6. viele neue Clubs / auf•machen

   _____

P. Meine Stadt. How is your city or town changing its appearance? What is being built, renovated, or torn down? Use the present-tense passive voice and some of the following words to describe six ways in which your city or town is changing.

die Altstadt ▪ das Einkaufszentrum ▪ die Industrieanlage ▪
die Kirche/Moschee/Synagoge ▪ der Park ▪ das Rathaus ▪
die Schule ▪ das Schwimmbad ▪ der Spielplatz ▪ die Sportanlage ▪
der Supermarkt ▪ das Warenhaus°   *department store*

erweitert ▪ gebaut ▪ gelegt ▪ geschlossen ▪ modernisiert ▪ neu gestrichen ▪
renoviert ▪ repariert ▪ umgebaut ▪ wieder aufgebaut ▪ zerstört

1. _____

2. _____

3. _____

4. _____

5. _____

6. _____

Q. Die Geschichte meines Landes. Think of at least six important events in the history of your country and use the passive voice in the conversational past tense to construct a brief **Zeittafel** of your country's history.

▪ *Im Jahre 1492 ist Amerika angeblich° von Christoph Kolumbus entdeckt worden.*

supposedly

1. _____

2. _____

3. _____

4. _____

5. _____

6. _____

R. Kreuzworträtsel.

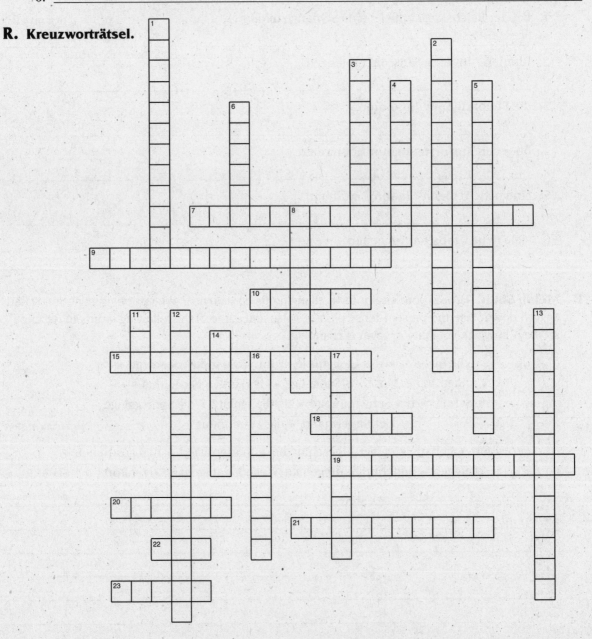

Waagerecht →

7. Als West- und Ostdeutschland wieder ein Staat wurden
9. Hitlers illegale Übernahme der politischen Macht
10. Ein Titel von Hitler
15. Die Nacht, als die Nazis jüdische Geschäfte zerstörten
18. Der berühmteste Fluss Berlins
19. Was die Alliierten geworden sind, nachdem sie den Krieg gewannen
20. Der Titel vom preußischen König Wilhelm in dem neuen Deutschen Reich
21. Die interne Rebellion gegen Hitler und die Nazis in Deutschland
22. Das international anerkannte Wahrzeichen und Symbol Berlins: das Brandenburger ____
23. Sie teilte Berlin bis ins Jahr 1989

Senkrecht ↓

1. Die Staatsform Deutschlands unter Hitler (*2 Worte*)
2. Die Ruine einer Kirche und das Denkmal an Kaiser Wilhelm
3. Die Staatsform Deutschlands nach dem Ersten Weltkrieg: die ____ Republik
4. Die moderne Staatsform Deutschlands
5. Das Viertel in der Nähe des Reichstags für neue Gebäude der Bundesregierung
6. Sie teilt Nationen von einander
8. Der historische Sitz des Bundestags seit 1999
11. Die Abkürzung für die Deutsche Demokratische Republik
12. Die Alliierten hatten nach dem Zweiten Weltkrieg in Deutschland vier ____
13. Die große Einkaufsstraße West-Berlins
14. Das Denkmal für die jüdischen Opfer der Nazis
16. Die Reaktion der westlichen Alliierten auf die Blockade Berlins
17. Was Berlin für Deutschland ist

ZIELTEXT
„Wie lange hab' ich das nicht mehr gegessen"

S. Lektüre: Am Prenzlauer Berg. Use the reading strategies you have learned to read this text. Check your comprehension of the reading by answering the **Stimmt das?** questions.

Der Prenzlauer Berg ist ein recht junger Stadtteil: Erst nach 1871 entstand[1] hier als Planstadt die typische Bebauung der vier- bis fünfstöckigen Mietskasernen[2] mit zahlreichen Hinterhöfen[3]. Dennoch vermittelt[4] der Bezirk heute Alt-Berliner-Flair. Der ehemalige Arbeiterkiez[5] erhielt sich seine legendäre rote Note und zog stets vor allem Künstler und Intellektuelle an[6]. Wladimir Kaminer, Autor der „Russendisko" und Organisator gleichnamiger Kultveranstaltung[7] im **Kaffee Burger** in der Torstraße in Mitte, beschreibt die Zeit nach 1990: „Der Prenzlauer Berg galt damals als Geheimtipp für alle Wohnungssuchenden[8], dort war der Zauber der Wende noch nicht vorbei. Die Einheimischen[9] hauten in Scharen nach Westen ab[10], ihre Wohnungen waren frei, aber noch mit allen möglichen Sachen vollgestellt. Gleichzeitig kam eine wahre Gegenwelle[11] aus dem Westen in die Gegend: Punks, Ausländer und Anhänger der Kirche der heiligen Mutter, schräge Typen und Lebenskünstler aller Art."

[1]*originated* [2]*rental apartment buildings* [3]*back courtyards* [4]*radiates* [5]*former working-class neighborhood* [6]*attracted* [7]*cult event* [8]*people looking for an apartment* [9]*natives* [10]*left for the west in droves* [11]*counter-wave*

Vor einigen Jahren also noch ein Experimentierfeld für Abenteurer und Kreative mit dem Anstrich des Provisorischen[12], präsentiert sich die Gegend um den Kollwitzplatz jetzt etabliert[13]. Die Häuser sind fast durchgängig saniert[14] und erstrahlen[15] als frisch geschminkte Jahrhundertwende-Schönheiten[16], idyllisch-pittoresk wie ein Glanzbild-Adventskalender. Nur vereinzelt blättert der Putz noch ab [17] und gibt den Blick frei auf alte Ladeninschriften und verrottetes Mauerwerk. Mittlerweile wohnt kaum noch ein Urberliner im Kiez[18] und tagsüber wie abends verkehrt[19] hier ein gut situiertes, kinderreiches Publikum. Im Sommer erstrahlen die alten Straßenzüge in geradezu mediterranem Flair, wenn jeder erdenkliche Platz[20] genutzt wird, um Stühle auf die Straße zu stellen.

[12]*air of the temporary*   [13]*looks settled*   [14]*completely refurbished*   [15]*glisten*   [16]*turn-of-the-century beauties*   [17]*plaster is breaking off*   [18]**Urberliner ... Kiez:** *native Berliner in the neighborhood*   [19]*socializes*   [20]*every imaginable space*

2004 edition of *Berlin für junge Leute*
© Herden Studienreisen Berlin GmbH 2004
Rückertstraße 4
10118 Berlin
www.herden.de

Stimmt das? Indicate whether these statements are true or false.

	Ja, das stimmt.	Nein, das stimmt nicht.
1. Prenzlauer Berg ist einer der modernsten und neuen Stadtteile Berlins.	_____	_____
2. Der Stadtteil wurde im 19. Jahrhundert als Wohnviertel für relativ arme Arbeiter geplant.	_____	_____
3. Gleich nach der Wende hat Prenzlauer Berg meistens coole junge Leute angezogen.	_____	_____
4. Damals konnte man Wohnungen voll mit Möbeln finden, die die DDR-Bürger einfach verließen, als sie in den Westen flohen.	_____	_____
5. Jetzt im 21. Jahrhundert bleibt Prenzlauer Berg für junge kreative Typen ein Geheimtipp.	_____	_____
6. Man findet immer noch billige Wohnungen und Häuser, die man sanieren kann.	_____	_____
7. Überall findet man noch kaputte Häuser.	_____	_____
8. Prenzlauer Berg ist jetzt einfach zu teuer für die Berliner, die hier geboren sind.	_____	_____
9. Die neuen Einwohner von Prenzlauer Berg verdienen gut, gehen abends gern aus und haben recht viele Kinder.	_____	_____
10. Im Sommer ist Prenzlauer Berg so gut wie leer, weil die Einwohner ins Ausland nach Italien oder Frankreich in Urlaub fahren.	_____	_____

T.   Schreiben Sie.

Part 1:
On a separate sheet of paper, write a paragraph describing a real or imaginary situation in which something went wrong. Follow the steps you have learned: (1) List some key words; (2) use them to write phrases or sentences; (3) arrange your material in a logical order; (4) add

connectors and details; and (5) check the paragraph over, making sure that nouns are capitalized and verb forms match subjects.

Part 2:

In class, exchange papers with another student. Read your partner's description, then write a response suggesting what your partner could or should have done differently to resolve the situation better, or tell what you would have done in that situation. Remember to use the subjunctive. Follow the same steps as in Part 1.

KAPITEL 12

Ende gut, alles gut!

ANLAUFTEXT
Oh, Stefan, wenn du nur wüsstest!

A. Ergänzen Sie. Complete the sentences with words from the **Anlauftext**.

1. Anna denkt: Warum habe ich mit diesem _____ nicht früher angefangen?

2. Oh, Mensch, Stefan, wenn du nur _____!

3. Hallo, Anna. Oh, Entschuldigung, _____ ich?

4. Ich denke gerade über die _____ nach –

5. und auch über die _____.

6. Oh Stefan, du wirst mir _____!

7. Im ersten Teil soll ich über die Rolle der deutschen _____ weltweit schreiben.

8. Hast du zum _____ gewusst, dass 15 bis 18 Millionen Menschen Deutsch als Fremdsprache lernen?

9. Im zweiten Teil soll ich dann über meine persönlichen Erfahrungen in Tübingen _____.

10. Ich habe gar nicht damit _____, dass es so schwierig sein würde.

11. Und ich werde dich _____, Anna.

12. Wir _____ wirklich prima zusammen.

13. Anna, ich will dich einfach nicht _____.

14. Glaubst du, dass wir vielleicht zusammen eine Zukunft haben _____?

B. Was hat Anna dieses Jahr gemacht? Form statements in the conversational past that describe Anna's year in Germany.

◼ in Tübingen an der Universität studieren
Anna hat in Tübingen an der Universität studiert.

1. eine nette Studentin aus Dresden kennen lernen

   _____

2. in ihr Zimmer im Studentenwohnheim einziehen

   _____

3. mit ihren Freunden in den Semesterferien in die Schweiz fahren

   _____

4. öfters mit Stefan ausgehen

   _____

5. viele interessante Kurse haben

   _____

6. ihre Verwandten in Weinheim besuchen

   _____

7. fantastische Sachen essen und trinken

   _____

8. Heidelberg und Mannheim besichtigen

   _____

9. nicht so viel Geld ausgeben

   _____

10. nie per Anhalter fahren

    _____

11. oft an ihre Freunde zu Hause in Indiana denken

    _____

12. Karl mit Englisch helfen

    _____

13. jede Woche im Sportzentrum laufen

    _____

14. selten fernsehen

    _____

15. wenig schlafen

    _____

C. Aktivitäten. Answer the following questions about yourself.

1. Wo haben Sie dieses Jahr gewohnt?

   _____

2. Wie sind Sie gewöhnlich zur Deutschklasse gekommen?

   _____

3. Sind Sie mit anderen Studenten ins Kino, ins Theater oder in die Oper gegangen?

   _____

4. Worauf freuen Sie sich jetzt am meisten?

   _____

5. Werden Sie mit Deutsch weitermachen? Warum? Warum nicht?

   _____

6. Können Sie Ihren Lehrer/Professor/Dozenten oder Ihre Lehrerin/Professorin/Dozentin beschreiben? Wie sieht er/sie aus?

   _____

7. Wo würden Sie am liebsten in Europa wohnen? Warum?

   _____

D. Neues Vokabular. Anna learned lots of new words this year in Germany. Write definitions for the new words that Anna learned.

Briefe bringen ▪ an einem Kurs teilnehmen ▪ in einem Seminar schreiben ▪
den Nobelpreis gewinnen ▪ eine Gruppe leiten ▪ Sprachkurse anbieten ▪
in Berlin-Mitte stehen ▪ Texte übersetzen

▪ der Übersetzer: *Ein Übersetzer ist ein Mann, der Texte übersetzt.*

1. das Sprachinstitut: _____

   _____

2. die Kursteilnehmerin: _____

   _____

3. die Seminararbeit: _____

   _____

4. ein Reiseleiter: _____

   _____

5. der Postbote: _____

   _____

6. das Brandenburger Tor: _____

   _____

7. die Nobelpreisträgerin: _____

   _____

E. Noch mehr Vokabular. Explain the following expressions by using **wenn** and an expression from the list.

> an der Kasse warten ▪ immer viele Sachen kaufen ▪ langsam und ruhig durch die Stadt laufen ▪ einen Plan haben ▪ anderen Menschen eine Idee geben ▪ die Heimat verlassen und in ein neues Land immigrieren ▪ mit einer Person befreundet sein ▪ etwas nicht haben ▪ einen Report geben

■ Schlange stehen: *Schlange stehen ist, wenn man an der Kasse warten muss.*

1. auswandern: _____

   _____

2. etwas berichten: _____

   _____

3. einen Bummel machen: _____

   _____

4. eine Beziehung haben: _____

   _____

5. fehlen: _____

   _____

6. konsumorientiert sein: _____

   _____

7. etwas vorhaben: _____

   _____

8. etwas vorschlagen: _____

   _____

F. Deutsche und englische Wörter. Match the English and the German cognates based on their forms. Which pairs are "false friends," i.e., the meanings are not similar?

Deutsch	Englisch
_____ 1. Morgen	a. evil
_____ 2. Zug(schiff)	b. reckon
_____ 3. Übel	c. flesh
_____ 4. Läuse	d. to wit, witness
_____ 5. bekommen	e. morning
_____ 6. Garten	f. lice
_____ 7. gestern	g. yard
_____ 8. Fleisch	h. tug(boat)
_____ 9. rechnen	i. become
_____ 10. wissen	j. yester(day)

G. Lektüre: Der Hund. Read Daniel Zahno's three variations of the same story: a dog on a walk. Then select the variation (or variations) that best reflects the given criteria.

DER HUND
Daniel Zahno

Variation 1: Der Hund

Er lief spätnachmittags an der Leine seines Frauchens[1] durch die Jungferngasse, schaute von Zeit zu Zeit auf die unbelebte Straße, hinüber zum Kirchturm, dann wieder auf die alten Häuser, beschnupperte[2] die Pneus[3] der parkierten Autos, schnupperte im Rinnstein[4], zog das Frauchen nach links, nach rechts, ging einige Schritte in den Altherrenweg, der hier in die Gasse mündet, um dann einen Moment innezuhalten und wieder in die entgegengesetzte Richtung zu ziehen.

Dann blieb er stehen, genau dort, wo der Weg in die Gasse mündet, und prüfte die Lage. Er war schwarz, mittelgroß, ich kenne die Rasse nicht. Ein Radfahrer kam durch die Gasse, aber es störte ihn nicht. Er beschnupperte das Trottoir[5] bei der Kreuzung, er drehte sich einige Male um die eigene Achse, dann hatte er den Ort ausgemacht, der ihm geeignet[6] schien. Er wedelte[7] mit dem Schwanz und hockte sich gegen den Rinnstein, das Gesicht zur Straße. Während er schiss[8], schaute er reglos auf den Kirchturm. Ich stand an meinem Fenster und beneidete[9] ihn um seine Unbekümmertheit[10]. Als er sein Geschäft verrichtet[11] hatte, streckte er die Hinterbeine und drehte sich um. Er hatte kein Interesse an dem Häufchen[12], es hatte nichts mit ihm zu tun, ich staunte über die natürliche Poesie seines Geschäfts. Ich muss gestehen[13], dass ich Hunde im allgemeinen nicht besonders mag, aber diesen einen werde ich immer achten[14]. Er ist ein Dichter.

[1]dog owner [2]sniffed at [3]tires [4]sniffed in the gutter [5]sidewalk [6]appropriate [7]wagged [8]scheißen, schiss, geschissen: to defecate [9]was jealous of [10]lack of concern [11]relieved oneself [12]little pile [13]admit [14]respektieren

Variation 2: hunden

Hunden an frauchens leine durch die jungferngasse laufen. mal auf die strasse, mal zum kirchturm rüberblicken. die alten häuser mustern, pneus beschnuppern, den rinnstein. frauchen linksrechts ziehn, paar schritte in' altherrenweg gehn. sekunde warten, in die andere richtung ziehn, an der wegmündung stehen bleiben. lage prüfen, schwarz und mittelgroß sein, unbekannter rasse. radfahrer kommen sehn. sich nicht stören lassen. trottoir vor der kreuzung beschnuppern, sich paarmal um sich selber drehn. den idealen ort ausmachen. kurz wedeln, dann an' rinnstein kauern, gesicht zur straße. beim kacken zum kirchturm blicken. sich um seine lässigkeit beneiden lassen von spanner, die im fenstern stehn. nach dem geschäft die hinterbeine strecken. sich umdrehen. kein interesse zeigen an dem zeug. sich bestaunen lassen für seine lässigkeit, die poesie des geschäfts. für einen dichter gehalten werden. sich nicht drum scheren.

Variation 3: Trend Setter

Er war ein Eyecatcher, ein Pacemaker, ein Tamagotchi aus Fleisch und Blut; sie eine Anchorwoman mit Wonderbra und Full-Value-Face. Zur Primetime zog er durch die Girliegasse, Richtung Rentnerlounge, zum Global Village, machte den Elchtest mit den parkierten Autos, schnupperte am Container, zog die Anchorwoman nach links, nach rechts, switchte zum Call Center auf Global Player, genau dort, wo die Rentnerschwemme am größten war, und prüfte die Reality Show. Er war smart, mittel-hype, S-Klasse. Ein Rasta-Man bikte backstreet, aber es pushte ihn nicht. Er beschnupperte die Hotspots, schaffte den Turnaround, dann hatte er die Domain ausgemacht, die ihm geeignet schien. Er machte sein Warm-up und hockte sich zum Container, das Face zum Call Center. Während der Sitcom schaute er ihn um sein Ayurveda.

Als er sein Going Public beendet hatte, machte er auf Wellness und hatte null Bock auf ein Backup. Er hatte keinen Fun an seinem Blockbuster, er hatte nichts mit ihm zu tun. Ich staunte über sein Roaming, die easy Preselection seiner Hotline. Ich muss gestehen, dass ich Trend Setter im allgemeinen nicht besonders hip finde, aber dieser eine ist echt hype. Ein Tycoon, Baby, bingo.

	Variation 1	Variation 2	Variation 3	Alle drei Variationen
1. Sentences without grammatical subject	_____	_____	_____	_____
2. Use of lots of English terms	_____	_____	_____	_____
3. Description of a dog defecating on the street	_____	_____	_____	_____
4. Black dog	_____	_____	_____	_____
5. Description of a walk with his owner	_____	_____	_____	_____
6. Narration includes a cyclist	_____	_____	_____	_____

H. Englisch oder Deutsch? Match the English terms in Zahno's Trend Setter variation with the corresponding German expression.

_____ 1. eine Anchorwoman   a. ein Radfahrer fuhr vorbei

_____ 2. Primetime   b. ging hin und dann zurück

_____ 3. switchte   c. kein Interesse

_____ 4. ein Rasta-Man bikte   d. spätnachmittags

_____ 5. pushte   e. Frauchen

_____ 6. null Bock   f. störte

ABSPRUNGTEXT
Warum Deutsch lernen?

I. Ergänzen Sie. Complete the sentences with words from the **Absprungtext**.

am häufigsten ▪ ausgewandert ▪ berühmt ▪ bilinguale Fähigkeiten ▪
desto wichtiger ▪ Heimat ▪ Muttersprache ▪ Nobelpreisträgerin ▪ Rolle ▪ Spaß ▪
stellt ▪ Stellung ▪ verbessern ▪ wichtigste Fremdsprache

1. Das *Sprachinstitut Treffpunkt* in Bamberg _____ die Frage „Warum Deutsch lernen" auf seiner Website.

2. Deutsch lernen macht einfach _____.

3. Die deutschsprachige Literatur ist _____ und sehr reichhaltig.

4. Die _____ Elfriede Jelinek kommt aus Österreich.

5. Mit Komponisten wie Bach, Beethoven, Mahler, Mozart, Strauß und Wagner nehmen die deutschsprachigen Komponisten eine dominierende _____ innerhalb dieser Musikrichtung ein.

6. Je dominanter die englische Sprache, _____ ist es für die Englisch-Muttersprachler, eine fremde Sprache zu lernen.

7. Deutsch ist die in Europa _____ und am weit

   verbreitesten gesprochene Sprache.

8. „Deutsch" ist die _____ für mehr Europäer als etwa Englisch,

   Französisch, Spanisch oder Italienisch.

9. In Mittel- und Osteuropa ist Deutsch die _____.

10. Mit Deutsch als Fremdsprache können Sie Ihre Berufschancen entscheidend

    _____.

11. Bei der Suche nach neuen Mitarbeitern sind speziell

    _____ in Englisch und Deutsch ein wichtiges

    Auswahlkriterium.

12. In den aufstrebenden Märkten spielt die deutsche Sprache bei Wirtschaftskontakten

    Osteuropas oftmals eine größere _____ als Englisch.

13. Besonders viele Menschen aus Mitteleuropa sind nach Nord- und Südamerika und auch

    nach Australien _____.

14. Wer dazu die alte _____ besucht und wirklich kennen lernen will,

    kommt kaum daran vorbei, Deutsch zu lernen.

J. **Lektüre: Amerikanische Studenten entdecken die deutsche Sprache.** Read the newspaper article about successful German programs in the United States. Check your comprehension of the reading by marking your answers to the **Stimmt das?** questions.

Amerikanische Studenten entdecken die deutsche Sprache
Von Monica von Wysocki, *Handelsblatt*

Fremdsprachen erfreuen sich[1] bei Amerikas Studenten wachsender Beliebtheit[2].
Jeder zehnte der insgesamt 14 Millionen US-Studenten lernt derzeit eine Fremdsprache.
Dies ist der höchste Anteil in den vergangenen dreißig Jahren.

Handelsblatt NEW YORK. Und das Fach Deutsch liegt mit fast 100.000 eingeschriebenen Studenten auf dem dritten Platz des Rankings für Fremdsprachen an US-Universitäten–hinter Spanisch und Französisch. Das geht aus einer Analyse der Modern Language Association of America hervor. Am Ende der Liste stehen Portugiesisch und Koreanisch.

Diese Entwicklung ist schon deshalb bemerkenswert, weil nach Erhebungen[3] des Goethe-Instituts vom Jahresanfang das Interesse am Fach „Wirtschaftsdeutsch" weltweit zurückgegan-

gen ist. Demnach ist die Zahl der Studenten, die am Goethe-Institut die Prüfung im Fach „Wirtschaftsdeutsch International" abgelegt haben, in den vergangenen Jahren um ein Drittel auf nur noch 763 Studenten gesunken.

Die amerikanischen Universitäten haben sich erfolgreich von diesem Trend abgekoppelt[4] und locken[5] ihre Studenten mit Doppelstudiengängen wie etwa einer Kombination aus Deutsch und Ingenieurwissenschaften.

Die Modern Language Association of America kommt in ihrer Analyse zu dem Schluss, dass die

amerikanischen Studenten nun zunehmend die Wichtigkeit von Fremdsprachen in einer globalisierten Gesellschaft begreifen. „Heute sind schon die Erstsemestler viel pragmatischer eingestellt und fragen direkt: Was habe ich davon, Deutsch zu studieren?", sagt Harald Zils, Gastprofessor an der Binghampton University.

Eine wachsende Zahl von US-Universitäten hat den Trend erkannt und bietet entsprechende Progamme an. So hat die Georgia Tech University, eine Hochschule mit 17.000 Studenten, ein Deutsch-

[1]*are enjoying* [2]*increasing popularity* [3]*surveys* [4]*disengaged* [5]*attract*

programm für Studenten der Ingenieurwissenschaften entwickelt. Zum Studium gehört auch ein bezahltes Praktikum bei einem Unternehmen in Deutschland.

„Der Student kann dann beispielsweise ein Semester an unserer Partneruniversität TU München studieren und ein Praktikum bei Siemens machen", sagt Bettina Cothran, Professorin an der Georgia Tech University. Für die Studenten kann das Praktikum bei Siemens auch den Einstieg in das Berufsleben bedeuten.

Auch die Unternehmen profitieren von dieser Entwicklung an den US-Universitäten. „Wir sind bisher von keinem Praktikanten der Georgia Tech enttäuscht worden und haben fast alle Absolventen entweder bei Siemens in Deutschland oder in den USA fest angestellt", sagt Ricardo Wiedenbrüg, der sich bei Siemens mit den Universitätskontakten beschäftigt.

Seit 15 Jahren baut die Georgia Tech University immer weitere Partnerschaften mit deutschen Unternehmen auf. Konkret schlägt sich die Pflege dieser Partnerschaften in den Einschreibezahlen der Universität nieder[6]. Die Georgia Tech verzeichnete eine Steigerung von 23 Prozent innerhalb von drei Jahren im Fach Deutsch.

Auch das International Engineering Program (IEP) der University of Rhode Island bietet diesen Doppelstudiengang an und vermittelt die Studenten an deutsche Partnerunternehmen. Seit 1990 entstanden an der Universität 30 Partnerschaften mit Unternehmen in Deutschland und der Schweiz. Französische Unternehmen sind dagegen nicht so begehrt. Mit ihnen gibt es nur drei Partnerschaften.

[6]*schlägt sich ... nieder: is reflected*

Stimmt das? Indicate whether these statements about the reading are true or not.

	Ja, das stimmt.	Nein, das stimmt nicht.
1. 14 Millionen US-Studenten lernen zurzeit Deutsch.	_____	_____
2. Die meisten US-Studenten lernen Französisch als Fremdsprache.	_____	_____
3. Das Goethe-Institut hat festgestellt, dass immer weniger Studenten in der ganzen Welt sich für Wirtschaftsdeutsch interessieren.	_____	_____
4. 763 Studenten in den USA haben die Prüfung Wirtschaftsdeutsch gemacht.	_____	_____
5. Einige US-Universitäten locken Studenten mit Fächerkombinationen wie Deutsch und Ingenieurwissenschaft.	_____	_____
6. US-Studenten verstehen, dass Fremdsprachen in einer globalisierten Gesellschaft wichtig sind.	_____	_____
7. Studenten der Georgia Tech University verdienen kein Geld beim Praktikum in Deutschland.	_____	_____
8. Ein Praktikum in Deutschland hat den Vorteil, einen Einstieg ins Berufsleben zu schaffen.	_____	_____
9. 23 Prozent der Deutschstudenten der Georgia Tech University machen ihr Praktikum bei Siemens.	_____	_____
10. Die University of Rhode Island hat ein renommiertes Programm für Deutsch und Engineering.	_____	_____

ZIELTEXT
Ich möchte mein Deutsch benutzen in meinem Beruf

K. Das Interview. Answer the following interview questions in German.

1. Können Sie sich vorstellen?

   _____

2. Was studieren Sie? Warum?

   _____

3. Haben Sie zu Hause Deutsch als Muttersprache gesprochen?

   _____

4. Haben Sie schon im Ausland studiert? Möchten Sie im Ausland studieren? Wo?

   _____

5. Werden Sie später im Beruf Ihr Deutsch benutzen? Wenn ja, wie?

   _____

6. Warum haben Sie Deutsch gelernt?

   _____

7. Hätten Sie es anders gemacht oder sind Sie mit Ihrem Entschluss, Deutsch zu lernen, zufrieden?

   _____

L. Lektüre: Die Glücksbringer. Read the article about occupations, then check your comprehension by answering the questions that follow.

Die Glücksbringer

Berufe, die Freude machen: Wie Schornsteinfeger und Lottoboten Menschen zum Strahlen bringen.

Von Constance Frey, *Tagesspiegel, 07.08.2005*

1 Wie wird man glücklich im Beruf? Bei der Frage weichen die Berufsexperten aus[1]. „Glück ist ein fast philosophischer Begriff, der in der Psychologie eigentlich relativ ungebräuchlich[2] ist", sagt Hans-Uwe Hohner, Privatdozent für Arbeits- und Organisationspsychologie an der Freien Universität Berlin. „Psychologen ziehen den Begriff Erfolg vor, der lässt sich eher messen[3]." Aber auch Erfolg bedeutet für jeden etwas anderes, sagt Hohner. Über die eigenen Ziele und Wünsche sollte man sich frühzeitig klar werden, empfiehlt der Psychologe. Manche wollen eine erlebnisreiche Arbeit, andere viel

[1]*evade (the question)* [2]*unusable* [3]*measure*

Geld verdienen. Für wieder andere ist es entscheidend, Büro und Familie unter einen Hut zu bringen[4]. Und dann gibt es Leute, denen es besonders wichtig ist, von den Menschen, mit denen sie zu tun haben, ein positives Feedback zu bekommen. Sie sind froh, wenn sie andere glücklich machen.

2 Für sie empfehlen sich Berufe wie der von Olaf Zoppke: Er ist Lottobote und macht Millionäre. Einige Male im Jahr macht Olaf Zoppke Menschen so richtig glücklich. Dann greift der 63-jährige zum Hörer[5] und überbringt eine simple, aber wichtige Nachricht: „Sie haben gewonnen!" Zoppke ist bei der Land Brandenburg Lotto GmbH[6] Vertriebsleiter — und Glücksbote für Großgewinner. 59 Lotto-Millionäre hat es seit 1990 in Brandenburg gegeben. Im Normalfall müssen sich Gewinner von selbst melden[7], bei Dauer-spielern, Lottocard-Inhabern und Internetspielern aber macht sich Olaf Zoppke persönlich auf die Suche.

3 Die meisten Gewinner trifft Olaf Zoppke in ihrem Zuhause.

Geld bringt er nie mit, das wäre zu gefährlich. Den Gewinnern wird auch abgeraten[8], die Summe im Koffer mitzunehmen. Die Bemerkung ist aber eigentlich überflüssig[9], sagt der Glücksbote. „Meine Brandenburger Landsleute sind sehr bodenständig[10]. Die können damit umgehen[11]." Die meisten Neu-Millionäre haben konkrete Vorstellungen, was sie mit dem Geld machen wollen: die Ausbildung der Kinder finanzieren, ein Haus kaufen, Geld fürs Alter zurücklegen, ganz selten mal ein Auto. Manchmal kommt ein Jahr später ein Anruf, und die Gewinner berichten ihrem Glücksbringer, was sie mit dem Geld gemacht haben. Olaf Zoppke spielt übrigens auch Lotto. Und wenn er das große Los ziehen sollte? „Dann rufe ich mich selbst an!"

4 Glück bringen soll auch der Schornsteinfeger[12]. Ein Job, der nicht immer fröhlich macht — bei schlechtem Wetter über den Dächern der Stadt, zwischen Ruß[13] und Taubenkot[14]. Aber Sonja Feller mag ihren Beruf.

„Im Büro wollte ich auf keinen Fall sitzen. Als Schornsteinfegerin kann ich mir meine Arbeitszeit relativ gut selbst einteilen, außerdem bin ich ständig an der frischen Luft." Der Arbeitstag der Schornsteinfegergesellin beginnt um halb sieben, dann muss sie in Tempelhof auf Dächer klettern und ihren Besen[15] in Schornsteine herunterlassen. Zu ihrer Arbeit gehört es auch, dass Menschen sie ansprechen und am liebsten gleich anfassen[16]: „Oh! ein Schornsteinfeger, das bringt Glück!" Dazu noch eine Frau, das bringt doppelt Glück, sagen manche.

5 Manchmal stimmt es sogar. Der Mann, der sie vor einem Wettbüro[17] bat, ihm die Hand zu geben, gewann 1.500 Euro. „Das macht einfach Spaß", sagt die 22-jährige Gesellin. Die Meisterprüfung legt sie in einigen Monaten ab. Wenn sie dafür Glück brauchen sollte, kann Sonja Feller ihre Eltern anfassen gehen. Die sind nämlich auch Schornsteinfeger.

---

[4]*to reconcile (the differences)*   [5]***das Telefon***   [6]*German business form:* ***Gesellschaft mit beschränkter Haftung***
[7]*report themselves*   [8]*discourage*   [9]*unnecessary*   [10]*down to earth*   [11]*handle it*   [12]*chimney sweep*   [13]*soot*   [14]*pigeon droppings*   [15]*broom*   [16]*touch*   [17]*betting office*

1. Match the best descriptive title with each of the five paragraphs.

   _____ Die Lottogewinner und was sie mit ihrem Geld machen

   _____ Olaf Zoppke: Ein Beruf, der andere glücklich macht

   _____ Sonja Feller bringt und braucht Glück

   _____ Sonja Feller: Schornsteinfegerin

   _____ Wie wird man im Beruf glücklich?

2. Fill in the missing information.

   a. Die Brandenburger Landsleute sind sehr _____.

   b. Die Neu-Gewinner kaufen selten _____.

   c. Die Neu-Gewinner wollen mit ihrem Gewinn die

      _____ finanzieren.

   d. Die Neu-Gewinner wollen Geld _____ zurücklegen.

e. Olaf Zoppke spielt auch _____.

f. Wenn Herr Zoppke selbst im Lotto gewinnt, dann

_____.

3. Beschreiben Sie den Beruf Schornsteinfeger in 3–4 Sätzen.

_____

_____

_____

_____

4. Ist Schornsteinfeger ein Beruf, in dem man Fremdsprachen sprechen muss? Erklären Sie Ihre Antwort.

_____

_____

_____

5. Suchen Sie einen Beruf, der Sie glücklich machen wird oder erwarten Sie etwas anderes von Ihrem Beruf? Erklären Sie Ihre Antwort.

_____

_____

_____

M. Kreuzworträtsel.

2. Wenn man Deutsch und Englisch gut kann, kann man Texte von einer Sprache in die andere _____ .

4. Deutsch lernen hat dieses Jahr _____ gemacht!

6. An einem _____ kann man Deutschkurse belegen und andere Menschen kennen lernen.

8. In Deutschland sprechen viele Leute Deutsch als Muttersprache. Englisch ist eine _____ .

11. Anna lernt sehr fleißig und hat immer gute _____ in ihren Kursen bekommen.

12. Anna will mit Stefan ihre gemeinsame Zukunft _____ . Anna hat viel zu sagen.

14. Stefan sagt, „Anna, du wirst mir einfach _____ ."

15. Ein ganzes Jahr in Tübingen an der Uni war ein ganz tolles _____ für Anna.

16. „Mensch! Das hat mich total _____ ."

18. Anna und Stefan sind sehr kompatibel. Sie _____ gut zusammen.

19. Die laute Musik im Nebenzimmer _____ Anna beim Lernen.

20. Anna will wieder nach Amerika. Deutschland ist interessant, aber Fort Wayne ist ihre _____ .

21. Das kann ich ja nicht _____ , wenn du immer so laut bist!

Senkrecht ↓

1. „Ach, Stefan, wenn du nur _____ !"

3. Anna und Stefan haben eine enge _____ zu einander.

5. Anna spielt mit dem _____ , dass sie Stefan nie mehr sieht.

7. Anna ist jetzt echt _____ , dass das Jahr in Deutschland vorbei ist, denn sie wird ihre neuen Freunde vermissen.

9. Nach einem Jahr in Deutschland hat Anna jetzt sehr gute _____ in Deutsch.

10. Wenn man Deutsch aus *Vorsprung* gelernt hat und Deutsch gut kann, hat man einen gewissen _____ .

13. Stefan wird Anna _____ , wenn sie wieder nach Hause geht.

14. Anna spricht Deutsch sehr gut. Sie spricht es schnell und _____ .

17. Anna weiß nicht, was sie mit Deutsch _____ soll.

N. Schreiben Sie. Imagine that you are Anna Adler and you have returned to Fort Wayne after your year at the university in Tübingen. On a separate piece of paper, write a letter to your German teacher describing your year. Tell him/her how this year will influence your future. Here are some expressions for you to use.

kennen lernen ▪ Spaß machen ▪ nachdenken ▪ glücklich/traurig ▪

das Erlebnis/die Erlebnisse ▪ erfahren ▪ passieren ▪ vermissen ▪

unterrichten ▪ verbessern ▪ ab und zu

Lab Manual

The Sounds of German

VOWELS

Vowels are sounds produced by air flowing over the tongue. The relative position of the tongue is used to describe vowels. When the tongue is positioned in the *front* of the mouth, *front vowels* are produced (**a, e, i, ö, ü, ä**). When the tongue is positioned in the *back* of the mouth, *back vowels* are produced (**o, u**). In addition, the tongue can be positioned either *high* or *low* in the mouth.

	FRONT CENTRAL	BACK
HIGH	i, ü e, ö ä	u o
LOW	a	

PURE VOWELS

- German vowels are always pure. That is, a German vowel does not glide off into another vowel as do English vowels. The *o* in English *boat* glides from *o* to *u*, while the *a* in English *gate* glides from *a* to *e*. German vowels never do this.

- German vowels are either long or short in duration. Although this distinction does not describe all vowel sounds, in general German short vowels are tenser than long vowels. German spelling is a very helpful guide in identifying long and short vowels.

- Long vowels include:
  1. vowels written double: p**aa**r, Schn**ee**, B**oo**t
  2. vowels followed by a silent **h**: f**ah**ren, L**eh**rer, **Ih**r, w**oh**nen, Sch**uh**e, Fr**üh**ling
  3. the combination **ie**: d**ie**, h**ie**r, s**ie**hst
  4. vowels in open syllables (that is, syllables ending in a vowel sound): **ha**-ben, **de**-nen, **O**-denwald, **Stu**-di-um

- Short vowels include:
  1. vowels followed by a consonant written double: H**a**nnes, **e**ssen, b**i**tte, k**o**mmen, M**u**tter
  2. vowels in syllables ending in more than one consonant sound: s**i**nd, S**o**rge, **u**ns, f**a**st

- In closed syllables (those ending in a consonant sound), vowels can be either long or short:

Long	Short
der	des
kam	Stadt
ihn	bin
rot	Bonn
Mut	Mutter

Probe 1. Listen to and repeat the pronunciation of the following vowels.

Sound	Examples
long a	habe, Vater, fahren, Jahr, paar, Staat
short a	Anna, gespannt, fast
long e	gehe, Lehrer, sehr, Idee, Schnee
short e	essen, kennen
long i	die, hier, ihr, Island
short i	bitte, sind
long o	oder, Sohn, wohnen, Boot
short o	Bonn, toll, Sorge
long u	Bruder, du, Schuhe
short u	uns, Mund, Mutter

Unstressed -e. Unstressed -e occurs mainly in prefixes and suffixes. It sounds like the English *a* in *sofa*.

Probe 2. Listen to and repeat the pronunciation of the following words. Pay special attention to the highlighted vowels.

fahren
geschrieben
tolle
Gedichte

Diphthongs. Diphthongs are sounds that combine two vowel sounds. German has three diphthongs. Each corresponds to a diphthong in English.

1. **au** is pronounced similar to the English *ow* in *how*
2. **ei** (also written **ai**) is pronounced similar to the *ei* in the English *height*
3. **eu** (also written **äu**) is pronounced similar to the *oy* in English *boy*

Probe 3. Listen to and repeat the pronunciation of the following words.

diphthong **au**:	auch, Frau, Haus
diphthong **ei** (or **ai**):	heißen, mein, Mai
diphthong **eu** (or **äu**):	heute, neun, Häuser, Fräulein

UMLAUTED VOWELS

- The vowels **a, o,** and **u** can have a diacritical mark called an umlaut placed over them: **ä, ö, ü.** This changes their pronunciation into different vowel sounds.
- The vowel **ä** is usually pronounced identically to the long or short **e**: Mädchen, Hände.
- The vowel **ö** is pronounced like the sound [**e**], but with the lips rounded: schön, öffnen.
- The vowel **ü** is pronounced like the sound [**i**], but with the lips rounded: Tür, Stück.
- The **ö** and **ü** are called *front, rounded vowels* and have short and long variants. There are no English equivalents for the front, rounded vowels.

- The spellings **ae, oe,** and **ue** are often found in proper names and are pronounced identically to **ä, ö,** and **ü**: H**ae**drich, G**oe**the, von H**ue**ne.

🎧 **Probe 4.** Listen to and repeat the pronunciation of the following words.

long ä	Mädchen, trägt, Universität
short ä	Hände, Männer, wächst
long ö	aufhören, schön, Goethe
short ö	öffnen, möchte, Schlösser, zwölf
long ü	Bücher, Frühling, schwül, üben
short ü	fünf, hübsch, müssen, Stück

CONSONANTS

Consonants are sounds in which the air stream is hindered by some organ of the mouth, usually the tongue or lips. All consonants can be either voiced or unvoiced. When a voiced consonant is pronounced, the vocal chords vibrate. They do not vibrate when a consonant is unvoiced.

🎧 **Probe 5.** Listen to and repeat the following words. Notice how the vocal chords vibrate when you pronounce the voiced consonants.

Voiced	Unvoiced	Voiced	Unvoiced
Bass	Pass	rauben	Raupe
dass	Tasse	baden	baten
Gasse	Kasse	Hagen	Haken
was	Fass	Löwe	Höfe
		reisen	reißen

THE GERMAN [R]

- The letter **r** is pronounced differently depending on where it appears within a word. At the beginning or middle of a syllable or between vowels, most Germans pronounce the **r** in the back of the throat. This is called the uvular or back **r** (it is the **r** used in most spoken French).[1] To produce the uvular **r**, say the word *aha!* forcefully and repeatedly. Now say the German word **Rad**, pronouncing the **r** in the same place in your throat as the **h** in *aha!*

- At the end of a syllable or before **t**, the German **r** sounds more like the *a* in the English word *sofa* or the *e* in *the*. It is not pronounced as a consonant at all in this position.

🎧 **Probe 6.** Listen to and repeat the following sets of words.

Brot	drei	Freund
fahren	Nachbarin	ihre
Radio	rot	Rad
der	Tür	vor
fahrt	Ort	gehört

[1]Bavarians use a front or rolled **r**, similar to the trilled **r** in Spanish.

Consonants. The following table shows all the possible spellings of all the consonant sounds in spoken German.

Sound	Written as	Examples
[b]	**b**	**b**in, **br**aun, a**b**er, sie**b**en
[p]	**p, pp, b** (at the end of a word or before **t** or **sch**)	**P**erson, **P**ap**p**e, O**p**a, Kla**pp**e, gel**b**, **P**apierkor**b**, ha**b**t, hü**b**sch
[d]	**d**	**d**anke, **d**rei, Krei**d**e, Stu**d**ent
[t]	**t, th, tt, dt, d** (at the end of a word or before **s** at the end of a word)	**T**afel, an**t**worten, gu**t**, ach**t**, Ma**th**e, **Th**omas, Go**tt**, Mu**tt**er, Sta**dt**, Aben**d**, tausen**d**, Deutschlan**ds**
[f]	**f, ff, v, ph**	**F**enster, Ta**f**el, Sti**f**t, ö**ff**nen, **v**iel, attrakti**v**, Al**ph**abet
[g]	**g**	**G**rüß **G**ott!, sa**g**en, an**g**enehm
[k]	**k, ck, g** (before **t** or at the end of a word)	**k**ein, dan**k**e, schlan**k**, Ste**ck**dose, fra**g**t, Ta**g**, genu**g**
[h]	**h**	**h**aben, **H**aar, wo**h**er
[l]	**l, ll**[2]	**l**esen, **l**angweilig, vo**ll**, We**ll**e
[m]	**m, mm**	**m**achen, Na**m**e, La**m**pe, ko**mm**en, waru**m**, ni**mm**
[n]	**n, nn**	**N**ame, **n**eun, wa**nn**, bre**nn**en
[ŋ]	**ng**[3]	Ri**ng**, verbri**ng**en, Fi**ng**er
[s]	**ss, ß**	e**ss**en, verge**ss**en, wei**ß**, hei**ß**en
	s (at the end of a syllable, before **t** at the end of a word)[4]	da**s**, ha**s**t, Ang**s**t
[ʃ]	**sch, s** (before **p, t,** or **w** at the beginning of a word)	**Sch**ule, Deut**sch**, histori**sch**, **Sp**iel, **sp**rechen, **st**ehen, **St**uhl, **Sch**wein
[z]	**s** (at the beginning of a word or between vowel sounds)	**S**ie, **s**o, **s**ehen, le**s**en
[v]	**w**	wa**s**, z**w**ei, Sch**w**ester, E**v**a[5]
[j]	**j**	**j**a, **j**ung, **J**ahr, Bo**j**e
[ç]	**ch** (after **ä, e, i, ö, ü, ei, eu,** or **äu**)[6] **g** (after **i** at the end of a word)	Dä**ch**er, e**ch**t, i**ch**, Lö**ch**er, eu**ch**, räu**ch**ern, Bü**ch**er, rei**ch**, richti**g**
[X]	**ch** (after **a, o, u, au**)	Sa**ch**e, ko**ch**en, Bu**ch**, rau**ch**en
[r]	**r, rr**	**R**adio, **Fr**au, B**r**ot, fah**r**en, i**rr**en

Consonant combinations

[kn]	**kn**	**kn**allen, **Kn**ie, **Kn**eipe
[kv]	**qu**	**Qu**alität, **Qu**ark, **Qu**atsch
[pf]	**pf**	**Pf**erd, **Pf**anne, **Pf**und, Ho**pf**en, Kam**pf**
[ts]	**z**	**Z**ahn, **z**wei, Her**z**, in**z**wischen

[2]German **l** is lighter than the English dark *l*.
[3]The German **ng** always corresponds to the *ng* in English *singer*, never to that in *finger*.
[4]In a few foreign words, initial **s-** is also pronounced [s]: Softball, Software
[5]In some foreign words [v] is spelled v: Venedig, Vancouver, Venezuela
[6]A few foreign words have initial **ch-** pronounced [ç]: China

Fangen Sie bitte an.

HÖRTEXT 1

A. Der Professor im Albtraum. Anna is telling her mother about the nightmare she had. Listen to Anna's description of the professor. Then complete the following description of the professor. Remember, in a nightmare people are often sinister in appearance.

1. The professor in Anna's nightmare is _____.

    a. a young man.   b. an older man.   c. a very old man.

2. He's about _____.

    a. 30 years old.   b. 50 years old.   c. 80 years old.

3. His eyes are _____.

    a. large and black.   b. brown and romantic.   c. blue and friendly.

4. His hair is _____.

    a. long and gray.   b. short and brown.   c. curly and blond.

5. He is very _____.

    a. chubby.   b. slender.

6. He speaks _____.

    a. quickly.   b. loudly.   c. slowly.

HÖRTEXT 2

B. Der Professor im Traum. Anna also tells about her pleasant daydream. Listen to her description of the professor. Then complete the following description of the professor.

1. The professor in Anna's daydream is _____.
    a. old.   b. young.

2. He is about _____.

    a. 20 years old.   b. 60 years old.   c. 40 years old.

3. His eyes are _____.
    a. a beautiful brown.   b. a beautiful blue.   c. a beautiful green.

4. His hair is _____.
    a. short, straight, and brown.
    b. very long, curly, and red.
    c. longish, black with gray, and straight.

5. The professor is _____:
   a. unattractive, but friendly.
   b. attractive and friendly.
   c. attractive, but unfriendly.

C. Mein Professor/Meine Professorin ist ... Write in German a description of one of your best professors. No names, please!

_____

_____

_____

_____

_____

_____

_____

_____

HÖRTEXT 3

D. Ein Krimi. (*A mystery.*) The Tübingen police are looking for the person who has been stealing books from local bookstores. Listen to the conversation between a sales clerk who has seen the thief, and the police detective assigned to the case. As you listen, use the chart to take your own notes about the thief. Check the words you hear or supply additional facts based on the information from the sales clerk.

PERSONENBESCHREIBUNG (*PERSONAL DESCRIPTION*)			
DIE PERSON IST	ein Mann	eine Frau	ein Kind	
GRÖSSE[1]	groß	klein		
GEWICHT[2]	mollig	schlank		
ALTER	20–30 Jahre alt	30–40 Jahre alt	40–50 Jahre alt	60+ Jahre alt
HAAR	blond	braun	rot	schwarz
	(dunkel/hell)	(dunkel/hell)	(dunkel/hell)	(dunkel/hell)
	kurz	lang		
	glatt	kraus	wellig	
AUGEN	blau	braun	schwarz	grün
IM ALLGEMEINEN[3]	attraktiv	unattraktiv		

[1]*height* [2]*weight* [3]*in general*

E. Wie sieht er oder sie aus? You've just heard the description of the person stealing books from Tübingen bookstores. Now help police detective Prachner write his report and pick a suspect from the police drawings.

1. In German, write down five pieces of information about the suspect.

   Herr Müller sagt folgendes über den Dieb°/die Diebin°:   *thief*

   _____

   _____

   _____

   _____

   _____

2. Which of the following suspects most closely fits the sales clerk's description of the thief?

F. Befehle und Fragen. You will hear several commands and requests. Choose the correct response to each.

◼ Stehen Sie auf!

    _____ a. I sit down.   ✔ b. I stand up.

    _____ c. I turn to my neighbor.

1. _____ a. I sit down.   _____ b. I stand up.

    _____ c. I turn to my neighbor.

2. _____ a. I walk to the chalkboard.   _____ b. I walk to the table.

    _____ c. I walk to the door.

3. _____ a. I close my book.   _____ b. I put my book down.

    _____ c. I open my book.

4. _____ a. I sit down.   _____ b. I search for a pen.

    _____ c. I stand up.

5. ____ a. I put my book down.   ____ b. I open my book.

____ c. I close my book.

6. ____ a. I start to write.   ____ b. I talk to my neighbor.

____ c. I sit down.

7. ____ a. I walk to the chalkboard.   ____ b. I walk into the room.

____ c. I walk out of the room.

8. ____ a. I look for a place to sit.   ____ b. I look for a pen in my pocket.

____ c. I take a pen out of my pocket.

G. Fragen. You will hear a series of questions. Check the more logical answer to each question.

⬛ Woher kommen Sie?

__✓__ a. Ich komme aus Chicago.   ____ b. Ich habe braune Haare.

1. ____ a. Ich bin sehr freundlich.   ____ b. Ich bin 20 Jahre alt.

2. ____ a. Ich wohne in Salt Lake.   ____ b. Hier ist der Tisch.

3. ____ a. Nein, ich verstehe kein Deutsch.   ____ b. Ja, ich verstehe Englisch.

4. ____ a. Ich habe kein Buch.   ____ b. Ich heiße Martin.

5. ____ a. Die Tür ist schwarz.   ____ b. Die Studentin macht die Tür auf.

6. ____ a. Hier ist es.   ____ b. Hier sind sie.

H. Das Alphabet. Listen to the pronunciation of the German alphabet. Repeat after the speaker.

a	ah	h	hah	o	oh	u	uh	ß	ess-tsett
b	beh	i	ih	p	peh	v	fau	ä	ah-Umlaut
c	tseh	j	jot	q	kuh	w	weh	ö	oh-Umlaut
d	deh	k	kah	r	err	x	iks	ü	uh-Umlaut
e	eh	l	ell	s	ess	y	üppsilon		
f	eff	m	emm	t	teh	z	tsett		
g	geh	n	enn						

I. Was fehlt? (What's missing?) You will hear the spelling of several words and phrases. Fill in the missing letters as they are pronounced.

⬛ S / t / u / d / e / n / t
____udent   _St_udent

1. ____aa____e   6. T____au____

2. T____bingen   7. Ent_____uldigu_____

3. Bu____ ____   8. ____lein

4. Ge____en____ie!   9. gro____

5. ____et____en   10. W____her ko____ ____en ____ie?

HÖRTEXT 4

J. **Wer bin ich?** You will hear impersonations of several famous people. After listening to each one, check the name of the celebrity who was being impersonated.

1. ____ a. Madonna
   ____ b. Céline Dion
   ____ c. Pink

2. ____ a. Chris Evert-Lloyd und John McEnroe
   ____ b. Martina Navratilova und Andre Agassi
   ____ c. Steffi Graf und Boris Becker

3. ____ a. Conan O'Brien
   ____ b. David Letterman
   ____ c. Jon Stewart

K. **Logik.** You will hear a list of number patterns. Write down the next logical number at the end of each pattern. After you have listened to the entire list, stop the audio and write out the German spelling of each number.

◼ eins, zwei, drei
   _4_ _vier_ _____

1. ____ _____
2. ____ _____
3. ____ _____
4. ____ _____
5. ____ _____
6. ____ _____

Hörtext 5

L. Im Klassenzimmer von Frau Stein. You will hear several brief conversational exchanges that took place in Frau Stein's class yesterday. It was not a good day. Select the objects mentioned in each exchange.

▪ FRAU STEIN: Guten Tag, Susanne.
SUSANNE: Guten Tag, Frau Stein.
FRAU STEIN: Haben Sie das Buch?
SUSANNE: Ja, hier ist es.
FRAU STEIN: Danke. Nehmen Sie bitte Platz.

*You select the drawing of the book, as you will recall that the word **Buch** means **book**.*

1.

3.

5.

2.

4.

6.

Familie und Freunde

ZIELTEXTDIKTAT

TEIL 1 The following conversation is a shortened version of the **Zieltext**. Before you listen to this conversation, read and listen to the expressions that are missing in the conversation.

keine Ahnung ▪ ist ▪ verbringt ▪ besuchen ▪ eine E-Mail ▪
auf Deutsch ▪ nach ▪ sie ▪ etwas Zeit ▪ freue mich

TEIL 2 Listen to the conversation and fill in the missing expressions.

KATJA: Schau mal, Mutti. Da ist (1) _____ _____ aus Amerika!

TANTE USCHI: Von wem ist (2) _____ denn, Katja?

KATJA: Ich hab' (3) _____ _____ .

TANTE USCHI: Ist sie vielleicht von Hannelore?

KATJA: Nein, Moment mal. Die E-Mail (4) _____ von Anna. Aber sie schreibt (5) _____ _____ !

TANTE USCHI: Lass mal sehen … Aha … Anna kommt (6) _____ Deutschland.

KATJA: Was? Wann denn? Warum denn?

TANTE USCHI: Sie (7) _____ zwei Semester in Tübingen. Und sie hat (8) _____ _____ , bevor das Semester beginnt.

KATJA: Was möchte sie denn hier machen?

TANTE USCHI: Sie möchte uns (9) _____ .

KATJA: Das ist toll, dass die Anna kommt.

TANTE USCHI: Ich (10) _____ _____ auch, dass sie kommt.

HÖRTEXT 1

A. Wer bin ich? The members of Anna's family are describing themselves. Listen to their descriptions, then indicate who is talking.

1. Es ist _____ .

   a. Annas Mutter   b. Annas Tante   c. Annas Kusine

2. Es ist _____ .

   a. Annas Vater   b. Annas Cousin   c. Annas Bruder

3. Es ist _____.

   a. Annas Kusine   b. Annas Großmutter   c. Annas Tante

4. Es ist _____.

   a. Annas Vater   b. Annas Großvater   c. Annas Onkel

HÖRTEXT 2

B. Anna lernt einen deutschen Studenten kennen. At a party at a friend's house in Fort Wayne, Anna meets a German student. As you listen to their conversation, circle the names of people and places that you hear.

Katja   Rom   Tom   Deutschland   Natalie   Paris   Detlev

Fort Wayne   Hannelore   Tübingen   Anna   Cambridge   Georg   Amerika

C. Hören Sie noch einmal zu (*Listen again*). Listen to the conversation again. Then answer the questions. More than one answer may be correct.

1. Whom does Anna meet at the party?

   _____ a. Tom

   _____ b. Bob

   _____ c. Detlev

2. Where does he come from?

   _____ a. Tübingen

   _____ b. Rom

   _____ c. Cambridge

3. What does he do?

   _____ a. He's a travel agent.

   _____ b. He's an Italian professor.

   _____ c. He's a student.

4. What does Anna tell him about herself?

   _____ a. ... that she likes to play tennis.

   _____ b. ... that she is studying German.

   _____ c. ... that she is looking forward to the museums in Germany.

   _____ d. ... that her mother is German.

5. Whom does he describe to Anna?

   _____ a. a friend

   _____ b. his sister

   _____ c. his aunt

6. Which of the following statements apply to the person he describes?

_____ a. The person does not enjoy sports.

_____ b. The person likes to hike and play tennis.

_____ c. The person studies art history and Italian.

_____ d. The person lives alone.

7. By the end of the conversation, what does Anna know about her conversation partner?

_____ a. Where his parents live and their telephone number.

_____ b. That he's a sports fanatic.

HÖRTEXT 3

D. Was? Wann? Listen to the radio announcement of the special shows this coming weekend on **Radio Vorsprung**. Circle the correct day and time of each show.

MOZARTSTUNDE MIT KLAUS BRAUN

TAG	Freitag	Samstag	Sonntag
ZEIT	8.00–9.30	2.00–3.00	20.00–21.30

TENNIS-TIPPS MIT ROGER FEDERER

TAG	Freitag	Samstag	Sonntag
ZEIT	11.00–11.30	13.00–14.00	1.00–1.45

BERLINER PHILHARMONISCHES ORCHESTER

TAG	Freitag	Samstag	Sonntag
ZEIT	9.00	10.30	19.30

EXKLUSIVINTERVIEW MIT ANGELA MERKEL

TAG	Freitag	Samstag	Sonntag
ZEIT	21.00–22.30	9.00–10.30	1.00–2.30

DISKUSSION COMPUTER UND KOMMUNIKATION

TAG	Freitag	Samstag	Sonntag
ZEIT	14.00	10.00	4.00

RHYTHMEN DER KARIBIK

TAG	Freitag	Samstag	Sonntag
ZEIT	17.00	6.00	16.00

E. Logisch oder unlogisch? You will hear eight pairs of questions and answers. If the response is a logical reply to the question, check **logisch**. If the response is not logical, check **unlogisch**.

	logisch	unlogisch
1.	_____	_____
2.	_____	_____
3.	_____	_____
4.	_____	_____
5.	_____	_____
6.	_____	_____
7.	_____	_____
8.	_____	_____

F. Was hören Sie?

TEIL 1 Listen to the sounds on the recording and match each sound with an appropriate German phrase.

1. _____   a. Das Kind hat Tennis nicht gern.
2. _____   b. Sie haben Musik gern.
3. _____   c. Ich habe Durst.
4. _____   d. Sie hat Angst.
5. _____   e. Sie haben ein Auto.
6. _____   f. Er hat Hunger.

TEIL 2 Now listen to the questions about yourself and answer in complete German sentences.

1. _____
2. _____
3. _____
4. _____

HÖRTEXT 4

G. Was studiere ich? You will hear four German students describe what they are studying. Check the most likely profession each person will pursue, based on his/her description.

1. _____   a. medical doctor
   _____   b. diplomat

2. _____   a. French professor
   _____   b. composer

3. _____ a. sports physician

_____ b. professional soccer player

4. _____ a. mathematician

_____ b. professional student

HÖRTEXT 5

H. Ein Roman (*novel*). Listen to the beginning of Michael Kaluder's new novel. Then answer the questions.

1. Um wie viel Uhr beginnt der Roman? _____

2. Wie heißt die Hauptfigur°? _____ *main character*

3. Wer ruft zuerst° an? _____ *first*

4. Was wissen wir von der Hauptfigur? Check all answers that apply.

_____ a. Er hört gern Musik.

_____ b. Er ist Student.

_____ c. Er ist verheiratet.

_____ d. Er ist ledig.

_____ e. Er ist sehr sportlich.

_____ f. Er macht eine Reise.

5. Was macht Janus nach dem Telefongespräch°? Schreiben Sie   *after the phone call*
auf Deutsch.

_____

_____

_____

6. Was meinen Sie: wer ruft um zehn Uhr an? _____

Was gibt es in Heidelberg und Mannheim zu tun?

ZIELTEXTDIKTAT

TEIL 1 The following conversation is a shortened version of the **Zieltext.** Before you listen to this conversation, read and listen to the expressions that are missing in the conversation.

du kennst ▪ es gibt ▪ essen ▪ fahren ▪ machen ▪
nach ▪ Samstag ▪ Schloss ▪ sehen ▪ wann

TEIL 2 Listen to the conversation and fill in the missing expressions.

GEORG: Du, Mutti, Vati ... Hört mal zu: Am (1) _____ kommt doch

                Anna aus Amerika.

GEORG: Was (2) _____ wir denn dann?

ONKEL HANNES: Warum fahren wir nicht nach Mannheim? Das ist sehr schön, und

                (3) _____ dort viel zu sehen – das Rathaus, die

                Fußgängerzone und den Marktplatz.

TANTE USCHI: Ich habe gedacht, wir fahren (4) _____ Heidelberg.

ONKEL HANNES: (5) _____ das Museum in Heidelberg doch gar nicht.

TANTE USCHI: Ich kenne ein sehr gutes, kleines Restaurant in der Nähe vom Heidelberger

                (6) _____.

TANTE USCHI: Und das große Fass im Schloss, das muss sie (7) _____.

TANTE USCHI: Gut, zuerst ins Museum, dann (8) _____, dann ins Schloss.

TANTE USCHI: Und (9) _____ machen wir das, am Samstag?

ONKEL HANNES: (10) _____ wir lieber am Sonntag nach Heidelberg.

WORTDETEKTIV

TEIL 1 Before listening to the texts for this chapter, look at the German words in the left column. These are words you will hear in the texts, and they may be unfamiliar to you. Take a moment to see if you can guess their meaning.

Deutsch	Englisch
_____ 1. Bus	a. *finished*
_____ 2. mir	b. *second*
_____ 3. zweites	c. *lovesickness*
_____ 4. mit	d. *naturally*
_____ 5. Liebeskummer	e. *bus*
_____ 6. Pläne	f. *together*
_____ 7. zusammen	g. *me*
_____ 8. natürlich	h. *with*
_____ 9. fertig	i. *plans*

TEIL 2 Now, listen to the following words and repeat after the speaker.

Bus ▪ mir ▪ zweites ▪ mit ▪ Liebeskummer ▪
Pläne ▪ zusammen ▪ natürlich ▪ fertig

HÖRTEXT 1

A. Katja und Erika machen Pläne. Katja, Günther and her friend Erika are making plans for the weekend. Listen to their telephone conversation. Then read the statements and check **richtig** if the statement is true; check **falsch** if the statement is false.

	richtig	falsch
1. Katja and her mother are going to go shopping together.	_____	_____
2. Erika doesn't want to do the fitness course.	_____	_____
3. Katja and Erika decide to do the course in the afternoon.	_____	_____
4. Erika and Katja are going to bring a big picnic on the course.	_____	_____
5. In the evening, Katja and Erika are going to go to the movies.	_____	_____

HÖRTEXT 2

B. Katja spricht mit ihrer Mutter. Listen to the following conversation between Katja and her mother. Check who is making each statement.

	Katja	Mutter
1. Anna kommt morgen an.	_____	_____
2. Du vergisst alles.	_____	_____
3. Vielleicht möchte sie mitgehen.	_____	_____

	Katja	Mutter
4. Aber sie möchte vielleicht ein bisschen schlafen.	_____	_____
5. Na, dann kann ich mit Erika doch den Trimm-dich-Pfad machen.	_____	_____
6. Morgen fährst du mit zum Flughafen und dann bleibst du bei der Familie.	_____	_____
7. Was machen wir in Heidelberg?	_____	_____
8. Wir gehen in der Stadt spazieren und vielleicht ins Museum.	_____	_____
9. Wie lange bleiben wir?	_____	_____
10. Langweilig ist es nicht im Café am Theater.	_____	_____

C. **Noch einmal: Katja und ihre Mutter.** Listen to the conversation between Katja and her mother again. Now hear Katja ask four questions. Below are two responses for each question. Check the responses that best answer Katja's questions, based on her conversation with her mother. You will hear each of Katja's questions twice.

1. _____ a. Ich weiß es im Moment nicht.

   _____ b. Anna kommt morgen an.

2. _____ a. Wir machen den Trimm-dich-Pfad.

   _____ b. Wir gehen spazieren und ins Museum.

3. _____ a. Bestimmt nicht.

   _____ b. Vielleicht.

4. _____ a. Ja, im Café am Theater.

   _____ b. Ja, wir essen am Flughafen.

HÖRTEXT 3

D. **Katja ruft Erika an.** It was inevitable. Katja must call Erika back and change their plans for doing the fitness course. Listen to their conversation. Then complete the sentences by filling in the correct coordinating conjunctions.

1. Katja kann am Samstag nicht spazieren gehen, _____ ihre Kusine aus Amerika kommt am Samstag an.

2. Gehen Erika und Katja am Samstagabend in die Disko, _____ muss Katja zu Hause bleiben?

3. Katja möchte tanzen gehen, _____ ihre Kusine möchte vielleicht ein bisschen schlafen.

4. Sie gehen Montagabend nicht tanzen, _____ schwimmen.

5. Am Montag Abend gehen Katja, Erika und Anna schwimmen, _____ dann gehen sie in das Kleine Café.

HÖRTEXT 4

E. Was kaufen wir? Erika and her father are preparing their grocery list. Listen as they prepare their list and circle the items they decide to buy.

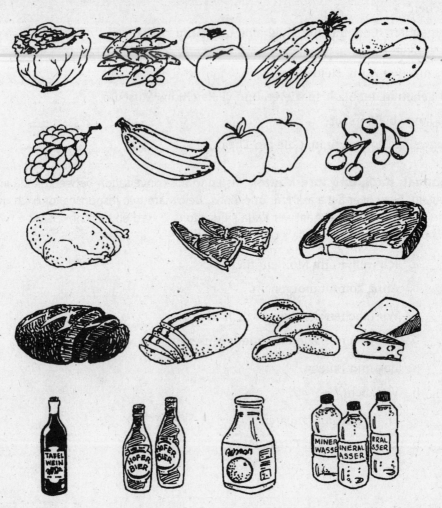

HÖRTEXT 5

F. Einkaufen gehen.

TEIL 1 Before listening to Erika and her father's conversation during their shopping trip, read and listen to some new words. Repeat after the speaker.

Neue Vokabeln

geschnitten	*sliced*
am Stück	*in a chunk*
der Emmentaler Käse	*Swiss cheese*
der Gouda-Käse	*Gouda cheese*
preiswert	*bargain-priced*
die Hähnchenbrust	*chicken breast*
die Schinkenwurst	*ham-bologna sausage*
die Putensalami	*turkey salami*
die Tüte, -n	*bag*
die Summe	*sum, total*
das Kleingeld	*change*

TEIL 2 Now listen to Erika and her father's conversations as they do their shopping. Each item they purchase is listed here. The lists also indicate prices and amounts. Highlight the correct prices and amounts that you hear.

Käse	Preis pro 100 Gramm	Menge
Deutscher Emmentaler Käse	€0,49 €0,99 €1,49 €1,99 €2,49	150g 200g 250g 300g 310g 350g
Schweizer Emmentaler Käse	€0,49 €0,99 €1,49 €1,99 €2,49	150g 200g 250g 300g 310g 350g
junger Gouda-Käse	€0,49 €0,99 €1,49 €1,99 €2,49	150g 200g 250g 300g 310g 350g
mittelalter Gouda-Käse	€0,49 €0,99 €1,49 €1,99 €2,49	150g 200g 250g 300g 310g 350g

Summe: €1,52 €2,52 €3,25 €4,75 €6,25 €7,52
Kleingeld: €0,25 €0,50 €0,75 €0,85 €0,95 €6,25

Fleisch	Preis pro 100 Gramm	Menge
Hähnchen	€1,99 €2,99 €3,99 €4,99 €5,99	100g 250g 500g 750g 850g 950g 1000g
Schinkenwurst	€0,99 €1,49 €1,99 €2,09 €2,39	100g 250g 375g 500g
Putensalami	€0,99 €1,49 €1,99 €2,09 €2,39	100g 250g 375g 500g

Summe: €0,99 €1,49 €3,73 €6,27 €9,50 €10,00
Kleingeld: €0,79 €1,49 €2,37 €3,73 €6,27 €7,37

HÖRTEXT 6

G. Ein Roman. In **Kapitel 2** of the Lab Manual, you heard the beginning of Michael Kaluder's new novel. Herr Kaluder has been working on Chapter Two. Listen to it and then answer the questions.

1. Mit wem spricht Janus am Telefon? _____

2. Was spielen Janus und seine Freunde? _____

3. Was haben die Männer nach dem Spiel vor? _____

4. Wohin fahren sie? _____

5. Was sagt ein Mann über Janus? _____

H. Wer hat meine Zeitung? Claudio's stuff is everywhere and he can't find anything. Listen to his questions and exclamations. Here are two possible responses from his mother. Check the correct response to each question.

☐ Wer hat meine Zeitung?

____✓ a. Karin hat sie.   _____ b. Karin hat es.

1. _____ a. Karin hat sie.   _____ b. Karin hat es.

2. _____ a. Ich sehe ihn im Garten!   _____ b. Ich sehe es im Garten!

3. _____ a. Dein Vater schaut euch an.   _____ b. Dein Vater schaut sie an.

4. _____ a. Du findest ihn schon.   _____ b. Du findest es schon.

5. _____ a. Nein, ich gehe am Nachmittag   _____ b. Nein, ich gehe am Nachmittag
          einkaufen. Ich kaufe sie dann.   einkaufen. Ich kaufe ihn dann.

6. _____ a. Ich höre dich nicht.   _____ b. Ich höre mich nicht.

HÖRTEXT 7

I. Zwei Freundinnen. Two friends, Inge and Monika, haven't seen each other since they finished **Gymnasium** (a type of secondary school). They meet again and talk about what has happened in their families over the years. Listen to their conversation and check **Inges Familie** or **Monikas Familie** to indicate whether a person belongs to Inge's family or to Monika's.

	Inges Familie	Monikas Familie
1. Klaus	_____	_____
2. Uli	_____	_____
3. Sabine	_____	_____
4. Enkelkinder	_____	_____
5. Carlos	_____	_____
6. Max	_____	_____
7. Eltern	_____	_____

J. Noch einmal: Zwei Freundinnen. Listen again to Inge and Monika's conversation. Then highlight the name of the person described in each statement.

1. Seine Frau heißt Inge.

   Max   Klaus   Carlos

2. Monika und Inge kennen seinen Vater aus der Schule.

   Carlos   Max   Klaus

3. Ihre Kinder sind drei und fünf Jahre alt.

   Inge   Uli   Sabine

4. Ihr Mann kommt aus Kanada.

   Inge   Monika   Sabine

5. Ihr Studienfach ist Chemie.

   Max   Uli   Sabine

6. Sein Studienfach ist Medizin.

   Max   Uli   Sabine

7. Ihre Eltern wohnen im Winter in Florida.

   Sabine   Max   Monika

8. Ihre Tochter spielt gern Golf.

   Monikas Eltern   Inge und Klaus

9. Seine Eltern sind geschieden.

   Max   Klaus   Carlos

10. Ihre Mütter sind Freundinnen.

    Inge und Klaus   Monika und Carlos   Uli, Sabine und Max

Unterwegs

ZIELTEXTDIKTAT

TEIL 1 Das folgende Gespräch° ist eine verkürzte Version des Zieltexts. Im Transkript   *conversation*
fehlen einige Wörter. Hören Sie sich zuerst die fehlenden Wörter an.

Ankunft ▪ erkennen ▪ bisschen ▪ soll ▪ Auto ▪ Rucksack
denn ▪ Gepäck ▪ Koffer ▪ können ▪ willkommen ▪ Schild

TEIL 2 Hören Sie sich das Gespräch an und schreiben Sie dann die fehlenden Wörter in die Lücken.

KATJA: Georg, hier! Da vorne steht's: (1) _____ .

Kannst du das (2) _____ nicht sehen?

GEORG: Mutti, wie, wie können wir sie denn (3) _____ ,

eh, unsre Kusine Anna?

TANTE USCHI: Hat sie nicht so einen lila (4) _____ ?

KATJA: Und lange blonde Haare (5) _____ sie haben.

Wann kommt sie (6) _____ endlich raus?

ONKEL HANNES: Das kann nicht mehr so lange dauern, aber sie muss noch ihr

(7) _____ holen.

TANTE USCHI: Also, ich glaube, wir müssen wohl noch ein

(8) _____ warten.

TANTE USCHI & ONKEL HANNES: Herzlich (9) _____ , Anna! Na, jetzt gehen

wir mal zum (10) _____ . Hast du deine

(11) _____ ? Komm, gib sie her. Also jetzt

(12) _____ wir losfahren.

HÖRTEXT 1

A. Wer ist die Diebin? Unsere Diebin aus **Kapitel 1** des Hörprogrammes ist noch immer aktiv. Sie stiehlt weiterhin[1] Bücher. Jetzt hören Sie ein Gespräch zwischen[2] Inspektor Prachner und Frau Katz. Frau Katz hat die Diebin gesehen[3] und sagt Inspektor Prachner, wie sie aussieht. Hören Sie gut zu. Ergänzen Sie dann die Beschreibung.

[1]**stiehlt weiterhin:** *continues to steal*   [2]*between*   [3]**hat gesehen:** *saw*

Die Diebin ist (1) _____ und ein bisschen mollig. Sie hat

(2) _____ , (3) _____ , (4) _____

Haare und (5) _____ Augen. Sie trägt einen dunkelblauen

207

(6) _____. Sie trägt eine beigefarbige (7) _____ und

flache, blaue (8) _____. Sie trägt auch einen (9) _____.

Der Mantel ist auch (10) _____. Sie trägt (11) _____

Handtasche, aber einen (12) _____. Sie sieht sehr

(13) _____ und (14) _____ aus. Sie ist

(15) _____ bis (16) _____ Jahre alt.

HÖRTEXT 2

B. Wortdetektiv. Bevor Sie sich den nächsten Text anhören, schauen Sie sich die folgenden Wörter und Ausdrücke aus dem Text an. Welche Wörter und Ausdrücke bedeuten ungefähr das gleiche?

_____ 1. das Kostüm, -e   a. diamond necklace

_____ 2. der Anzug, ̈e   b. costume; woman's suit

_____ 3. die Diamantenkette, -n   c. man's suit

_____ 4. aus dem feinsten Leinen   d. lined

_____ 5. gefüttert   e. (made) from cotton

_____ 6. aus indischer Seide   f. (made) from the finest linen

_____ 7. das Leder   g. (made) from Indian silk

_____ 8. aus Baumwolle   h. leather

_____ 9. mit dem lockeren Schnitt der Hosen   i. underneath

_____ 10. zieht jetzt die Jacke aus   j. now takes off the jacket

_____ 11. darunter   k. with the loose cut of the pants

C. Modeschau[1] in Düsseldorf. Düsseldorf ist das Modezentrum Deutschlands. Viermal[2] im Jahr treffen sich dort Designer aus der ganzen Welt[3], um ihre neue Kollektion zu präsentieren. Für jedes[4] Model sehen Sie zwei Zeichnungen[5]. Hören Sie sich die Präsentation an, und wählen[6] Sie die richtige Zeichnung.

[1]fashion show   [2]Four times   [3]world   [4]each   [5]drawings   [6]select

Neue Vokabeln

die Viskose *rayon*

a. _____   b. _____   a. _____   b. _____

Name _____ Klasse _____ Datum _____

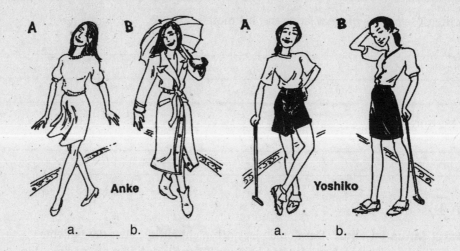

A   B   A   B

Anke   **Yoshiko**

a. ____   b. ____   a. ____   b. ____

HÖRTEXT 3

D. Ein Film. Der beliebte deutsche Filmemacher Manfred Manfred will aus dem neuen Roman° von Michael Kaluder einen Film machen. Manfred Manfred und Michael Kaluder diskutieren die Eigenschaften der Figuren. Hören Sie sich das Gespräch an und wählen Sie die Eigenschaften° für jede° Person.

novel

characteristics / each

JANUS		SEINE MUTTER	
freundlich	unfreundlich	freundlich	unfreundlich
offen	schüchtern	offen	schüchtern
locker	steif	locker	steif
selbstsicher	unsicher	selbstsicher	unsicher
sportlich	unsportlich	sportlich	unsportlich
klug/intelligent	dumm	klug/intelligent	dumm
ruhig	laut	ruhig	laut
kreativ	einfallslos	kreativ	einfallslos
musikalisch	unmusikalisch	musikalisch	unmusikalisch
heiter	ernst	heiter	nie lustig
fleißig	faul	fleißig	faul
interessant	langweilig	interessant	langweilig
sympathisch	unsympathisch	sympathisch	unsympathisch

Now write descriptions of what Janus and his mother are like.

Janus: _____

_____

_____

Seine Mutter: _____

_____

_____

HÖRTEXT 4

E. Was trägt Janus im Film? Der Roman ist noch nicht fertig°, aber der beliebte *finished* deutsche Filmemacher Manfred Manfred beginnt Pläne für den Film zu machen. Sie hören ein Gespräch zwischen Manfred Manfred und Adriana Haub. Frau Haub ist Kostümbildnerin°. Hier sehen Sie einige Kleidungsstücke. Schreiben Sie **1** neben *costume designer* die Kleidungsstücke, die Janus in der ersten Szene trägt und **2** neben die Kleidungsstücke, die er in der zweiten Szene trägt. (*NOTE: You may not need all the items below.*)

■ MANFRED: Was trägt er in der zweiten Szene?
FRAU HAUB: Er trägt Jeans.

Neue Vokabeln

passen *to fit*
der Typ, -en *type; model*

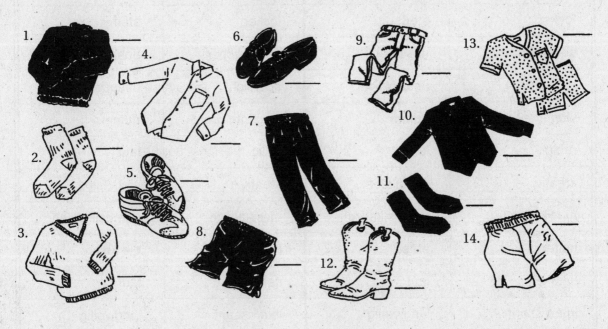

HÖRTEXT 5

F. Noch einmal: Manfred Manfred. Jetzt sprechen der beliebte deutsche Filmemacher
Manfred Manfred und die Besetzungsleiterin° über die Figur von Janus. Hören   *casting director (f.)*
Sie sich das Gespräch an. Wählen Sie dann die Sätze, die Janus richtig beschreiben.

1. Größe°:   *height*

   _____ a. Er darf nicht kleiner als ein Meter achtzig sein.

   _____ b. Er muss kleiner als ein Meter achtzig sein.

2. Körperbau:

   _____ a. Er kann schlank oder nicht schlank sein.

   _____ b. Er muss schlank sein.

3. Haarfarbe:

   _____ a. Er soll braune oder blonde Haare haben.

   _____ b. Er muss braune oder blonde Haare haben.

G. Nur Katja oder Katja und Georg? Sie hören jetzt einige Aussagen von Tante Uschi. Sagt
Tante Uschi nur Katja, was sie tun soll? Oder sagt Tante Uschi Katja und Georg, was sie tun sollen?
Was hören Sie? Wählen Sie **a** für den **du**-Imperativ oder **b** für den **ihr**-Imperativ. Sie hören jede
Aussage zweimal.

	du-Imperativ	*ihr*-Imperativ
■ Steht bitte auf!	a. _____	b. ✓
1.	a. _____	b. _____
2.	a. _____	b. _____
3.	a. _____	b. _____
4.	a. _____	b. _____
5.	a. _____	b. _____
6.	a. _____	b. _____
7.	a. _____	b. _____
8.	a. _____	b. _____

H. Jetzt spricht Onkel Hannes. Sie hören jetzt einige Aussagen von Onkel Hannes. Soll nur
Katja etwas machen? Sollen Katja und Georg etwas machen? Oder soll die ganze Familie etwas
machen? Was sagt Onkel Hannes? Wählen Sie **a** für den **du**-Imperativ, **b** für den **ihr**-Imperativ
oder **c** für den **wir**-Imperativ. Sie hören jede Aussage zweimal.

	du-Imperativ	*ihr*-Imperativ	*wir*-Imperativ
1.	a. _____	b. _____	c. _____
2.	a. _____	b. _____	c. _____
3.	a. _____	b. _____	c. _____
4.	a. _____	b. _____	c. _____

	du-Imperativ	*ihr*-Imperativ	*wir*-Imperativ
5.	a. _____	b. _____	c. _____
6.	a. _____	b. _____	c. _____
7.	a. _____	b. _____	c. _____
8.	a. _____	b. _____	c. _____

HÖRTEXT 6

I. Familie Günther fährt zum Flughafen. Hören Sie, wie die Fahrt° zum Flughafen war. *drive*
Ergänzen Sie dann die Beschreibung mit der richtigen Präposition und beantworten Sie die
Fragen auf Deutsch.

Neue Vokabeln

die Ecke, -n	*corner*
der Eingang, ⸚e	*entrance*
gleich	*right*

Familie Günther fährt zum Flughafen, denn Anna kommt (1) _____

acht Uhr an. Sie fahren auf der Autobahn und nicht (2) _____ die

Stadt. Frau Günther möchte aber (3) _____ die Stadt fahren. Sie will

(4) _____ Anna Blumen kaufen. Am Flughafen ist es schwer, einen

Parkplatz zu finden. Wenn sie keinen Parkplatz finden, müssen Frau Günther und die

Kinder Anna (5) _____ Herrn Günther treffen. Aber dann fahren sie

(6) _____ die Ecke, und sie finden einen Platz. Der Platz ist ein bisschen

klein (7) _____ das Auto. Die Günthers müssen (8) _____

den Flughafen laufen. Sie kommen aber nicht zu spät an, denn die Passagiere kommen noch

nicht (9) _____ den Zoll.

10. Warum können die Günthers nicht durch die Stadt fahren? _____

_____

11. Warum können sie nicht schnell einen Parkplatz finden? _____

_____

12. Kommt Herr Günther mit in den Flughafen? _____

_____

Freundschaften

ZIELTEXTDIKTAT

TEIL 1 Das folgende Gespräch ist eine verkürzte Version des Zieltexts. Im Transkript fehlen einige Wörter. Hören Sie sich zuerst die fehlenden Wörter an.

dass ▪ wissen ▪ einen Amerikaner ▪ kennen lernen ▪
weißt ▪ dagegen ▪ wenigstens ▪ gegen

TEIL 2 Hören Sie sich das Gespräch an und schreiben Sie dann die fehlenden Wörter in die Lücken.

OMA: Ach, Anna es ist schön, (1) _____ du da bist.

OPA: Und dass wir dich endlich besser (2) _____ _____.

ANNA: Ja, ich bin auch froh, dass ich hier bin.

OMA: Ja, wir sind froh, nachdem die Hannelore weg ist, dass wir (3) _____

irgend jemand von Amerika wieder hier haben.

ANNA: Aber da wollte ich eigentlich etwas (4) _____ über Mama.

ANNA: Warum, öh, was habt ihr eigentlich gedacht, als sie (5) _____

_____ geheiratet hat?

OMA: Ach Anna, (6) _____ du, das war keine leichte Entscheidung damals.

OPA: Also wir waren eigentlich (7) _____.

ANNA: Dagegen? Gegen Papa?

OMA: Ach nein, nicht (8) _____ deinen Papa. Wir wollten unsere Kinder

eben hier behalten, ne? In Deutschland und nicht so weit weg, weißt du?

ANNA: Ja, das verstehe ich.

A. Michael Kaluders Roman: Kapitel drei. Sie hören jetzt Kapitel drei von Michael Kaluders Roman, „Die Große Liebe". Hören Sie sich das Kapitel ein paar Mal an, und bringen Sie die folgenden zehn Bilder von der Geschichte in die richtige Reihenfolge.

_____   _____   _____   _____

_____   _____   _____

_____   _____   _____

HÖRTEXT 2

B. Was haben sie gemacht? In **Kapitel 3** haben Katja und Erika für Montag Pläne gemacht. Es ist jetzt Dienstag früh. Katja und ihre Kusine Anna erzählen Katjas Mutter, was sie alles am Montag mit Erika gemacht haben. Hören Sie sich das Gespräch an und kreuzen Sie dann an, wer die Aussagen macht – Tante Uschi, Katja oder Anna.

	Tante Uschi	Katja	Anna
1. Seid ihr gut ausgeschlafen?	_____	_____	_____
2. Der Pfad hat Spaß gemacht.	_____	_____	_____
3. Ich glaube, wir haben den Pfad in weniger als drei Stunden gemacht.	_____	_____	_____
4. Wir sind fast vier Stunden gelaufen, und wir haben nicht alle Übungen gemacht.	_____	_____	_____
5. Und wie war es im Hallenbad?	_____	_____	_____
6. Wir sind lange geschwommen.	_____	_____	_____
7. Wir haben Karl, Mario und Inge getroffen.	_____	_____	_____
8. Als ihr euch gestern Abend getroffen habt, habt ihr euch umarmt und geküsst.	_____	_____	_____
9. Sie haben sich am Wochenende versöhnt.	_____	_____	_____
10. Erwin ist eifersüchtig° geworden.	_____	_____	_____	*jealous*
11. Hat sie mit ihm geflirtet oder nur geredet?	_____	_____	_____
12. Mir hat das Café sehr gefallen.	_____	_____	_____
13. Die Musik habe ich nicht zu laut gefunden.	_____	_____	_____
14. Wir haben dort gegessen.	_____	_____	_____
15. Hat es dir geschmeckt?	_____	_____	_____
16. Sie haben viel getanzt.	_____	_____	_____
17. Ich habe es schon vergessen.	_____	_____	_____

C. Noch einmal: Katja, Anna und Tante Uschi. Hören Sie sich zuerst das Gespräch zwischen Katja, Anna und Tante Uschi noch einmal an. Sie hören jetzt für jedes der sieben Bilder zwei mögliche Titel. Kreuzen Sie den passenden Titel für jedes Bild an. Sie hören jeden Titel zweimal.

1. a. _____ b. _____   2. a. _____ b. _____   3. a. _____ b. _____   4. a. _____ b. _____

5. a. _____ b. _____   6. a. _____ b. _____   7. a. _____ b. _____

D. Fragen. Hören Sie sich das Gespräch zwischen Katja, Anna und Uschi zuerst noch einmal an. Jetzt hören Sie sieben Fragen zum Gespräch. Jede Frage hat zwei oder drei mögliche Antworten. Kreuzen Sie die richtige Antwort an. Sie hören jede Frage zweimal.

1. _____ a. Sie haben getanzt.

   _____ b. Sie sind gelaufen.

   _____ c. Sie sind geschwommen.

2. Voom Voom _____

   Das Kleine Café _____

3. _____ a. Sie sind ein bisschen geschwommen..

   _____ b. Sie sind nur in die Sauna gegangen.

   _____ c. Sie sind geschwommen und in die Sauna gegangen.

4. _____ a. Anna hat Volker kennen gelernt.

   _____ b. Anna, Katja und Erika haben Freunde getroffen.

   _____ c. Katja hat mit Erwin geflirtet.

5. _____ a. Sie haben sich gestritten und dann getrennt.

   _____ b. Sie haben sich versöhnt.

   _____ c. Sie haben sich verlobt.

6. _____ a. Sie hat einen Hamburger mit Spiegelei gegessen.

   _____ b. Sie hat Volker kennen gelernt.

   _____ c. Sie hat nichts gemacht.

7. _____ a. Sie haben gegessen.

   _____ b. Sie haben gelesen.

   _____ c. Sie sind schlafen gegangen.

HÖRTEXT 3

E. Radio Vorsprung. Radio Vorsprung bringt den Wetterbericht für Europareisende. Hören Sie zu und schreiben Sie dann das Wetter für jede Stadt auf.

BERLIN

	DIENSTAG	MITTWOCH	DONNERSTAG
das Wetter	*sonnig + trocken schwacher Südostwind*	*sonnig + trocken*	*heiter*
Höchsttemperatur	*17*		
Tiefsttemperatur	*2*		

KOPENHAGEN

	DIENSTAG	MITTWOCH	DONNERSTAG
das Wetter			
Höchsttemperatur			
Tiefsttemperatur			

LONDON

	DIENSTAG	MITTWOCH	DONNERSTAG
das Wetter			
Höchsttemperatur			
Tiefsttemperatur			

MADRID	DIENSTAG	MITTWOCH	DONNERSTAG
das Wetter			
Höchsttemperatur			
Tiefsttemperatur			

PARIS	DIENSTAG	MITTWOCH	DONNERSTAG
das Wetter			
Höchsttemperatur			
Tiefsttemperatur			

WIEN	DIENSTAG	MITTWOCH	DONNERSTAG
das Wetter			
Höchsttemperatur			
Tiefsttemperatur			

HÖRTEXT 4

F. Wann? Wo? Sie hören fünf kurze Gespräche. Für jedes Gespräch sehen Sie zwei Jahreszeiten und zwei Orte. Kreuzen Sie an, wann und wo das Gespräch höchstwahrscheinlich° *most likely* stattfindet°. Sie hören jedes Gespräch zweimal. *takes place*

1. a. _____ im Frühling   b. _____ im Café
   _____ im Sommer   _____ im Kino

2. a. _____ im Sommer   b. _____ beim Skilaufen
   _____ im Winter   _____ im Hallenbad

3. a. _____ im Herbst   b. _____ an der Uni
   _____ im Sommer   _____ am Bahnhof

4. a. _____ im Frühling   b. _____ vor der Bäckerei
   _____ im Herbst   _____ vor der Bibliothek

5. a. _____ im Winter   b. _____ im Musikgeschäft
   _____ im Sommer   _____ zu Hause

HÖRTEXT 5

G. Wann? Wo? Was? Beate und Carlo planen eine Reise. Hören Sie sich ihr Gespräch an. Beantworten Sie dann die folgenden Fragen.

1. In welcher Jahreszeit findet das Gespräch statt°?   *findet statt: takes place*

   _____

2. Wohin fahren Beate und Carlo?

   _____

3. Wie soll das Wetter dort sein?

   _____

4. Was für Kleidung nehmen sie mit?

   Carlo:

   _____

   _____

   Beate:

   _____

   _____

H. Fragen beantworten. Sie hören jetzt fünf Fragen. Jede Frage hat drei Antworten. Kreuzen Sie die richtige Antwort an. Sie hören jede Frage zweimal.

1. _____ a. Nein. Das haben wir nicht gemacht, weil wir kein Geld gehabt haben.

   _____ b. Ja, aber ich weiß nicht, ob wir Brot brauchen.

   _____ c. Ja, aber wir gehen erst morgen.

2. _____ a. Ich weiß nur, dass sie groß ist, und dass sie lange, braune Haare hat.

   _____ b. Ich weiß nicht, ob er sie angerufen hat.

   _____ c. Sie trägt einen Wintermantel, weil es kalt ist.

3. _____ a. Ich weiß nicht, ob sie sich verlobt haben.

   _____ b. Ich glaube, weil sie sich lieben.

   _____ c. Ich weiß, dass sie sich getrennt haben.

4. _____ a. Ich weiß nicht, ob sie sich schon entschieden hat.

   _____ b. Ich glaube, dass sie zu zweit fahren.

   _____ c. Sie kann nicht fliegen, weil sie Angst hat.

5. _____ a. Ich weiß nicht, ob sein Freund das Geschenk gekauft hat oder nicht.

   _____ b. Ich glaube, dass ich den Freund kenne.

   _____ c. Sein Freund ist noch nicht angekommen, weil sein Flug Verspätung hat.

I. Logisch oder unlogisch? Sie hören fünf Aussagen oder Fragen. Nach jeder Aussage oder Frage hören Sie eine Antwort. Wenn die Antwort logisch ist, kreuzen Sie **logisch** an. Wenn die Antwort unlogisch ist, kreuzen Sie **unlogisch** an. Sie hören jede Aussage und Frage zweimal.

	logisch	unlogisch
1.	_____	_____
2.	_____	_____
3.	_____	_____
4.	_____	_____
5.	_____	_____

Willkommen in Tübingen

ZIELTEXTDIKTAT

TEIL 1 Das folgende Gespräch ist eine verkürzte Version des Zieltexts. Im Transkript fehlen einige Wörter. Hören Sie sich zuerst die fehlenden Wörter an.

Ausländer ▪ eingezogen ▪ Fach ▪ Gang ▪ gesehen ▪ Küche ▪ Kühlschränke ▪ Schlüssel ▪ Studentenwohnheim ▪ Töpfe ▪ unter Verschluss ▪ Zimmer

TEIL 2 Hören Sie sich das Gespräch an und schreiben Sie dann die fehlenden Wörter in die Lücken.

BARBARA: Ja, klar, komm, gehen wir in die (1) _____ .

ANNA: Küche? Hier im (2) _____ ?

BARBARA: Ja klar, wir können uns hier 'was zu essen machen. Grüßt euch, grüßt euch. Ich glaube, ich habe euch auch schon mal (3) _____ . Ich kenne eure Namen aber noch nicht.

INGE: Ja? Du bist da (4) _____ , ne?

ANNA: Ja genau. (5) _____ 217.

INGE: Ja, wir sind am Ende vom (6) _____ .

KARL: Hier wohnen eigentlich viele (7) _____ im Haus.

BARBARA: Anna hat ein bisschen Hunger, wir wollen uns eigentlich 'was zu essen machen, aber ich weiß nicht, wo die (8) _____ sind und so.

KARL: Ja, es gibt zwei (9) _____ hier …

KARL: Und wenn du die Tür dann aufmachst, hat jeder sein (10) _____ .

KARL: Und ich hoffe, dass dir der Hauswart einen (11) _____ mitgegeben hat.

INGE: Also die Küche ist immer offen, deswegen musst du eben dein Fach immer (12) _____ _____ halten.

WORTDETEKTIV

TEIL 1 Welche Wörter und Ausdrücke bedeuten ungefähr das gleiche?

Deutsch   **Englisch**

_____ 1. Kleiderbügel   a. to hang up

_____ 2. aufhängen   b. tacks

_____ 3. Reißnägel   c. tape (*similar to Scotch™ tape*)

_____ 4. Tesafilm®   d. clothes hanger(s)

_____ 5. bequem   e. to store in the cellar

_____ 6. entwerfen   f. locked up

_____ 7. an die Arbeit   g. comfortable

_____ 8. im Keller abstellen   h. to design

_____ 9. abgeschlossen   i. (let's get) to work

TEIL 2 Jetzt hören Sie sich die neuen Wörter an. Wiederholen Sie jedes Wort.

Kleiderbügel ▪ aufhängen ▪ Reißnägel ▪ Tesafilm® ▪ bequem
entwerfen ▪ an die Arbeit ▪ im Keller abstellen ▪ abgeschlossen

HÖRTEXT 1

A. Anna packt aus. Sie hören ein Gespräch zwischen Anna und Fabio. Fabio wohnt im selben Studentenwohnheim wie Anna. Hören Sie sich das Gespräch an. Kreuzen Sie dann an, ob die Aussagen stimmen oder nicht.

	Ja, das stimmt.	Nein, das stimmt nicht.
1. Fabio und Anna lernen sich erst kennen.	_____	_____
2. Fabio wohnt im Zimmer 320.	_____	_____
3. Fabio will, dass Anna ihm etwas leiht.	_____	_____
4. Anna hat nichts, mit dem Fabio seine Poster aufhängen kann.	_____	_____
5. Der Vater von Fabio kommt aus der Türkei.	_____	_____
6. Fabio spricht Deutsch und ein bisschen Italienisch und Türkisch.	_____	_____
7. Seine Mutter arbeitet bei einer Bank.	_____	_____
8. Anna braucht keine Kleiderbügel.	_____	_____
9. Anna möchte nicht mit Fabio einkaufen gehen.	_____	_____
10. Fabio braucht eine Pflanze und einen Wecker.	_____	_____

HÖRTEXT 2

B. Bei Fabio. Anna und Fabio kommen vom Einkaufen zurück. Hören Sie sich ihr Gespräch an. Beantworten Sie dann die Fragen.

1. Gefällt Anna das Zimmer von Fabio?

   _____

2. Wie sieht sein Zimmer aus?

   _____

3. Was für Musik hört Fabio gern?

   _____

4. Was hat Fabio alles im Zimmer? Wählen Sie **a**, **b** oder **c**.

   a. ein Telefon, einen Fernseher und einen Computer

   b. eine Stereoanlage, einen Fernseher und einen Computer

   c. einen Kühlschrank, eine Stereoanlage und einen Fernseher

5. Warum hat Fabio viele Kunstbücher?

   _____

6. Warum stellt Fabio sein Fahrrad nicht im Keller ab?

   _____

C. Zwei Brüder. Markus will etwas von Thomas ausleihen. Sie hören, wie Markus fünf Fragen an seinen Bruder Thomas stellt. Nach jeder Frage hören Sie zwei Antworten. Kreuzen Sie die richtige Antwort an. Achten Sie auf die Pronomen! Sie hören jede Frage und Antwort zweimal.

1. _____ a. _____ b.
2. _____ a. _____ b.
3. _____ a. _____ b.
4. _____ a. _____ b.
5. _____ a. _____ b.

D. Geburtstagsgeschenke. Sie hören einige Fragen und Antworten. Ergänzen Sie die Sätze mit den fehlenden Pronomen.

■ Was kaufst du Erika zum Geburtstag?

   Ich kaufe _____*ihr*_____ eine CD.

1. Ich kaufe _____ ein Wörterbuch.

2. Schenken wir _____ ein neues Fahrrad zum Geburtstag.

3. Ja, er gibt _____ einen roten Pullover.

4. Nein, wir haben _____ ein Video geschenkt.

5. Schenken wir _____ Theaterkarten.

HÖRTEXT 3

E. Was schenken wir wem? Annas Großeltern machen ihre Einkaufsliste für Weihnachten. Hören Sie sich ihr Gespräch an, und schreiben Sie auf, was die Großeltern für jede Person kaufen. Kreuzen Sie dann an, ob die Aussagen stimmen oder nicht. Wenn eine Aussage nicht stimmt, schreiben Sie was stimmt.

Die Großeltern kaufen für ...

Anna: _____

Jeff: _____

Hannelore: _____

Bob: _____

Katja: _____

Georg: _____

Uschi: _____

Hannes: _____

	Ja, das stimmt.	Nein, das stimmt nicht.
1. Oma und Opa Kunz diskutieren, was sie der Familie Adler zu Weihnachten schenken.	_____	_____
2. Frau Kunz will ihrem Enkel Jeff ein Wörterbuch kaufen.	_____	_____
3. Herr Kunz möchte seiner Enkelin Katja ein paar CDs kaufen.	_____	_____
4. Sie möchten ihrem Enkel Georg einen Basketball schenken.	_____	_____
5. Sie möchten ihrer Tochter Hannelore eine Tasche schenken.	_____	_____
6. Sie möchten ihrer Tochter Uschi Handschuhe schenken.	_____	_____
7. Herr Kunz möchte seinem Schwiegersohn Hannes eine Kamera schenken.	_____	_____

F. Wo sind diese Leute? Sie hören fünf kurze Gespräche. Kreuzen Sie an, wo jedes Gespräch wahrscheinlich stattgefunden hat. Sie hören jedes Gespräch zweimal.

1. _____ a. im Wohnzimmer _____ b. im Bad _____ c. im Schlafzimmer

2. _____ a. auf dem Balkon _____ b. in der Diele _____ c. in der Küche

3. _____ a. im Wohnzimmer _____ b. in der Küche _____ c. im Bad

4. _____ a. im Wohnzimmer _____ b. im Gästezimmer _____ c. in der Diele

5. _____ a. im Garten _____ b. in der Garage _____ c. im Gang

G. Frage und Antwort. Sie hören zehn Fragen. Nach jeder Frage hören Sie zwei Antworten. Kreuzen Sie die richtige Antwort an. Sie hören jede Frage und Antwort zweimal.

1. _____ a. _____ b.

2. _____ a. _____ b.

3. _____ a. _____ b.

4. _____ a. _____ b.

5. _____ a. _____ b.

6. _____ a. _____ b.

7. _____ a. _____ b.

8. _____ a. _____ b.

9. _____ a. _____ b.

10. _____ a. _____ b.

H. Logisch oder unlogisch? Sie hören acht kurze Gespräche. Wenn das Gespräch logisch ist, kreuzen Sie **logisch** an. Wenn das Gespräch unlogisch ist, kreuzen Sie **unlogisch** an. Sie hören jedes Gespräch zweimal.

logisch   unlogisch

1. _____   _____

2. _____   _____

3. _____   _____

4. _____   _____

5. _____   _____

6. _____   _____

7. _____   _____

8. _____   _____

HÖRTEXT 4

I. Ein Interview mit Aydin Yardimci. Journalistin Monika Hoegen interviewt Aydin Yardimci. Herr Yardimci ist Fleischgroßhändler° in Köln und ist Mitglied vom TIDAF   *meat wholesaler* (dem Bundesverband Türkisch-Deutscher Unternehmervereine). Bevor Sie sich das Interview anhören, schauen Sie sich die neuen Vokabeln an. Kreuzen Sie dann an, ob die Aussagen zum Text stimmen oder nicht.

Neue Vokabeln

arm	*poor*
die Existenzgründung, -en	*the establishing of one's livelihood*
das Geschäft, -e	*business; profit*
das nötige Kapital	*the necessary capital*
der Verband, ⸚e	*association (refers to the TIDAF)*
bietet an	*offers*
Kölner Industrie- und Handelskammer	*Cologne Chamber of Commerce*
beigetreten	*joined*
der Anteil, -e	*portion*
die Behörde, -n	*authority*
die Brücke, -n	*bridge*
die Ausländerfeindlichkeit	*hostility to foreigners, xenophobia*
kämpfen	*to fight*

	Ja, das stimmt.	Nein, das stimmt nicht.	
1. Herr Yardimci glaubt, wenn man in Deutschland fleißig arbeitet, kann man gut verdienen.	_____	_____	
2. Seiner Meinung nach haben viele Türken in Deutschland nicht genug Geld, ein Geschäft zu gründen.	_____	_____	
3. Viele Türken haben oft keine Erfahrung, wie man ein Geschäft oder Unternehmen gründet. Aus diesem Grund bieten die TIDAF und die Kölner Industrie- und Handelskammer zusammen nützliche° Seminare an.	_____	_____	*useful*
4. Viele Deutsche sind Mitglieder der TIDAF.	_____	_____	
5. Laut Herrn Yardimci ist der Kontakt zwischen den deutschen und türkischen Unternehmern sehr gut.	_____	_____	
6. Herr Yardimci muss sehr stark gegen Ausländerfeindlichkeit in Deutschland kämpfen.	_____	_____	
7. Herr Yardimci ist kein deutscher Staatsbürger.	_____	_____	

Man kann alles in der Stadt finden

ZIELTEXTDIKTAT

TEIL 1 Das folgende Gespräch ist eine verkürzte Version des Zieltexts. Im Transkript fehlen einige Wörter. Hören Sie sich zuerst die fehlenden Wörter an.

aktuell ▪ Bestseller ▪ Entschuldigen Sie ▪ für Sie ▪ gesund ▪ holen ▪
meinen ▪ mitkommen ▪ ohne ▪ Quittung ▪ sicher ▪ zur Kasse

TEIL 2 Hören Sie sich das Gespräch an und schreiben Sie dann die fehlenden Wörter in die Lücken.

VERKÄUFER: Guten Tag. Was kann ich (1) _____ _____ tun?

BARBARA: Könnten Sie mir da vielleicht mal helfen? Das soll ein (2) _____

sein.

VERKÄUFER: Also, (3) _____ haben wir momentan *Fitness für faule Säcke* von

Dr. Michael Despeghel-Schöne.

VERKÄUFER: Wenn Sie bitte (4) _____ möchten.

BARBARA: Tja, hmm. Ich bin mir aber nicht genau (5) _____.

VERKÄUFER: Ja, das ist also hochaktuell. Es beschreibt ein paar leichte Tipps, wie man

(6) _____ leben kann.

VERKÄUFER: Viele Leute schwören darauf. (7) _____ Sie das Buch vielleicht?

VERKÄUFER: Gut, kommen Sie bitte mit (8) _____ _____.

KARL: O.K., du wolltest doch dein Vorlesungsverzeichnis noch

(9) _____, oder?

BARBARA: (10) _____ _____ bitte! Ich muss Sie noch

einmal stören. Ich brauch' noch ein Vorlesungsverzeichnis.

VERKÄUFER: Ein Vorlesungsverzeichnis. Fünf Euro, bitte. Möchten Sie eine Tüte, oder geht's

auch (11) _____?

VERKÄUFER: Bitte schön. Die (12) _____ liegt auf der ersten Seite.

A. Die Diebin und der Detektiv. Inspektor Prachner arbeitet immer noch an dem Fall der gestohlenen Bücher. Im Moment folgen er und sein Kollege einer Frau. Inspektor Prachner glaubt, dass diese Frau die Diebin ist. Hören Sie zu, wie sich der Fall weiter entwickelt°. *develops* Wählen Sie **Ja, das stimmt** oder **Nein, das stimmt nicht.**

	Ja, das stimmt.	Nein, das stimmt nicht.
1. Die Frau hat einen Rucksack mit.	_____	_____
2. Die Inspektoren glauben, dass die Frau in der Buchhandlung ein Buch kauft.	_____	_____
3. Die Frau fährt mit dem Bus.	_____	_____
4. Die Frau kauft in einer Buchhandlung eine Zeitung.	_____	_____
5. Die Frau fährt nicht auf die Autobahn.	_____	_____
6. Die Frau geht in eine Bäckerei.	_____	_____
7. Die Frau verliert etwas unter dem Auto.		

B. Die Ereignisse°. Der Kollege von Inspektor Prachner hat einen Bericht über die Ereignisse geschrieben. Aber die Reihenfolge der Ereignisse stimmt nicht. Bringen Sie die Sätze in seinem Bericht in die richtige Reihenfolge.   *events*

_____ a. Dann ist sie mit einem roten Auto zu einem Zeitungskiosk gefahren.

_____ b. Sie hat vor der Mommsenstraße 63 angehalten.

_____ c. Die Frau ist in einer Buchhandlung gewesen.

_____ d. Da hat sie eine Zeitung gekauft.

_____ e. Ich habe geglaubt, dass sie ein Buch mitgenommen hat.

_____ f. Inspektor Prachner und ich sind aus dem Auto gestiegen.

_____ g. Dann ist sie in die Mommsenstraße gefahren.

_____ h. Sie hat etwas aus dem Auto genommen.

_____ i. Etwas ist auf den Boden und unter das Auto gefallen.

C. Noch einmal: die Diebin und der Detektiv. Hören Sie noch einmal zu, wie Inspektor Prachner und sein Kollege der Frau gefolgt sind. Wenn Sie eine der folgenden Präpositionen hören, machen Sie ein X daneben. Welche Präposition hat die meisten Kreuze?

■ ... und blättert **in** einem Buch.
  in: _____*X*_____

an: _____   über: _____

auf: _____   unter: _____

hinter: _____   vor: _____

in/im: _____   zwischen: _____

neben: _____

D. **Zum letzten Mal: die Diebin und der Detektiv.** Hören Sie Inspektor Prachner und seinem Kollegen noch einmal zu. Schreiben Sie dann die fehlenden Artikel in die Lücken.

■ Sie steht neben der Tür.

neben _*der*_ Tür

Dann wählen Sie **wo?** für Dativ oder **wohin?** für Akkusativ.

	Wo? (dative of location)	Wohin? (accusative of destination)
1. neben _____ Tür	_____	_____
2. in _____ Buch	_____	_____
3. auf _____ Boden	_____	_____
4. in _____ Hand	_____	_____
5. in _____ Hand	_____	_____
6. über _____ Straße	_____	_____
7. an _____ Ampel	_____	_____
8. zwischen _____ Frau mit dem	_____	_____
Kind und _____ Jungen	_____	_____
9. zwischen _____ Lastwagen	_____	_____
und _____ Mercedes	_____	_____
10. an _____ Buchhandlung	_____	_____
11. in _____ rechte Spur	_____	_____
12. in _____ Landtmannstraße	_____	_____
13. vor _____ Zeitungskiosk	_____	_____
14. hinter _____ Kiosk	_____	_____
15. über _____ Brücke	_____	_____
16. auf _____ Autobahn	_____	_____
17. in _____ Mommsenstraße	_____	_____
18. über _____ Bäckerei	_____	_____
19. unter _____ Auto	_____	_____

HÖRTEXT 2

E. Anna schreibt einen Brief. Zum ersten Mal seitdem° sie in Tübingen angekommen *since*
ist, schreibt Anna einen Brief. Hören Sie sich den Brief an. Danach hören Sie elf Aussagen zum
Brief. Wählen Sie **Ja, das stimmt** oder **Nein, das stimmt nicht**. Sie hören jede Aussage zweimal.

Ja, das stimmt.	Nein, das stimmt nicht.		Ja, das stimmt.	Nein, das stimmt nicht.
1. _____	_____	7. _____	_____
2. _____	_____	8. _____	_____
3. _____	_____	9. _____	_____
4. _____	_____	10. _____	_____
5. _____	_____	11. _____	_____
6. _____	_____		

F. Fragen und Antworten. Sie hören jetzt neun Fragen zu Annas Brief. Nach jeder Frage hören
Sie zwei Antworten. Wählen Sie die richtige Antwort. Sie hören jede Frage und Antwort zweimal.

1. _____ a. _____ b.   6. _____ a. _____ b.

2. _____ a. _____ b.   7. _____ a. _____ b.

3. _____ a. _____ b.   8. _____ a. _____ b.

4. _____ a. _____ b.   9. _____ a. _____ b.

5. _____ a. _____ b.

HÖRTEXT 3

G. Der Roman von Michael Kaluder. Sie hören jetzt das nächste Kapitel aus dem Roman von
Michael Kaluder. Hören Sie sich den Text an und wählen Sie die beste Antwort auf die Fragen.

Neue Vokabeln

die Freiheit	*freedom*
die Anonymität	*anonymity*
kann man sich kaum erinnern	*one can hardly remember*

1. Wie lange ist Janus schon wieder aus dem Urlaub zurück?

   _____ a. für einen Tag

   _____ b. vor einem Monat

   _____ c. seit zwei Wochen

2. Woran erinnert sich Janus?

   _____ a. an die Reise nach Griechenland

   _____ b. an die Arbeit in der Kneipe

   _____ c. an den Anfang des Semesters

3. Wann fängt das Semester an?

_____ a. in einem Monat

_____ b. im Mai

_____ c. in ein paar Wochen

4. Was ist das Datum am Anfang des° Romankapitels?   *of the*

_____ a. Es ist der zwölfte September.

_____ b. Es ist der fünfte September.

5. Wer kommt zum Besuch?

_____ a. Susanne

_____ b. die Mutter von Janus

_____ c. sein Freund Gerhardt

6. Wo ist diese Person am Anfang des Romankapitels?

_____ a. in Athen

_____ b. bei Janus

_____ c. im Zug

7. Wann findet die zweite Hälfte des Kapitels statt?

_____ a. am Wochenende

_____ b. am Samstag

_____ c. am Freitag

8. Was macht Janus?

_____ a. Er geht einkaufen, besucht seine Mutter und räumt die Wohnung auf.

_____ b. Er geht einkaufen, spielt Fußball und besucht seine Mutter.

_____ c. Er kauft ein, räumt die Wohnung auf und arbeitet in der Kneipe.

9. Wie kommt Janus ...

in die Bäckerei? _____   a. Er fährt mit dem Fahrrad.

auf den Markt? _____   b. Er geht zu Fuß.

wieder nach Hause? _____   c. Er fährt mit einem Taxi.

in das Blumengeschäft? _____   d. Er fährt mit der Straßenbahn

zu seiner Mutter? _____

10. Wann, wie und wohin fährt Janus am Ende des Kapitels?

_____

_____

11. Warum kauft Janus keine roten Rosen? Was glauben Sie?

_____

_____

12. **Zum Nachdenken:** Wo wohnt Janus? Wo ist die Frau, der Inspektor Prachner und sein Kollege gefolgt sind, mit dem Auto stehen geblieben?

_____

_____

BRENNPUNKT KULTUR

Blumen

In den deutschsprachigen Ländern schenkt man oft einem Gast Blumen. Man bringt die Blumen zum Bahnhof oder zum Flughafen mit, wenn man jemanden abholt, oder man stellt eine Vase mit frischen Blumen in das Zimmer, in dem° der Gast übernachtet.

    Haben Sie bemerkt, wie viele Blumen Janus gekauft hat? In den deutschsprachigen Ländern kauft man immer eine ungerade° Zahl Blumen. Eine gerade Zahl bringt Unglück°.

in which

odd

bad luck

HÖRTEXT 4

H. Wie komme ich am besten dahin? Sie sind mit dem Zug nach Stuttgart gefahren. Sie möchten zuerst die Staatsgalerie besuchen und dann zum Schillerplatz gehen.

TEIL 1

Sie stehen jetzt vor dem Hauptbahnhof und haben einen Mann gefragt, wie Sie am besten zu Fuß zur Staatsgalerie kommen. Hören Sie sich die Wegbeschreibung an und zeichnen Sie dann den Weg auf dem Stadtplan ein.

TEIL 2

Sie haben jetzt die Staatsgalerie besucht und fragen eine Dame in der Galerie, wie Sie zum Schillerplatz kommen. Hören Sie der Dame zu und zeichnen Sie den Weg auf dem Stadtplan ein. Beantworten Sie dann die folgenden Fragen.

1. _____

2. _____

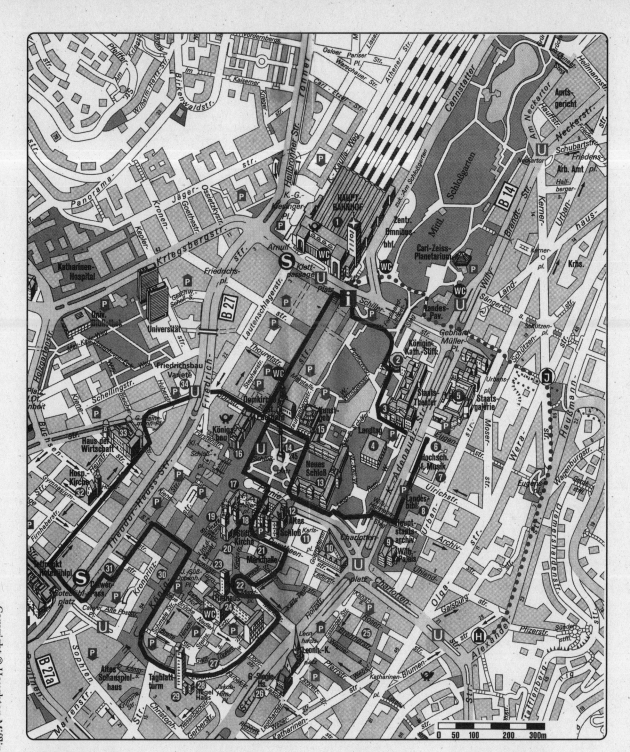

**Der schnellste Weg, um
Stuttgart bei einem
Rundgang kennenzulernen.**

1 Hauptbahnhof
2 Schauspielhaus
3 Opernhaus
4 Landtag
5 Staatsgalerie Stuttgart
6 Haus der Geschichte
7 Staatliche Hochschule für
  Musik

8 Landesbibliothek
9 Wilhelmspalais
10 Altes Waisenhaus
11 Karlsplatz
12 Württembergisches
   Landesmuseum im Alten
   Schloss
13 Neues Schloss
14 Schlossplatz
15 Kunstgebäude
16 Königsbau
17 Alte Kanzlei

18 Schillerplatz
19 Fruchtkasten
20 Stiftskirche
21 Markthalle
22 Marktplatz
23 Schulstraße
24 Rathaus
25 Bohnenviertel
26 Gustav-Siegle-Haus
27 Eberhardstraße
28 Hegel-Haus
29 Tagblatt-Turm

30 Königstraße
31 Calwer Strasse /
   Calwer Passage
32 Hospitalkirche
33 Haus der Wirtschaft
34 Friedrichsbau Varieté
35 Bosch-Areal
36 Hoppenlau-Friedhof
— empfohlener Stadtrundgang
••• Fußweg zur Jugendher-
   berge und zum Hostel
   „Alex 30"

An der Uni studieren

ZIELTEXTDIKTAT

TEIL 1 Das folgende Gespräch ist eine verkürzte Version des Zieltexts. Im Transkript fehlen einige Wörter. Hören Sie sich zuerst die fehlenden Wörter an.

> eigentlich ▪ mit der Dozentin ▪ wortwörtlich ▪ der Inhalt ▪ in das Seminar ▪
>
> passt ▪ in ihrer Sprechstunde ▪ überfüllt ▪ eine Vorlesung ▪ in der Schlange

TEIL 2 Hören Sie sich das Gespräch an und schreiben Sie dann die fehlenden Wörter in die Lücken.

SABINE: Wie heißt ihr nochmal?

INGE: Ich heiß' Inge, und das ist der Karl. Und das ist die Anna, sie ist die Studentin aus
Amerika.

ANNA/KARL: Hallo!

SABINE: Aus Amerika? Ist ja toll. Kommst du dann auch mal mit (1) _____
_____ _____ ?

INGE: Seminar? Das ist doch wohl mehr (2) _____ _____ .
Ich sitz' da nur drin und hör zu.

KARL: Ja, ist eben (3) _____ , mit fünfzig Leuten oder mehr.

SABINE: Aber der Kurs ist (4) _____ ganz interessant.

KARL: Ja, (5) _____ _____ ist gut. Mir gefällt der Kurs, weil sie
so gute Bücher ausgewählt hat.

INGE: Habt ihr schon probiert, (6) _____ _____
_____ zu sprechen?

SABINE: (7) _____ _____ _____ ?

INGE: Sprechstunde? Zwanzig Leute stehen (8) _____ _____
_____ , und dann ist die Sprechstunde zu Ende und
dann kommt sie zur Tür und sagt: „Kommt nächste Woche wieder."

KARL: Hat die nur eine Sprechstunde in der Woche?

INGE: Ja (9) _____ : eine Sprechstunde.

SABINE: Das (10) _____ so gar nicht zu ihr. Im Kurs klingt sie immer so
studentenfreundlich.

INGE: Ist sie vielleicht auch. Sie hat halt wenig Zeit.

SABINE: Na, Anna, wie ist das denn bei euch? Seht ihr da eure Professoren öfter?

HÖRTEXT 1

A. Das Referat planen. Karl und Stefan bereiten sich auf ihr Referat vor. Sie müssen es in fünf Tagen halten. Hören Sie sich ihr Gespräch an. Kreuzen Sie dann an, ob die Aussagen stimmen oder nicht.

	Ja, das stimmt.	Nein, das stimmt nicht.
1. Karl und Stefan halten ihr Referat über Theater und Opernhäuser in ganz Europa.	_____	_____
2. Karl und Stefan wollen darüber sprechen, was sich das Publikum von den Theatern und Opernhäusern erwartet.	_____	_____
3. Karl und Stefan halten Wien für eine wichtige Theater- und Opernstadt.	_____	_____
4. Karl und Stefan glauben, dass verschiedene Theater und Opernhäuser verschiedene Ideologien haben.	_____	_____
5. Karl und Stefan wollen, dass die Studenten im Proseminar ihrem Referat nur zuhören und nicht mitdiskutieren.	_____	_____
6. Stefan schreibt heute Abend das Referat alleine fertig.	_____	_____

B. Thematische Fragen: Den Eltern geht es nicht gut. Bevor Sie sich den nächsten Text anhören, beantworten Sie die folgenden Fragen für sich, und machen Sie die Übung **Satzdetektiv**.

1. Waren Sie jemals° sehr krank? Sind Sie zum Arzt oder ins Krankenhaus gegangen?   *ever*

2. Haben Sie jemals einem kranken oder verletzten° Menschen geholfen?   *injured*
   Was haben Sie gemacht?

C. Satzdetektiv: Den Eltern geht es nicht gut. Welche Sätze bedeuten ungefähr das gleiche?

_____ 1. In seinem Alter wird man einfach nicht so schnell wieder gesund.

_____ 2. Der Arzt hat gesagt, dass der Patient eine Lungenentzündung hat.

_____ 3. Sie hat ihn dazu überredet.

_____ 4. Was hat der Arzt verschrieben?

_____ 5. Der Arzt will sicher sein, dass der Patient ganz ausgeruht ist.

_____ 6. Du kannst dir nicht vorstellen, wie sie sich Sorgen gemacht hat.

_____ 7. Ich bin ins Krankenhaus gegangen, um eine Krankenschwester zu holen.

_____ 8. Ich glaube, sie hatte keine Schmerzen.

_____ 9. Wie sollen sie den Haushalt machen?

_____ 10. Hannes kocht gern–so zum Entspannen.

_____ 11. Es ist besser, wenn die Eltern sich nicht zu viel aufregen.

a. Was für Medikamente muss er nehmen?

b. Er soll viel schlafen und nichts machen.

c. Der Arzt hat gesagt, dass er etwas an der Lunge hat.

d. Er ist noch krank, denn er ist alt.

e. Sie hat lange mit ihm geredet, und dann hat er „ja" gesagt.

f. Sie brauchen Hilfe mit dem Kochen und der Wäsche, nicht?

g. Ich habe im Krankenhaus jemanden gesucht, der uns hilft.

h. Er bereitet das Abendessen vor, weil es ihm Spaß macht, und er denkt nicht an die Arbeit.

i. Du kannst dir denken, dass sie Angst gehabt hat.

j. Sie sollen nicht zu viel tun.

k. Es hat ihr nicht wehgetan, glaube ich.

HÖRTEXT 2

D. Den Eltern geht es nicht gut. Uschi ruft ihre Schwester Hannelore in den USA an. Hören Sie sich das Gespräch an. Dann hören Sie acht Fragen zu dem Gespräch. Nach jeder Frage hören Sie zwei Antworten. Kreuzen Sie die richtige Antwort an. Sie hören jede Frage und Antwort zweimal.

Neue Vokabeln

der Sauerstoff *oxygen*

1. _____ a. _____ b.   5. _____ a. _____ b.

2. _____ a. _____ b.   6. _____ a. _____ b.

3. _____ a. _____ b.   7. _____ a. _____ b.

4. _____ a. _____ b.   8. _____ a. _____ b.

E. Logisch oder unlogisch? Sie hören acht kurze Gespräche. Wenn das Gespräch logisch ist, kreuzen Sie **logisch** an. Wenn nicht, kreuzen Sie **unlogisch** an und schreiben dann eine logische Antwort. Achten Sie auf die Pronomen. Sie hören jedes Gespräch zweimal.

■ A: Kennst du seinen Namen?
B: Nein, er kann sich nicht daran erinnern.

logisch   unlogisch
_____   ✓

Nein, ich kann mich nicht daran erinnern. _____

1. _____ _____ _____

2. _____ _____ _____

3. _____ _____ _____

4. _____ _____ _____

5. _____ _____ _____

6. _____ _____ _____

7. _____ _____ _____

8. _____ _____ _____

HÖRTEXT 3

F. Die Morgenroutine. Stefan, Karl und Barbara überlegen sich, zu dritt eine Wohnung zu mieten°. Aber zuerst diskutieren sie, wie das Zusammenwohnen sein soll. Hören Sie zu, *rent* was Barbara, Stefan und Karl über ihre Morgenroutine sagen. Bringen Sie dann die folgenden Sätze in die richtige Reihenfolge.

Barbaras Morgenroutine

_____ Ich stehe um sieben Uhr auf.

_____ Ich putze mir die Zähne.

_____ Ich ziehe mich an.

_____ Ich wasche mir die Haare.

__5__ Ich schminke mich.

_____ Ich dusche.

_____ Ich frühstücke.

_____ Ich föhne mir die Haare.

Stefans Morgenroutine

__3__ Ich rasiere mich.

_____ Ich stehe früh auf.

_____ Ich ziehe mich an.

_____ Ich dusche.

_____ Ich trinke Kaffee und esse ein Brötchen.

_____ Ich putze mir die Zähne.

Karls Morgenroutine

_____ Ich stehe später auf.

_____ Ich trinke einen Kaffee.

_____ Ich dusche.

HÖRTEXT 4

G. Eine Lösung. Wie lösen Barbara und Stefan das Problem mit dem Bad? Hören Sie, wie das Gespräch zu Ende geht, und bringen Sie die neue Morgenroutine von Barbara und Stefan in die richtige Reihenfolge. Beantworten Sie dann die Fragen.

Barbaras neue Morgenroutine

_____ Sie frühstückt.

_____ Sie föhnt sich die Haare.

_____ Sie duscht.

_____ Sie schminkt sich.

Stefans neue Morgenroutine

_____ Er kocht Kaffee.

_____ Er isst etwas zum Frühstück.

_____ Er rasiert sich.

_____ Er duscht.

1. Will Barbara mit Stefan Frühstück essen?

   _____

2. Was meinen Sie: werden Stefan, Barbara und Karl zusammen eine Wohnung mieten?

   _____

HÖRTEXT 5

Worthilfe: die Siegener Uni. Bevor Sie sich den nächsten Text anhören, schauen Sie sich die folgende Worthilfe an. Diese Wörter kommen im Text vor. Lesen Sie die deutschen Erklärungen.

die Entspannungsmöglichkeiten
Am Wochenende will man sich entspannen. Man will keine Arbeit machen. Man geht vielleicht ins Kino oder ins Theater. Vielleicht spielt man Fußball oder Tennis. Das sind die Entspannungsmöglichkeiten.

die Außenstelle, -n des Arbeitsamts
Zweigstelle des Arbeitsamts

Der Wohnungsmarkt ist ... leer gefegt.
Wenn ein Glas **leer** ist, ist nichts drin. **Gefegt** ist das Partizip von **fegen**. Man fegt den Boden mit einem Besen°. Wenn der Wohnungsmarkt leer gefegt ist, gibt es keine Wohnungen zu mieten.   *broom*

der Saal, *pl.* Säle
Denken Sie an das Wort **Hörsaal**. Ein Saal ist ein großes Zimmer. Ein Orchester spielt in einem Saal.

der/die Zuspätgekommene, -
Leute, die zu spät gekommen sind, sind **Zuspätgekommene**.

der Schlafsack, ⸚e
ein Sack, in dem man schläft

wird angeboten
In New York City gibt es viele Entspannungsmöglichkeiten. Es wird viel angeboten.

anderweitig
anderswo

der Nachtschwärmer, -/die Nachtschwärmerin, -nen
Leute, die in der Nacht gern etwas machen, wie zum Beispiel auf eine Party oder in die Kneipe gehen

H. Die Siegener Uni. Sie hören jetzt, was Britta Graf zu der Universität Siegen und zum Studentenleben in Siegen zu sagen hat. Britta ist im sechsten Semester. Sie studiert Chemie und Theologie. Bevor Sie sich anhören, was sie sagt, schauen Sie sich die neuen Vokabeln an. Markieren Sie dann die richtigen Aussagen zum Text.

Neue Vokabeln

das Studentenwerk, -e	*student services*
der Klassikliebhaber, - / die Klassikliebhaberin, -nen	*person who likes classical music or literature*
der Szenegänger, - / die Szenegängerin, -nen	*person who is interested in the alternative "scene"*
der Nachtschwärmer, - / die Nachtschwärmerin, -nen	*night owl*
sich begnügen	*to be satisfied (with)*

1. An der Universität Siegen _____ .
   a. haben die Studenten keinen Kontakt mit ihren Professoren.
   b. kann ein Student/eine Studentin nur in der Sprechstunde mit dem Professor/der Professorin sprechen.
   c. begrüßen die Professoren die Studenten.

2. Man findet _____ .
   a. leicht einen Job.
   b. keinen Job.
   c. nur schwer einen Job.

3. Wenn man zu spät in Siegen ankommt, _____ .
   a. findet man schwer eine Wohnung.
   b. kann man in der Nacht in einem Saal schlafen.
   c. ist es kein Problem, eine Wohnung zu finden.

4. In Siegen _____ .
   a. gibt es oft Konzerte.
   b. kann man ins Theater gehen.
   c. gibt es viele Rockkonzerte.
   d. kann man in viele Kneipen gehen.

I. **Eine Geschäftsreise nach Prag.** Sie hören acht Aussagen oder Fragen. Kreuzen Sie an, ob Sie das Verb im Präsens oder im Futur hören. Sie hören jede Aussage oder Frage zweimal. Beantworten Sie danach die Fragen.

	Präsens	**Futur**			**Präsens**	**Futur**
1.	_____	_____		5.	_____	_____
2.	_____	_____		6.	_____	_____
3.	_____	_____		7.	_____	_____
4.	_____	_____		8.	_____	_____

Fragen

1. Was gibt es in Prag? _____

2. Wann gibt es viel Arbeit im Büro? _____

J. **Eine Autorenlesung.** Ihr Freund geht zu einer Autorenlesung. Er steht vor einer Buchhandlung in der Schlange und wartet auf den Autor. Er gibt Ihnen Informationen, und Sie stellen dazu Fragen. Benutzen Sie in Ihren Fragen **wo** + Präposition oder eine Präposition + Pronomen. Sie hören acht Antworten, aber keine Fragen. Schreiben Sie die passenden Fragen. Sie hören jede Antwort zweimal.

▪ Ich warte auf den Autor.
Auf wen wartest du?

Ich freue mich auf seinen Besuch.
Worauf freust du dich?

1. _____

2. _____

3. _____

4. _____

5. _____

6. _____

7. _____

8. _____

HÖRTEXT 6

K. Wohnheimplätze. Sie hören einen Bericht über Wohnheimplätze in Österreich. Bevor Sie sich den Text anhören, schauen Sie sich die neuen Vokabeln an. Hören Sie sich dann den Bericht an. Kreuzen Sie an, ob die Aussagen stimmen oder nicht.

Neue Vokabeln

während	*during*
günstig	*reasonable; favorable*
der Referent, -en, -en/die Referentin, -nen	*commissioner, spokesperson*
beziehen	*to move into*
die Bewerbung, -en	*application*
der Antrag, ⸚e	*application*
der Heimträger, -	*dormitory owner*
vor•weisen	*to show proof*
das Auswahlkriterium, *pl.* Auswahlkriterien	*criteria for selection*
angeblich	*supposedly*
der Vertrag, ⸚e	*contract*
abhängig von	*depending on*
das Studentenheimgesetz, -e	here: *dormitory rules and regulations*
verschieden	*different*

	Ja, das stimmt.	Nein, das stimmt nicht.	
1. In Österreich ist es leicht, einen Platz in einem Wohnheim zu finden.	_____	_____	
2. Wenn man im letzten Jahr im Gymnasium ist, soll man vor Ende April anfangen, einen Platz in einem Wohnheim zu suchen.	_____	_____	
3. Man muss ein Formular ausfüllen, wenn man sich für einen Wohnheimplatz bewirbt°.	_____	_____	*applies*
4. Es ist egal°, ob man in der Schule gute Noten° bekommen hat.	_____	_____	***Es ist egal:*** *It doesn't matter. / grades*
5. In Österreich bekommen Studenten nur dann einen Wohnheimplatz, wenn die Eltern wenig Geld verdienen.	_____	_____	
6. Man kann nur für zwei Jahre in einem Studentenheim wohnen.	_____	_____	

	Ja, das stimmt.	Nein, das stimmt nicht.	
7. Am Anfang muss man sich normalerweise ein Zimmer mit einem anderen Studenten/einer anderen Studentin teilen.	_____	_____	
8. Im Studentenheim kann man machen, was man will.	_____	_____	
9. Die Einrichtungen in österreichischen Studentenheimen sind einander ähnlich°.	_____	_____	*similar*
10. In einigen Studentenheimen in Österreich werden nur Studenten untergebracht°, die das gleiche Fach studieren.	_____	_____	*are housed*

Ein Praktikum in Wien

ZIELTEXTDIKTAT

Das folgende Gespräch ist eine verkürzte Version des Zieltexts. Im Transkript fehlen einige Phrasen. Hören Sie gut zu, und schreiben Sie dann die richtigen Phrasen in die Lücken.

- Aber was mich noch interessiert
- das wäre eine prima Gelegenheit
- dass es finanziell immer wieder happert
- dass ich Sie begrüßen darf.
- hier um eine Praktikumsstelle bewerben.
- Ich werde mich mit meinen Kollegen
- Ja, ja, also ich würde gern
- was Sie sich da darunter vorstellen
- wenn das dann klappen sollte
- wie lange würde dann das Praktikum gehen?

FRAU EICHENDORFF: Es freut mich, (1) _____. Nehmen

Sie doch bitte Platz! Ja, aus Ihren Unterlagen geht hervor, dass Sie sich

(2) _____.

Dann erzählen Sie doch mal, (3) _____

_____, unter dem Kulturmanagement.

KARL: Ich habe auch in einer Theatergruppe gespielt, mehrere Jahre lang, und

hab' da gemerkt, uh, (4) _____

_____.

Ich hab' auch da auch gemerkt, was es da alles zu organisieren gibt, und

dachte, (5) _____

_____, das

zusammenzubringen, ja.

FRAU EICHENDORFF: Ja, das ist doch ein schöner Einstieg dann, erst mal den Praktikumsplatz

hier, (6) _____ ...

(7) _____ also,

welcher Bereich würde Ihnen da zusagen für Ihren Praktikumsplatz jetzt?

KARL: (8) _____

zwischen dem Spielplan und den finanziellen Mitteln beziehungsweise

der Geschäftsführung koordinieren.

FRAU EICHENDORFF: (9) _____

in Verbindung setzen und Sie hören dann innerhalb von einer Woche

von uns.

KARL: Nur noch eine, (10) _____

_____ ?

Ungefähr vier Wochen?

HÖRTEXT 1

A. Der Roman von Michael Kaluder. Wie Sie schon wissen, dreht der berühmte Filmemacher Manfred Manfred einen Film über den Roman von Michael Kaluder. Der Filmemacher hat eine Frau angestellt, die das Drehbuch schreiben wird. Die Drehbuchautorin hat die fertigen Kapitel gelesen und gibt eine kurze Zusammenfassung, damit sie sicher sein kann, dass sie die Geschichte richtig versteht. Hören Sie sich ihre Zusammenfassung an, und beantworten Sie dann die Fragen.

1. Wo hat die Geschichte angefangen?

   _____ a. in Tübingen

   _____ b. in Spanien

   _____ c. in Griechenland

2. Nach wem hat die Mutter von Janus gefragt°?   *fragen nach: to ask about*

   _____ a. nach den Freunden, mit denen er Fußball spielt

   _____ b. nach seinem Chef

   _____ c. nach seiner Freundin Susanne

3. Wann ist seine Mutter nach Spanien gefahren?

   _____ a. im September und im Oktober

   _____ b. im Januar und im Februar

   _____ c. im Februar und im März

4. Was hat Janus im August gemacht?

   _____ a. Er ist nach Spanien gereist.

   _____ b. Er hat eine Reise nach Griechenland gemacht.

   _____ c. Er ist in Tübingen geblieben.

5. Was ist Janus im Urlaub passiert?

   _____ a. Er hat Susanne kennen gelernt.

   _____ b. Er hat Fußball gespielt.

   _____ c. Er hat sein Geld verloren.

6. Worauf freut sich Janus im September?

_____ a. auf den Besuch seiner Mutter

_____ b. auf den Besuch seiner neuen Freundin Susanne

_____ c. auf das Fußballspiel

HÖRTEXT 2

B. Die Geschichte geht weiter. Sie hören das nächste Kapitel aus dem Roman. Das Kapitel ist etwas lang. Versuchen Sie, beim Zuhören die wichtigen Zeitpunkte festzustellen. Beachten Sie die folgenden Sätze oder Satzteile. Beantworten Sie dann die Fragen.

- Die Tage sind sehr kurz und das Wetter viel kälter.
- In zwei Wochen ist Weihnachten.
- Die zwei Wochen im September sind schnell vorbeigegangen.
- In der zweiten Woche ihres Besuches bei Janus ...
- Nach dem Besuch bei Janus ...
- So sind die Monate vorbeigegangen.
- Aber jetzt ist das Wetter kälter.
- Die Weihnachtsfeiertage° nähern sich.   *Christmas holidays*

1. Welchen Monat haben wir, als das Kapitel anfängt?

_____ a. August   _____ b. September

_____ c. Dezember   _____ d. November

2. Welchen Monat haben wir, als das Kapitel zu Ende ist?

_____ a. Dezember   _____ b. September

_____ c. August   _____ d. November

3. Über welche Monate wird in der Mitte des Kapitels gesprochen?

_____ a. August–November   _____ b. September–Dezember

_____ c. August–September

C. Noch einmal: Janus und Susanne. Hören Sie sich den Text noch einmal an, und beantworten Sie dann die Fragen. Mehr als eine Antwort kann stimmen.

Neue Vokabeln

die Malerei	*painting, fine art*
die Ausstellung, -en	*exhibition*
blass	*pale*
die Nachricht, -en	*news*
der Tapetenwechsel, -	*change of scenery* (**die Tapete:** *wallpaper;* **der Wechsel:** *change*)
die Abfindung, -en	*severance pay*

1. Was ist Susanne im August passiert?

_____ a. Sie hat ihre Stelle verloren.

_____ b. Sie hat ihre Arbeitsstelle gewechselt.

_____ c. Sie hat eine Reise nach Griechenland gemacht.

2. Wie hat sich Susanne im August gefühlt?

_____ a. Sie war böse.

_____ b. Sie hat Angst gehabt.

_____ c. Sie war glücklich.

_____ d. Sie war sehr unsicher.

3. Was macht Susanne, seitdem sie aus dem Urlaub zurück ist?

_____ a. Sie schreibt ein Buch über Interviewtipps.

_____ b. Sie besucht Janus am Wochenende.

_____ c. Sie sucht eine Stelle.

_____ d. Sie liest Bücher darüber, wie man sich auf Vorstellungsgespräche vorbereitet.

4. Susanne liest Janus aus einem Buch vor°. Was steht drin?   *reads aloud*

_____ a. wie man sich auf ein Vorstellungsgespräch vorbereitet

_____ b. wie eine Frau eine neue Stelle bekommen hat

_____ c. der Jahresbericht° einer Computer-Firma   *annual report*

5. Janus liest Susanne aus der Zeitung vor. Was steht drin?

_____ a. ein Artikel über einen Mann, der Bücher stiehlt

_____ b. ein Artikel über eine Frau, die Bücher stiehlt

_____ c. ein Artikel über eine Bande°, die Bücher stiehlt   *gang*

HÖRTEXT 3

D. Ein Blick auf Dresden. Samantha, eine Studentin aus Hannover, die auch in Tübingen studiert und Ostdeutschland kaum kennt, zeigt Anna Fotos von ihrer Reise nach Dresden. Hören Sie sich ihre Beschreibung der Stadt an, und finden Sie dann für jeden Hauptsatz einen passenden Relativsatz. Hören Sie sich die Beschreibung sooft wie nötig an.

1. Das ist die Oper, _____   a. in dem sie zu Mittag gegessen hat.

2. Das ist der Fluss, _____   b. in der sie den „Rosenkavalier" gesehen hat.

3. Das ist die Galerie, _____   c. auf dem sie gefahren ist.

4. Das ist eine   d. die man nach Jahrzehnten wiederaufgebaut
   Porzellansammlung, _____   hat.

5. Das ist die Terrasse, _____   e. vor dem sie einen Unfall gesehen hat.

6. Das ist ein Haus, _____   f. in dem sie Volkskunst gesehen hat.

7. Das ist die Pension, _____   g. in der sie moderne Kunst gesehen hat.

8. Das ist der Bahnhof, _____   h. die ganz toll ist.

9. Das ist die Elbe, _____   i. das neben der Pension ist.

10. Das ist das Museum, _____   j. die durch die Stadt fließt.

11. Das ist das Café, _____   k. von der sie die Elbe fotografiert hat.

12. Das ist die Kirche, _____   l. in der sie übernachtet hat.

HÖRTEXT 4

E. Relativsätze. Sie hören zehn Aussagen, die einen Relativsatz enthalten. Nach jeder Aussage hören Sie ein Substantiv. Wiederholen Sie die Aussage mit dem Substantiv als neues Bezugswort. Sie hören jede Aussage zweimal.

> ■ Sie hören: Ich mag die Jacke, die deine Mutter dir gegeben hat. (Kleid)
> Sie sagen: *Ich mag das Kleid, das deine Mutter dir gegeben hat.*
>
> Sie hören: Ich mag das Kleid, das deine Mutter dir gegeben hat.
> Sie wiederholen: *Ich mag das Kleid, das deine Mutter dir gegeben hat.*

HÖRTEXT 5

F. Barbara bei der Arbeit. Barbara hat einen Teilzeitjob als Fremdenführerin gefunden. Sie ruft ihre Mutter an. Hören Sie sich das Gespräch an. Ergänzen Sie dann die Sätze mit den richtigen Adjektivendungen und kreuzen Sie an, ob die Aussagen stimmen oder nicht.

Neue Vokabeln

der Teilzeitjob	*part-time job*
die Fremdenführerin	*tour guide*
die Führung	*guided tour*
die Stadtrundfahrt	*bus tour*
die Klimaanlage	*air-conditioning*

	Ja, das stimmt.	Nein, das stimmt nicht.	
1. Barbara hat am Samstag ihr_____ erst_____ Gruppe durch die Stadt geführt.	_____	_____	
2. Am Anfang sind sie zu Fuß durch den alt_____ Teil Tübingens gegangen.	_____	_____	
3. Sie haben auch eine Stadtrundfahrt° mit einem toll_____ klimatisiert_____° Autobus gemacht.	_____	_____	*bus tour of the city* *air-conditioned*
4. Barbara findet die klein_____, eng_____° Straßen in der Altstadt sehr romantisch.	_____	_____	*narrow*
5. Ein Tourist hat ein klein_____ Bild von Goethe gekauft.	_____	_____	
6. Mit den höflich_____, kontaktfreudig_____ Leuten ist Barbara auch essen gegangen.	_____	_____	
7. Die Leute waren alle aus derselb_____ Stadt.	_____	_____	
8. Für Barbara war es eine leicht_____ Arbeit, den ganz_____ Tag Englisch zu sprechen.	_____	_____	
9. Zu Mittag haben sie in einem schlecht_____ Restaurant gegessen.	_____	_____	
10. Am Abend war Barbara mit ihnen in einem laut_____, rauchig_____° Jazzlokal.	_____	_____	*smoky*

HÖRTEXT 6

G. Lernen oder tratschen° Sie? Anna, Barbara und Inge lernen zusammen. Hören Sie   *gossip*
sich ihre Gespräche an. Ergänzen Sie dann die Sätze mit den richtigen Formen der
angegebenen° Adjektive.   *given*

■ ANNA: Du, Inge, weißt du wie viele Einwohner Berlin, Hamburg und München haben?

INGE: Nein, aber ich schlage das mal nach. Hmmm, hier steht's. Also, Berlin hat 3,4
Millionen Einwohner, Hamburg hat 1,7 und München hat 1,2 Millionen
Einwohner.

ANNA: Danke sehr.

groß:

_____*München*_____ ist _____*groß*_____ . _____*Hamburg*_____ ist _____*größer*_____ .
_____*Berlin*_____ ist am _____*größten*_____ .

1. alt:

_____ ist nicht so _____ wie Inge, aber sie ist
_____ als _____ . Inge ist die _____ .

2. hoch:

Die _____ _____ ist _____ .
Das Empire State Building ist _____ . Der _____
_____ ist am _____ .

3. intelligent:

_____ ist _____ als Karl, aber _____
ist am _____ .

4. flexibel:

Fabio ist _____ . _____ ist _____ als
Karl.

5. gut:

Die Vorlesung bei Professor Fritsche ist _____ . Das Seminar bei
Professor Lenz ist aber _____ . Und das Seminar bei Professor Adamek
ist am _____ .

Feste, Feiertage und Ferien

ZIELTEXTDIKTAT

TEIL 1 Das folgende Gespräch ist eine verkürzte Version des Zieltexts. Im Transkript fehlen einige Wörter. Sehen und hören Sie sich zuerst die fehlenden Wörter an.

doch mal ▪ entweder ▪ insgesamt ▪ Jugendherberge ▪ Katastrophe ▪
Reiseleiter ▪ Speisesaal ▪ Sprachreise ▪ Tourismus ▪
verstecken ▪ zum Teil ▪ zunächst

TEIL 2 Hören Sie sich das Gespräch an und schreiben Sie dann die richtigen Wörter in die Lücken.

STEFAN: Ich habe als Student im (1) _____ gearbeitet und eine Gruppe

nach Frankreich gebracht, mit dem Bus. Das waren also Schüler, Studenten, auch

(2) _____ _____ etwas ältere Leute. Aber sie waren alle in so einem

Jugendhotel oder in einer (3) _____ untergebracht, in

Mehrbettzimmern. Es gab also (4) _____ französische Küche

und im Anschluss dann einen Pudding. Und einer sagte also: „Heh, wirf

(5) _____ _____ den Pudding rüber!" und er hat das dann auch

gemacht. Es kam zu einer richtigen Puddingschlacht im (6) _____.

Und da gab's nur zwei Möglichkeiten: (7) _____ mitmachen oder

sich unter dem Tisch (8) _____. Das war nicht so toll. Auch eine

(9) _____ im Urlaub.

ANNA: Warst du da allein verantwortlich als (10) _____, oder?

STEFAN: Nein, es waren zwei Betreuer, und wir mussten dann ein Programm

zusammenstellen für (11) _____ zwei Wochen. Es war keine

(12) _____. Nein. Es war mehr eine Kulturreise, und Pudding gehört

dann auch zur Kultur.

HÖRTEXT 1

A. Die sieben Raben°. Sie hören jetzt ein Märchen von den Brüdern Grimm, das Sie   *ravens*
vielleicht noch nicht kennen. Bevor Sie sich den Text anhören, schauen Sie sich die neuen
Vokabeln an. Hören Sie sich dann das Märchen an. Markieren Sie dann, ob die Aussagen stimmen
oder nicht.

Neue Vokabeln

die Nottaufe, -n	*emergency baptism* (**die Taufe, -n:** *baptism*)
die Quelle, -n	*spring*
das Schöpfen	*scooping (water)*
der Krug, ⸚e	*jug, pitcher*
gottlos	*godless*
ungetauft	*unbaptized*
das Geräusch, -e	*noise*
das Unglück, -e	*(opposite of* **das Glück***) misfortune, disaster*
das Geheimnis bewahren	*to keep the secret*
die Wahrheit	*truth*
beschloss	*decided*
der Berg, -e	*mountain*
der Stern, -e	*star*

	Ja, das stimmt.	Nein, das stimmt nicht.
1. Der Mann und seine Frau hatten sieben Töchter.	_____	_____
2. Das kleine Baby ist fast gestorben.	_____	_____
3. Die Jungen spielten und vergassen das Wasser.	_____	_____
4. Der Vater freute sich, dass die Jungen Raben geworden waren.	_____	_____
5. Das Mädchen war eifersüchtig° auf ihre Brüder.	_____	_____ *jealous*
6. Als das Mädchen ihre Brüder suchte, trug sie einen Ring, den sie zu ihrem Geburtstag bekommen hatte.	_____	_____
7. Die Raben wohnten in einem Glasberg.	_____	_____
8. Das Mädchen machte die Tür zum Glasberg mit dem Bein von einem kleinen Vogel auf.	_____	_____
9. Im Glasberg fand sie eine böse Hexe.	_____	_____
10. Am Ende wurden die sieben Raben wieder Menschen.	_____	_____

HÖRTEXT 2

B. Eine böse Hexe? Sie kennen wahrscheinlich das Märchen von Hänsel und Gretel und der
bösen Hexe, die–angeblich°–die Kinder essen wollte. Aber stimmt das wirklich? Hier   *supposedly*
geht die Geschichte weiter: Nachdem die Kinder wieder zu Hause waren, hat der Vater
die Hexe verklagt°. Sie hören jetzt einen Teil des Prozesses°. Hören Sie sich den Text an.   *sued / trial*
Beenden Sie dann die folgenden Sätze, indem Sie **a**, **b** oder **c** wählen. Schreiben Sie die
Antwort zu der Frage Nummer 10.

1. Frau Hexe wohnt _____ .
   a. mit ihrem Mann zusammen
   b. mit ihren Kindern zusammen
   c. allein

2. In ihrem Garten hat Frau Hexe _____ .
   a. nur Blumen
   b. Tomaten, Erbsen, Bohnen und Kartoffeln
   c. Tomaten, Erbsen, Bohnen, Kartoffeln und Salat

3. Sie wäscht sich _____ .
   a. mit kaltem Wasser
   b. mit heißem Wasser
   c. nur im Winter

4. Frau Hexe hat _____ .
   a. viel Geld
   b. wenig Geld
   c. Gold und Perlen

5. Die Fenster in Frau Hexes Haus sind aus _____ .
   a. Glas
   b. Zucker
   c. Lebkuchen

6. Als Frau Hexe die Kinder gehört hat, hat sie _____ .
   a. geweint
   b. ihnen einen Preis gegeben
   c. einen Reim gemacht

7. Zum Essen hat sie Hänsel und Gretel _____ .
   a. Äpfel und Nüsse gegeben
   b. nur Milch gegeben
   c. Zucker und Brot gegeben

8. Frau Hexe hat die Kinder nicht gleich nach Hause gebracht, weil _____ .
   a. ihr Auto kaputt war
   b. sie kein Auto hatte
   c. der Vater von Hänsel und Gretel gestorben war

9. Frau Hexe sagt, sie hat Lebkuchen gebacken, weil _____ .
   a. die Kinder Hunger hatten
   b. sie Hunger hatte
   c. das Dach kaputt war

10. Warum wollte Frau Hexe Hänsel und Gretel nicht essen?

    _____

Hörtext 3

C. Wieder Unterwegs! – Eine Reise nach Liechtenstein. Anna und ihre Freunde haben noch ein paar Tage Urlaub gemacht. Dieses Mal sind sie nach Liechtenstein gefahren, in das kleinste deutschsprachige Land. In einem Brief erzählt sie ihren Eltern davon. Hören Sie sich ihren Brief an. Ergänzen Sie dann die Tabelle und vergleichen Sie dabei Liechtenstein mit der Schweiz. Hören Sie sich den Brief sooft wie nötig an.

	DIE SCHWEIZ	LIECHTENSTEIN
1. DIE FLÄCHE[1]	ungefähr 16.000 Quadratmeilen oder 41.000 km²	
2. DIE ZAHL DER EINWOHNER[2]	6,8 Millionen	
3. DER HAUPTFLUSS	der Rhein	
4. DIE GRENZEN	mit Deutschland, Frankreich, Italien, Österreich, Liechtenstein	
5. DER WICHTIGSTE WINTERSPORT	Skilaufen	
6. DER HÖCHSTE BERG	das Matterhorn	
7. DIE HAUPTSTADT	Bern	
8. DIE WÄHRUNG (GELD)	der Schweizer Franken	
9. DIE ANZAHL VON UNIVERSITÄTEN	8	
10. DIE WIRTSCHAFT	Banken, Versicherungen, Industrie, Tourismus	
11. DIE POLITIK	neutral	
12. DIE SPRACHEN	Deutsch, Französisch, Italienisch, Romanisch (und Dialekte)	
13. DIE RELIGIONEN	halb protestantisch, halb katholisch	
14. DAS HAUPT DER REGIERUNG	ein Präsident	

[1]area [2]population

HÖRTEXT 4

D. Weihnachten in Deutschland. Im Dezember hat Anna in Weinheim Weihnachten mit ihrer Tante, ihrem Onkel, ihrer Kusine, ihrem Vetter und ihren Großeltern gefeiert. Danach hat sie einen kurzen Bericht geschrieben und ihn an ihre ehemalige Deutschlehrerin in Fort Wayne geschickt, denn der Deutschklub an der Schule hat eine kleine deutsche Schulzeitung.

Hören Sie sich Annas Bericht gut an. Markieren Sie dann alle Verben im Präteritum, die Sie hören. Schreiben Sie zum Schluss den Infinitiv für diese Verben auf.

Neue Vokabeln

die Süßigkeit, -en	*sweets, candy*
der Nußknacker, -	*nutcracker*
das Plätzchen, -	*cookie*
die Kerze, -n	*candle*
die Gans, ⸚e	*goose*

	Präteritum	Infinitiv
aßen	_____	_____
begann	_____	_____
bekam	_____	_____
besuchten	_____	_____
blieben	_____	_____
brachten mit	_____	_____
dachte	_____	_____
freuten sich	_____	_____
gab	_____	_____
ging	_____	_____
kam an	_____	_____
kamen	_____	_____
kaufte	_____	_____
konnte	_____	_____
machte	_____	_____
machte auf	_____	_____
sah aus	_____	_____
sangen	_____	_____
schmückte	_____	_____
war	_____	_____
waren	_____	_____

HÖRTEXT 5

E. Noch einmal: Weihnachten in Deutschland. Hören Sie sich Annas Bericht noch einmal an. Sie hören jetzt sechs Aussagen zu dem Text. Markieren Sie, ob die Aussagen stimmen oder nicht. Sie hören jede Aussage zweimal.

	Ja, das stimmt.	Nein, das stimmt nicht.
1.	_____	_____
2.	_____	_____
3.	_____	_____
4.	_____	_____
5.	_____	_____
6.	_____	_____

HÖRTEXT 6

F. Was meinen Sie? Sie hören sechs Aussagen und Fragen. Für jede Aussage oder Frage sehen Sie hier zwei Varianten. Welche Variante hat dieselbe Bedeutung wie die gesprochene Aussage oder Frage? Markieren Sie die richtige Variante. Sie hören jede Aussage oder Frage zweimal.

☐ Wann beginnen deine Sommerferien?
   ✓ a. Weißt du, wann deine Sommerferien beginnen?
   _____ b. Weißt du, ob du dieses Jahr Sommerferien hast?

1. _____ a. Wann spielt der Film heute?
   _____ b. Wissen Sie, ob der Film heute spielt?

2. _____ a. Als ich nach Deutschland fuhr, besuchte ich meine Großeltern.
   _____ b. Wenn ich nach Deutschland fahre, besuche ich meine Großeltern.

3. _____ a. Wird es heute regnen?
   _____ b. Wann regnet es?

4. _____ a. Wenn ich acht Jahre alt bin, bekomme ich ein Fahrrad.
   _____ b. Ich war acht Jahre alt. Ich bekam ein Fahrrad.

5. _____ a. Immer wenn ich nach Hause kam, bekam ich Plätzchen und Milch.
   _____ b Alle kamen nach Hause und bekamen Plätzchen und Milch.

6. _____ a. Als es sonnig war, machten wir ein Picknick.
   _____ b. Vielleicht ist es sonnig. Machen wir dann ein Picknick.

HÖRTEXT 7

G. Katastrophale Urlaubserlebnisse. Jeder macht irgendwann mal einen Urlaub, in dem alles schief geht°. Sie hören fünf kurze Erzählungen, in denen verschiedene Leute über *goes wrong* ihre Erlebnisse sprechen. Hören Sie gut zu. Was ist in jeder Erzählung zuerst passiert? Markieren Sie die richtige Antwort. Sie hören jede Erzählung zweimal.

◼ Nachdem mein Freund seinen Pudding geworfen hatte, kam es zu einer richtigen Puddingschlacht.

   ✓   a. den Pudding werfen

_____ b. zu einer Schlacht kommen

1. _____ a. spät ankommen

   _____ b. Hotelwirt / Reservierungen nicht aufschreiben

2. _____ a. die Flugkarten kaufen

   _____ b. der Freund / sich das Bein brechen

3. _____ a. gut ankommen

   _____ b. die Koffer nach Deutschland schicken

4. _____ a. der Zug / abfahren

   _____ b. merken / unterwegs nach Kentucky sein

5. _____ a. ein paar Monate lang Spanisch lernen

   _____ b. in Spanien sein

Geschichte und Geographie Deutschlands

KAPITEL 11

ZIELTEXTDIKTAT

TEIL 1 Das folgende Gespräch ist eine verkürzte Version des Zieltexts. Im Transkript fehlen einige Wörter und Phrasen. Hören Sie sich zuerst die fehlenden Wörter und Phrasen an.

Eindrücke von der DDR ▪ für eine Vorstellung ▪ ganz so konsumorientiert ▪
Gelegenheit ▪ Grenzsoldaten ▪ in Dresden ▪ mich noch erinnern ▪
Ostteil ▪ so gewisse Einstellungen ▪ Unterschiede zwischen

TEIL 2 Hören Sie sich das Gespräch an und schreiben Sie dann die richtigen Wörter in die Lücken.

ANNA: Also, als Kinder was hattet ihr überhaupt (1) _____ _____

_____ von der DDR, von Ostdeutschland. Wart ihr mal da?

KARL: Mhm, ja, also ich war da. Wir hatten Freunde in Halle.

ANNA: Erzähl mal ein bisschen: was waren deine allerersten

(2) _____ _____ _____ _____ , von

damals?

KARL: Ja, ich kann (3) _____ _____ _____ , als wir

nach Ostberlin reingefahren sind, dass es alles sehr grau war, und so n' bisschen

drückende Stimmung. Ich bin ja dann mit 17 nach Berlin gezogen. Ja, ich kann mich

noch erinnern, als ich (4) _____ gesehen hab', an der Mauer,

ja, das.

ANNA: Du, Stefan, hattest du auch, also zur DDR-Zeiten, auch (5) _____ ?

STEFAN: Nein, das hatte ich nicht. Aber ich hab' über meine Oma n' bisschen was gelernt.

Meine Oma, die hatte eine Schwester. Und die wohnte mit ihrem Mann damals und

ihrer Tochter in der DDR – (6) _____ _____ .

ANNA: Ich war jetzt neulich in Berlin. Gibt es noch (7) _____

_____ Westkultur und Ostkultur in Berlin? Was meint ihr?

KARL: Also, ich merke, wer im (8) _____ aufgewachsen ist. Ich merke, dass

es schlichter ist, doch das Leben. Also einerseits hat das auch was Schönes, dass sie

manchmal da nicht so (9) _____ _____ _____

sind.

ANNA: Also, das hat sich ziemlich alles ausgeglichen?

KARL: Ja, also, man merkt (10) _____ _____

vielleicht oder so, wo man aufgewachsen ist. Da spürt man es schon, glaub' ich.

B. Leipzig kennen lernen. Anna und ihre Kusine Katja haben beschlossen, ein paar Tage in Leipzig zu verbringen, denn beide interessieren sich für diese alte Stadt in der ehemaligen° *former* DDR. Sie sind am Hauptbahnhof angekommen und jetzt diskutieren sie, wie sie die Stadt am besten kennen lernen. Bevor Sie sich den Text anhören, schauen Sie sich die neuen Vokabeln an. Sehen Sie sich dann die Karte von Leipzig an. Markieren Sie alles, was Anna und Katja sehen, oder was der Fremdenführer erwähnt°.

mentions

Neue Vokabeln

der Handel *(no pl.)*	*trade*
die Messe, -n	*(trade) fair*
das Verlagswesen	*publishing (industry)*
zerstört	*destroyed*
das Jahrhundert, -e	*century*
gegründet	*founded*
das Giebeldach, ⸚er	*gable roof*

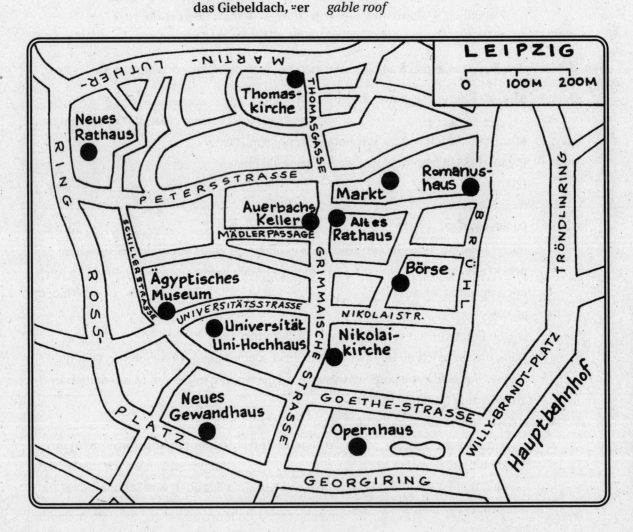

HÖRTEXT 2

B. Die Geschichte Deutschlands. In **Kapitel 11** Ihres Lehrbuches haben Sie viel über die Geschichte Deutschlands und Berlins erfahren. Sie hören jetzt eine Zusammenfassung der wichtigsten Daten der neueren deutschen Geschichte. Hören Sie gut zu und bestimmen Sie dann, ob die Aussagen stimmen oder nicht.

Neue Vokabeln

im Vergleich zu	*in comparison to*
ehemalige	*former*
die Versprechung, -en	*promise*
die Kluft	*gap*

	Ja, das stimmt.	Nein, das stimmt nicht.	
1. Der erste Kaiser des deutschen Reiches war Otto von Bismarck.	_____	_____	
2. Otto von Bismarck hat viele Reformen eingeführt⁶.	_____	_____	*introduced*
3. Der Erste Weltkrieg war von 1914 bis 1918.	_____	_____	
4. Die Weimarer Republik war Deutschlands zweite Demokratie.	_____	_____	
5. Die Weimarer Republik war wirtschaftlich sehr schwach.	_____	_____	
6. Nach dem Ersten Weltkrieg war die Inflation in Deutschland sehr hoch.	_____	_____	
7. In den Jahren zwischen den zwei Weltkriegen gab es nicht genug Arbeiter in Deutschland.	_____	_____	
8. Die Deutschen haben Hitler und die Nationalsozialisten gewählt, weil sie dachten, unter Hitler würde das Leben besser.	_____	_____	
9. Nach dem Zweiten Weltkrieg wurde Deutschland in zwei Zonen geteilt: die amerikanische und die sowjetische.	_____	_____	
10. Im Jahre 1949 wurde die Bundesrepublik Deutschland gegründet, mit Berlin als Haupstadt.	_____	_____	
11. Im Jahre 1961 wurde die Mauer gebaut.	_____	_____	
12. Am 3. Oktober 1990 fiel die Mauer.	_____	_____	
13. Die Regierung ist heute in Berlin.	_____	_____	
14. Der Reichstag ist jetzt wegen Renovierung geschlossen.	_____	_____	

HÖRTEXT 3

C. Die Nachkriegszeit in Ost-Berlin. Sie hören jetzt einen Auszug aus dem Roman „Die Eisheiligen" von Helga M. Novak. Die bekannte Schriftstellerin Helga Novak wurde 1935 in Berlin geboren. Während des Krieges wurde die Familie wegen der Bombenangriffe aufs Land evakuiert. Nach dem Krieg zog sie nach Ost-Berlin zurück. „Die Eisheiligen" erzählt von ihren Kriegs- und Nachkriegserlebnissen. Als 1948 die Blockade Berlins stattfand, war Novak 13 Jahre alt.

Bevor Sie sich den Text anhören, schauen Sie sich die neuen Vokabeln an. Hören Sie sich den Auszug an, und beantworten Sie dann die Fragen. Mehr als eine Antwort kann richtig sein.

Neue Vokabeln

die Stromsperre	*power (electricity) cut*
die Kerze, -n	*candle*
Oderbruch	*forest on the Oder River*
durch•lassen	*to let/allow through*
die Eisenbahn, -en	*railroad*
der Lastwagen, -	*truck*
der Bauer, [-n], -n	*farmer*
betteln	*to beg*
der Gürtel, -	*belt*

1. Was ist verboten? _____

   a. Westgeld haben   b. Westzeitungen lesen   c. in die Westzonen fahren

2. Wer sitzt im Dunkeln? _____

   a. die Ostberliner   b. die Westberliner   c. die Russen

3. Was lassen die Russen nicht durch? _____

   a. Lastwagen   b. die Eisenbahn   c. Schiffe

4. Wer hat nicht genug zu essen? _____

   a. die Ostberliner   b. die Westberliner   c. die Bauern

5. Was bringen die Amerikaner nach West-Berlin? _____

   a. Westzeitungen   b. Kleider und Essen   c. Kerzen

6. Wohin fährt Karl? _____

   a. zu den Bauern   b. nach Russland   c. in den Westen

7. Was bringt Karl zurück? _____

   a. Westzeitungen   b. Kleider und Essen   c. Kerzen

8. Was macht er dann damit? _____

   a. Er verbrennt sie.   b. Er liest sie.   c. Er gibt sie den Nachbarn.

HÖRTEXT 4

D. Das Leben in der ehemaligen DDR. Martina ist vierzehn Jahre alt und wohnt in Berlin. Ihre Großmutter wohnt auch in Berlin. Oma und die Familie besuchen einander gegenseitig mindestens einmal im Monat und immer zu Fest- und Feiertagen. Vor der Wende war das aber nicht möglich, denn Martinas Familie wohnte in West-Berlin und ihre Großmutter in Ost-Berlin. Damals war Martina noch nicht geboren und versteht relativ wenig von der damaligen Zeit. Jetzt interessiert sie sich für diese Zeit und stellt ihrer Oma Fragen. Hören Sie sich ihr Gespräch an. Schauen Sie sich dann die zwei Listen an. Welche Vorteile und Nachteile der ehemaligen DDR erwähnt die Großmutter? Markieren Sie all die richtigen Aussagen.

1. Vorteile des Lebens in der ehemaligen DDR:

_____ a. Im Intershop konnte man bessere Sachen kaufen.

_____ b. Die ostdeutschen Autos – die Trabis – haben mindestens zehn bis zwölf Jahre gehalten°.

lasted

_____ c. Fast alle Leute haben eine Arbeitsstelle gehabt.

_____ d. Die meisten Frauen sind mit ihren Kindern zu Hause geblieben.

_____ e. Krankenversicherung und eine gute Rente waren für fast alle da.

_____ f. Es gab fast keine Kriminalität.

_____ g. Man hatte keine Angst, die Regierung zu kritisieren.

_____ h. Man hat immer einen Studienplatz bekommen.

2. Nachteile des Lebens in der ehemaligen DDR:

_____ a. Man hatte keine Reisefreiheit.

_____ b. Es war verboten, Weihnachten zu feiern.

_____ c. Man durfte nicht nach Ungarn fahren.

_____ d. Manche frischen Obstsorten waren schwer zu finden.

_____ e. Die meisten Leute hatten nicht genug Geld.

_____ f. Die besten Sachen wurden exportiert.

_____ g. Man musste jahrelang warten, um ein Auto zu bekommen.

_____ h. Viele Leute waren arbeitslos.

_____ i. Die Leute haben Angst gehabt, krank zu werden.

_____ j. Man durfte keine Westzeitungen lesen.

_____ k. Studienplätze waren schwer zu bekommen.

HÖRTEXT 5

E. Anna und Katja in Leipzig. Sie hörten schon, wie Anna und Katja in Leipzig angekommen sind und eine kurze Führung mitgemacht haben. Jetzt erfahren Sie mehr von ihren Plänen für ihren Aufenthalt in Leipzig. Sie hören zehn Aussagen. Bestimmen Sie für jede Aussage, ob Sie den Indikativ oder den Konjunktiv hören. Sie hören jede Aussage zweimal.

Indikativ	Konjunktiv		Indikativ	Konjunktiv
1. _____	_____	6.	_____	_____
2. _____	_____	7.	_____	_____
3. _____	_____	8.	_____	_____
4. _____	_____	9.	_____	_____
5. _____	_____	10.	_____	_____

HÖRTEXT 6

F. Logisch oder unlogisch? Sie hören acht Aussagen. Nach jeder Aussage hören Sie eine Antwort. Wenn die Antwort logisch ist, markieren Sie **logisch**. Wenn die Antwort unlogisch ist, markieren Sie **unlogisch**. Sie hören jede Aussage und Antwort zweimal.

	logisch	unlogisch
1.	_____	_____
2.	_____	_____
3.	_____	_____
4.	_____	_____
5.	_____	_____
6.	_____	_____
7.	_____	_____
8.	_____	_____

HÖRTEXT 7

G. Tatsachen im Passiv. Sie hören acht Aussagen im Passiv. Für jede Aussage sehen Sie hier zwei andere Sätze. Welcher Satz hat dieselbe Bedeutung wie die Aussage, die Sie hören? Markieren Sie den richtigen Satz. Sie hören jede Aussage zweimal.

1. _____ a. Der Präsident besuchte Berlin.

   _____ b. Der Präsident besucht Berlin.

2. _____ a. Man hat die alten Häuser abgerissen.

   _____ b. Man reißt die alten Häuser ab.

3. _____ a. Der Soldat hat den alten Mann gerettet.

   _____ b. Der alte Mann hat den Soldaten gerettet.

4. _____ a. Man hat die Stadt renoviert.

   _____ b. Man renoviert die Stadt.

5. _____ a. Man arbeitet hier schwer.

   _____ b. Keiner arbeitet schwer.

6. _____ a. Das Land eroberte die Armee.

   _____ b. Die Armee eroberte das Land.

7. _____ a. Man dankt dem Bürgermeister nicht.

   _____ b. Man hat dem Bürgermeister nicht gedankt.

8. _____ a. Man fängt die Umbauarbeiten an.

   _____ b. Man hat die Umbauarbeiten angefangen.

HÖRTEXT 8

H. Annas Berlinbesuch. Wie Sie wissen, war Anna bei ihrem Onkel Werner in Berlin. Sie hören acht Aussagen aus einem ihrer Gespräche. In jeder Aussage hören Sie eine Form des Verbs **werden**. Aber **werden** hat nicht immer dieselbe Funktion. Manchmal ist es das Hauptverb mit der englischen Bedeutung *to become,* z.B.: **Das Auto wird alt**. Manchmal zeigt es das Futur an, z.B.: **Ich werde das Auto fahren**. Und manchmal zeigt **werden** das Passiv an, z.B.: **Das Auto wird gefahren**. Bestimmen Sie, ob **werden** das Hauptverb ist, oder Indikator für das Futur oder das Passiv. Sie hören jede Aussage zweimal.

☐ Das Holz wird immer teurer.

Hauptverb	**Futur**	**Passiv**
✓	____	____

☐ Das Flugzeug wurde abgeschossen.

Hauptverb	**Futur**	**Passiv**
____	____	✓

	Hauptverb	**Futur**	**Passiv**
1.	____	____	____
2.	____	____	____
3.	____	____	____
4.	____	____	____
5.	____	____	____
6.	____	____	____
7.	____	____	____
8.	____	____	____

HÖRTEXT 9

I. Eine kurze Reise nach Stuttgart. Baden-Württemberg ist eines der schönsten Länder Deutschlands. Es liegt im Süden; der Rhein und die Donau fließen durch das Land und der Bodensee bildet die Grenze mit der Schweiz. Die Landschaft ist sehr abwechslungsreich: es gibt zum Beispiel schöne grüne Täler, den Schwarzwald und auch Berge.

Inge war übers Wochenende in Stuttgart. Es ist jetzt Dienstag früh, und Inge und Anna treffen sich in der Küche im Wohnheim. Hören Sie sich ihr Gespräch an, und beantworten Sie dann die Fragen.

1. Wo in Stuttgart wohnt Inges Freundin?

_____

2. Wie war das Wetter wahrscheinlich?

_____

3. Warum kommen viele Touristen nach Heidelberg?

_____

4. Wann hat Inge Wein getrunken?

_____

5. Warum ist Inge nicht länger geblieben?

_____

Ende gut, alles gut!

ZIELTEXTDIKTAT

TEIL 1 Das folgende Gespräch ist eine verkürzte Version des Zieltexts. Im Transkript fehlen einige Wörter. Hören Sie sich zuerst die fehlenden Wörter an.

Ausland ▪ besuchen ▪ Dresden ▪ einfacher ▪ Kultur ▪ Muttersprache ▪
ohne ▪ Originalsprache ▪ Pflanzenbiologie ▪ Praktikum ▪ Schiller ▪
Übersetzerin ▪ wichtig

TEIL 2 Hören Sie sich das Gespräch an und schreiben Sie dann die fehlenden Wörter in die Lücken.

NATE: Ich studier' (1) _____ und auch Germanistik.

MINNA: Ich war in Mayen. Ich war auch einmal in der High School in

(2) _____ .

ROBERT: Ich habe in Jena studiert an der Friedrich (3) _____ Universität

und das ist in Thüringen.

MINNA: Ja, man lernt die (4) _____ besser kennen.

ROBERT: ... deswegen war es am besten für mich im (5) _____ zu wohnen.

NATE: Ich habe da ein (6) _____ gemacht und gelernt wie man da im

Biologielabor arbeitet.

PROFESSOR: Kann man die Sprache gut lernen, (7) _____ im Ausland zu

wohnen oder zu studieren?

ROBERT: Es gibt einen Punkt und um weiter zu gehen, muss man das Land mindestens

(8) _____ .

MINNA: Ich wollte früher mal (9) _____ werden.

ROBERT: Ich interessiere mich besonders für die Geschichte der Osteuropäer und

zentraleuropäische Geschichte und uh deswegen ist Deutsch

(10) _____ .

NATE: ... also ich könnte die Texte in der (11) _____ lesen und das wäre

natürlich schön.

ROBERT: Ja, meine Familie ist auch ursprünglich deutsch und ich find's schön ja die

(12) _____ sozusagen zu lernen.

MINNA: Deutsch war mir einfach, als ich jünger war, und immer noch ein bisschen

(13) _____ als die anderen Sprachen.

HÖRTEXT 1

A. Der Roman von Herrn Kaluder. Wir sind fast am Ende des Romans von Herrn Kaluder angelangt. An einem Samstagvormittag im Januar ist Susanne wie üblich bei Janus. Hören Sie sich ihr Gespräch an. Wählen Sie dann **Ja, das stimmt** oder **Nein, das stimmt nicht** für jede Aussage.

	Ja, das stimmt.	Nein, das stimmt nicht.
1. Am Anfang wollen Janus und Susanne am Samstagnachmittag Janus' Mutter besuchen.	_____	_____
2. Sie wollen viel Zeit mit ihr verbringen.	_____	_____
3. Susanne hat Janus' Mutter schon kennen gelernt.	_____	_____
4. Janus' Mutter hat am Nachmittag keine Zeit.	_____	_____
5. Samstagabend gehen Janus und Susanne mit Freunden ins Kino.	_____	_____
6. Am Sonntagabend fährt Susanne nach Hause.	_____	_____
7. Janus und Susanne werden Janus' Mutter nächstes oder übernächstes Wochenende besuchen.	_____	_____
8. Janus isst Sonntag bei seiner Mutter zu Mittag.	_____	_____
9. Janus will, dass seine Mutter ihn besucht.	_____	_____
10. Am Montag bewirbt sich Susanne um eine Stelle.	_____	_____
11. Janus bewirbt sich um ein Praktikum.	_____	_____
12. Susanne und Janus machen Urlaubspläne für den Sommer.	_____	_____

B. Noch einmal: Janus und Susanne. Hören Sie sich noch einmal das Gespräch zwischen Janus und Susanne an. Jetzt hören Sie sechs Fragen. Für jede Frage sehen Sie zwei Antworten. Wählen Sie die richtige Antwort. Sie hören jede Frage zweimal.

1. _____ a. Er besucht seine Mutter.

   _____ b. Er möchte seine Mutter besuchen.

2. _____ a. Sie geht einkaufen.

   _____ b. Sie würde lieber einkaufen gehen.

3. _____ a. Ja, sie würde sie gern kennen lernen.

   _____ b. Ja, sie lernt sie gern kennen.

4. _____ a. Sie fragt, ob er und Susanne am Abend zu ihr kommen könnten.

   _____ b. Sie fragt ihn, wie es ihm geht.

5. _____ a. Sie sagt, sie haben nichts ausgemacht.

   _____ b. Sie sagt, sie hätten keine Pläne machen sollen.

6. _____ a. Sie soll nicht zu viel zum Essen zubereiten.

   _____ b. Sie soll nicht spazieren gehen.

HÖRTEXT 2

C. Radio Vorsprung unterwegs! Radio Vorsprung bringt ein Interview mit Frau Krause. Hören Sie sich die Sendung ein paar Mal an. Achten Sie beim ersten Zuhören nur auf einige Informationen, nicht auf alle Details. Bevor Sie sich die Sendung anhören, schauen Sie sich die Fragen an. Wählen Sie die richtige Antwort oder die richtigen Antworten.

1. Wo lebt Frau Krause?

   _____ a. in den USA   _____ b. in Deutschland   _____ c. in Österreich

2. Wo hat Frau Krause die Staatsangehörigkeit°?   *citizenship*

   _____ a. in Österreich   _____ b. in den USA   _____ c. in Slowenien

3. Welche Länder oder Ländergruppen erwähnt Frau Krause?

   _____ a. die arabischen Länder

   _____ b. Deutschland

   _____ c. das ehemalige Jugoslawien

   _____ d. die EU-Länder

   _____ e. die Nicht-EU-Länder

   _____ f. Österreich

   _____ g. Polen

   _____ h. Slowenien

   _____ i. die Schweiz

   _____ j. die Vereinigten Staaten/die USA

4. Wo arbeitet Frau Krause?

   _____ a. bei einer Bank

   _____ b. bei einem Reisebüro

   _____ c. bei einer Import-Export-Firma

D. Die Sendung wird wiederholt. Hören Sie sich noch einmal die Sendung von Radio Vorsprung an. Wählen Sie dann die richtige Antwort zu jeder Aussage.

1. Frau Krause ist in _____ geboren.
   a. den USA   b. Deutschland   c. Slowenien

2. Frau Krause lebt schon seit _____ Jahren im Ausland.
   a. den sechziger   b. den siebziger   c. den achtziger

3. Frau Krause hat Familie in _____.
   a. Österreich und den USA
   b. den USA und Slowenien
   c. Deutschland und Slowenien

4. Frau Krause kam ursprünglich nach Österreich, _____.

   a. um in Wien zu studieren

   b. um in Wien zu arbeiten

   c. um in Wien Urlaub zu machen

5. In Baden arbeitete Frau Krause bei _____.

   a. einer Import-Export-Firma

   b. einer Bank

   c. einem Reisebüro

6. Bei der jetzigen Arbeit hat Frau Krause viel mit _____ zu tun.

   a. den arabischen Ländern

   b. den USA

   c. Deutschland

7. Frau Krause muss in Österreich _____ zahlen.

   a. Steuern

   b. keine Steuern

8. Frau Krause muss in den USA _____ zahlen.

   a. Steuern

   b. keine Steuern

9. Um in Österreich zu arbeiten, braucht Frau Krause _____.

   a. eine Arbeitserlaubnis

   b. keine Arbeitserlaubnis

10. Um in Österreich zu leben, braucht Frau Krause _____.

   a. ein Visum

   b. kein Visum

11. Frau Krauses Eltern und Brüder wohnen _____.

   a. in Deutschland

   b. in den USA

   c. in Slowenien

12. Frau Krause fährt _____ zu ihren Eltern.

   a. jedes Jahr

   b. alle zwei Jahre

13. Frau Krause _____.

   a. hat nur österreichische Freunde

   b. hat Freunde aus vielen verschiedenen Ländern

14. Frau Krause möchte wahrscheinlich _____.

   a. in Österreich bleiben

   b. nach Amerika zurückkehren

HÖRTEXT 3

E. Das Ende des Romans. Sie hören das letzte Kapitel des Romans von Michael Kaluder. Wählen Sie **Ja, das stimmt** oder **Nein, das stimmt nicht** für jede Aussage.

	Ja, das stimmt.	Nein, das stimmt nicht.	
1. Susanne wurde verhaftet°.	_____	_____	*arrested*
2. Janus hat Susanne seiner Mutter vorgestellt.	_____	_____	
3. Janus' Mutter hat Bilder von Susanne gesehen.	_____	_____	
4. Janus hat seiner Mutter gesagt, dass Susanne keine Stelle hat.	_____	_____	
5. Janus hat Susanne Geld gegeben.	_____	_____	
6. Susanne will, dass Janus sie im Gefängnis° besucht.	_____	_____	*prison*
7. Janus glaubt, dass Susannes Anwalt nicht sehr klug war.	_____	_____	
8. Janus liebt Susanne noch.	_____	_____	

HÖRTEXT 4

F. Die Diebin und der Detektiv. Als wir zuletzt von Inspektor Prachner hörten, waren er und sein Kollege gerade dabei, eine Frau anzusprechen. Hören Sie, wie der Fall° der gestohlenen Bücher zu Ende geht. Nach dem Text hören Sie zehn Aussagen. Wählen Sie Passiv, Zustandspassiv oder Aktiv für jede Aussage. Sie hören jede Aussage zweimal.

case

	Passiv	Zustands-passiv	Aktiv		Passiv	Zustands-passiv	Aktiv
1.	_____	_____	_____	6.	_____	_____	_____
2.	_____	_____	_____	7.	_____	_____	_____
3.	_____	_____	_____	8.	_____	_____	_____
4.	_____	_____	_____	9.	_____	_____	_____
5.	_____	_____	_____	10.	_____	_____	_____

G. Was meinen Sie? Beantworten Sie die folgenden Fragen. Wenn nötig, hören Sie sich Hörtext 1 und Hörtext 3 noch einmal an.

1. Es wird gesagt, dass ein Schriftsteller/eine Schriftstellerin von seinen/ihren persönlichen Erlebnissen schreiben sollte. Macht das Herr Kaluder? Was glauben Sie?

_____

_____

2. Wo ist der Zusammenhang° zwischen dem Roman von Herrn Kaluder und dem Fall von Inspektor Prachner?

context

_____

_____

_____

HÖRTEXT 5

H. Ein Happy End? Der Filmemacher Manfred Manfred will den Schluss des Filmes ändern. Er erzählt dem Schriftsteller Michael Kaluder, wie der Film seiner Meinung nach enden soll. Bevor Sie sich seine Idee anhören, schauen Sie sich die neuen Vokabeln an. Hören Sie zu und wählen Sie **Ja, das stimmt** oder **Nein, das stimmt nicht** für jede Aussage.

Neue Vokabeln

an•locken	*to attract*
das Gefängnis, -se	*prison*
zu ihrer Verteidigung	*to her defense*
das Gericht, -e	*court*
vorbestraft	*previously convicted*
der Richter, - / die Richterin, -nen	*judge*
verurteilen	*to sentence*
die Motorhaube, -n	*hood of a car*

	Ja, das stimmt.	Nein, das stimmt nicht.
1. Er will den Film ändern, um so viele Leute wie möglich anzulocken.	_____	_____
2. In der ersten Endszene muss Susanne nicht ins Gefängnis.	_____	_____
3. In der ersten Endszene muss Susanne sechs Monate ohne Bezahlung in einer Buchhandlung arbeiten.	_____	_____
4. In der ersten Endszene umarmen sich Susanne und Janus, nachdem der Richter das Urteil° vorliest.	_____	_____ *judgment*
5. In der zweiten Endszene bekommt Susanne sechs Monate Gefängnis.	_____	_____
6. In der zweiten Endszene sind Susanne und Janus am Ende wieder in Griechenland.	_____	_____

7. Schreiben Sie in drei Sätzen, wie Sie den Film zu Ende schreiben würden.

_____

_____

_____

_____

_____

HÖRTEXT 6

I. **Rainer Maria Rilke.** Einer der bedeutendsten Dichter der österreichisch-ungarischen Monarchie war Rainer Maria Rilke. Sie hören zunächst eine kurze Biographie des Dichters. Danach hören Sie sechs Aussagen zum Text. Wählen Sie **Ja, das stimmt** oder **Nein, das stimmt nicht** für jede Aussage. Sie hören jede Aussage zweimal.

Ja, das stimmt. **Nein, das stimmt nicht.**

1. _____ _____
2. _____ _____
3. _____ _____
4. _____ _____
5. _____ _____
6. _____ _____

HÖRTEXT 7

J. **Herbsttag.** Lesen Sie das Gedicht „Herbsttag" von Rainer Maria Rilke und versuchen Sie dann die Fragen zu beantworten. Sie müssen die Antworten nicht schriftlich beantworten. Hören Sie sich zum Schluss das Gedicht an.

HERBSTTAG

Rainer Maria Rilke

Herr: es ist Zeit. Der Sommer war sehr groß.
Leg deinen Schatten[1] auf die Sonnenuhren,
und auf den Fluren[2] lass die Winde los.

Befiehl[3] den letzten Früchten[4] voll zu sein;
gieb[5] ihnen noch zwei südlichere Tage,
dränge[6] sie zur Vollendung[7] hin und jage[8]
die letzte Süße in den schweren Wein.

Wer jetzt kein Haus hat, baut sich keines mehr.
Wer jetzt allein ist, wird es lange bleiben,
wird wachen, lesen, lange Briefe schreiben
und wird in den Alleen[9] hin und her
unruhig wandern, wenn die Blätter treiben[10].

[1]*shadow* [2]*meadow* [3]*command* [4]*fruit* [5]*old form of gib* [6]*push, press* [7]*perfection* [8]*chase* [9]*tree-lined avenues*
[10]*are blowing (in the wind)*

1. Das Gedicht heißt „Herbsttag". Wie ist der Herbst in den Ländern, in denen Rilke viel Zeit verbracht hat, z. B. in Frankreich, Deutschland, der Schweiz? Ist das Wetter und das Licht im Herbst genauso wie im Sommer? Sind Frühherbsttage anders als Spätherbsttage? Was für Obst wird im Herbst reif? In Ländern, in denen der Herbst kalt ist und es im Winter viel Schnee gibt, leben die Leute im Sommer anders als im Herbst und im Winter?

2. Das Gedicht hat drei Strophen. Wer oder was ist der Brennpunkt jeder Strophe?

3. Wen spricht der Dichter in dem Gedicht an? Wer ist der „Herr" in der ersten Strophe?

4. Was will der Dichter in der ersten Strophe von dem „Herrn" sagen?

5. Was will der Dichter von dem „Herrn" in der zweiten Strophe sagen?

6. Was beschreibt der Dichter am Anfang der dritten Strophe? Welche Jahreszeit deutet er am Ende der dritten Strophe an°?   *deutet an: hint*

7. Warum werden die Strophen immer länger? Was meinen Sie?

8. Hören Sie sich das Gedicht an. Während Sie zuhören, passen Sie auf die Verben auf, und wie sich das Gefühl von Strophe zur Strophe ändert. Beachten Sie auch die Vokale in den Strophen: in der ersten Strophe gibt es viele hintere Vokale (o und u); in der zweiten Strophe gibt es mehr vordere Vokale, und der Klang ist viel schärfer; in der dritten Strophe sind die Vokale lang und es gibt auch viele Diphthonge. Was ist die Wirkung° der verschiedenen Laute°? Beachten Sie auch das Reimschema: *Wirkung: effect / Laute: sounds*

   1. Strophe: a b a *oder* a b b a
   2. Strophe: c d d c
   3. Strophe: e f f e f

9. Welche Gefühle ruft das Gedicht in Ihnen hervor?

PERMISSIONS AND CREDITS

The authors and editors of the *Vorsprung, Second Edition* Student Activities Manual would like to thank the following persons and organizations for their generous permission to use copyrighted material.

TEXTS AND REALIA

Page 41: Used by permission of Oleg Savschouk, CEO/Betriebsleiter, Mix Markt, MIX GmbH, Herrenberg.

Page 46: Used by permission of NORMA Lebensmittelfilialbetrieb GmbH & Co. KG, Fürth.

Page 56: Courtesy of Zimmers Fahrschule, Ahrensburg.

Page 70: Used by permission of *Szene Hamburg*, Nr. 6 / Juni 1993, pp. 28–34, for "Schöne Ferien: In der Hitze der Stadt."

Page 86: Used by permission of *Hamburger UniZeitung*, 15. April 1993, for "multikulturell" by Tito Philanueva.

Page 87: Used by permission of Stefan Schulz (alias "Twilight"), "Zimmer frei in der Schanze," blog from *Hamburger Abendblatt* website.

Page 95: Landesbetrieb Geoinformation und Vermessung, Hamburg.

Page 97: Auszug aus dem Amtlichen Stadtplan der Stadt Koblenz, © Amt für Stadtvermessung und Bodenmanagement.

Page 101: Used by permission of Bertelsmann Club GmbH, Rheda-Wiedenbrück, for "Die Chronik des Zeiten Weltkriegs" and "Der verdammte Krieg: Das Ende 1945" in Bertelsmann Club catalogue, pp. 48–49.

Page 110: Used by permission of Zentrale Studienberatung, Eberhard-Karls-Universität Tübingen, for "Kleines Uni-Vokabular," pp. 25–26, in: *Informationen zur Beratung von Studierenden,* WS 1994/95.

Page 112: Copyright © Deutscher Akademischer Austauschdienst (DAAD) und die Hochschulrektorenkonferenz (HRK).

Page 131: Used by permission of IZ – Informationszeitung der Berufsberatung, 4/93, Herausgeber: Bundesanstalt für Arbeit, for "Richtig bewerben: Vorstellungsgespräch," p. 8.

Page 135: Used by permission of Michael Thurn, Leiter Unternehmenskommunikation, Testo AG, May 2006.

Page 145: Used by permission of Matthias Brunnert and Dorothée Junkers, "Auf die Besen, fertig, los! Zur Walpurgisnacht ist im Harz die Hölle los – Hexenspektakel satt," *Neue Presse* (Hannover), April 29, 2006.

Page 148: Wibbel-Dance-Party, Kölsche Funke rut-wieß vun 1823 e.V., Köln.

Page 151: Kölsche Funke rut-wieß vun 1823 e.V., Köln.

Page 152: With the permission of Dani Müller, Schweizer Schneesportschule Braunwald.

Page 152: Online texts courtesy of Bern Tourismus, berninfo.ch.

Page 155: Online text courtesy of swissworld.org, http://www.swissworld.org/ger/swissworld/html?siteSect=903&sid=4232113&cKeswissworld.org.

Page 167: "Am Prenzlauer Berg," Auszug aus dem Stadtführer *Berlin für junge Leute,* Herden Studienreisen Berlin GmbH, www.herden.de.

Page 173: Daniel Zahno, "Der Hund. Variationen," in *Drehpunkt 11, Performative Texte,* Oktober 2003.

Page 177: Monika von Wysocki, "Amerikanische Studenten entdecken die deutsche Sprache," Handelsblatt. Used by permission of Leserservice, Verlagsgruppe Handelsblatt.

Page 179: Constance Frey, "Die Glücksbringer. Berufe, die Freude machen: Wie Schornsteinfeger und Lottoboten Menschen zum Strahlen bringen," *Tagesspiegel,* August 7, 2006. Used by permission of Constanze Frey.

Page 231: Kartengrundlage Landeshauptstadt Stuttgart Stadtmessungsamt.